Kirschbuch Verlag

Zum Buch:

In einem fast märchenhaft schneereichen Winter wandelt die einzelgängerische Maskenbildnerin Kai durch die Straßen der Stadt und stalkt Fremde. Sie ist eine ferne Betrachterin des Lebens. Doch dann laufen ihr zwei Menschen über den Weg, die sie stärker faszinieren als alles andere und in deren Leben sie sich einmischt.

Was zunächst als Spielerei beginnt, entwickelt sich mehr und mehr zu einem psychedelischen Albtraum, der seine Tribute fordert …

Zur Autorin:

Elisabeth Rettelbach ist Diplom-Übersetzerin und Texterin. Sie spricht Englisch, Französisch, Schwedisch, und manchmal versucht sie sich auch in anderen Sprachen. Nach vielen Jahren in den USA verschlug es sie vor einiger Zeit mit ihrer deutsch-amerikanischen Familie an den Bodensee. Dort schreibt sie nun Tag (im Job) und Nacht (privat) mit schöner Aussicht und manchmal sogar mit den Füßen im Wasser. *Die wunderbare Kälte* ist das Debüt von Elisabeth Rettelbach, mit dem sie den Preis »Bestseller von morgen« gewann.

Elisabeth Rettelbach

Die wunderbare Kälte

Roman

Kirschbuch Verlag

FSC
www.fsc.org
FSC® C020637

The mark of
responsible forestry

Erstauflage
veröffentlicht im Kirschbuch Verlag,
ein Imprint der QualiFiction GmbH
Hamburg, Dezember 2020

Umschlaggestaltung: QualiFiction GmbH
Satz: QualiFiction GmbH
ISBN 9783948736125
Herstellung: Bookpress, Olsztyn (PL)

I was following a phantom in my mind, whose shadowy form had taken shape at last. Her features were blurred, her coloring indistinct, the setting of her eyes and the texture of her hair was still uncertain, still to be revealed.

Rebecca, Daphne du Maurier

VORHER

Ich war auf Verfolgungsjagd. Die Frau mit der leuchtend roten Mütze ging dreißig Schritte vor mir. Sie wusste nichts von mir.

An diesem eiskalten Novembertag stiegen Nebelkristalle aus dem Fluss auf und verfingen sich in den Strähnen meiner Perücke.

Bin ich eine Serienmörderin? Wer weiß. Ich glaube nicht. Auf eine bestimmte Weise vielleicht doch. Jetzt ist ja alles so vollkommen und ganz wunderbar zerstört, aber damals, an dem Tag, an dem es zum ersten Mal schneite, da ging das Leben noch seinen gewohnten Gang. Ich vergrub einfach meine Hände in den Jackentaschen und lief zum Rhythmus der Musik in meinem Ohr, die Beute vor mir immer im Blick.

Ein Paar überholte mich. Die beiden lachten, umtanzten sich, konnten die Blicke nicht voneinander lassen. Sie waren so schön mit ihren glühenden Nasen.

Ich machte die Musik aus, und einen Moment lang blickte ich ihnen nach und fragte mich, wohin sie wohl unterwegs waren. Es juckte mich in den Fingern, etwas Unerwartetes zu tun. Vielleicht konnte ich auf den Mann zulaufen, ihm eine Ohrfeige geben und ihn anschreien: »So, deshalb bist du nie zu Hause, du hast eine Andere!« Die Frau neben ihm würde erstarren und seine Hand loslassen. Oh, ich fühlte mich, als könnte ich mit einem einzigen Wimpernschlag die träge Erde bewegen.

Aber dann dachte ich wieder an meine Mission, und als ich den Kopf wandte, war die Frau mit der leuchtenden Kopfbedeckung verschwunden. Schnell sprang ich auf die kleine Steinmauer, die den Uferweg von einem Wiesenstreifen trennte, und spähte hinüber zur Straße, wo lautlos Fahrzeuge im Dunst vorüberzogen. Keine Spur von ihr.

Aber eigentlich musste ich sie gar nicht wiederfinden. Ihr hinterherzulaufen war nur ein zusätzlicher Thrill. Ich kannte ihr Ziel.

Mein Opfer. Wenn sie wüsste, was sie mir online alles erzählt hatte.

Als ich in den Hinterhof einbog, in dem sich das Museum verbarg, konnte ich den Schnee in der Luft bereits riechen. Hier war kein Nebel mehr. Der Wind prickelte auf meinem Gesicht und trieb alte Blätter wie Schwärme von Heuschrecken vor sich her.

Da war sie wieder. Die Frau, die nicht wusste, dass es mich gab. Ah, was sie mir alles gezeigt hatte.

Ihre Figur bewegte sich ein klein wenig zu aufrecht auf den Eingang zu. Ich liebe diese angespannten Körper, die in Gedanken mehr rückwärts als vorwärts gingen.

Die Frau strich sich den Rock glatt. Würde sie umkehren? Nein. Gut.

Sie gehorchte mir, ohne es zu wissen. Weil sie es selbst wollte. Natürlich. Ich lächelte. Ich hatte dafür gesorgt.

Heizungsluft schlug mir ins Gesicht, als ich die Eingangshalle betrat und eine Karte löste. Das kleine Museum war unbekannt. Wer interessierte sich schon für obskure Musikinstrumente? Aber ich mochte die Schläfrigkeit dieser Räume.

Aus den Augenwinkeln nahm ich die Frau wahr, die auf einem Plan die Räumlichkeiten studierte. Natürlich war sie noch nie hier gewesen und wusste nicht, wo sich die ›Saiteninstrumente, 16. bis 18. Jahrhundert‹ befanden. Außerdem kann man nicht einfach in die Höhle des Löwen laufen, das verstehe ich. Man muss erst einmal durchatmen und sichergehen, dass man seine Hände noch spürt.

Still bestätigte ich für mich, dass sie um die 30 war, dunkelblond, dezent geschminkt, aufmerksam. Jemand, auf den man neidisch sein konnte. Ich nicht, natürlich. Ich war nie neidisch.

Vor zwei Wochen hatte ich im Bus dieser Frau einen Zettel mit einer E-Mail-Adresse und einer charmanten Nachricht zugesteckt, und jetzt waren wir hier. Gut! Ich war nicht neidisch.

Ohne anzuhalten, rauschte ich an dem Museumsplan und der Frau vorüber. Ich würde vor ihr am Treffpunkt sein.

Meine Fingerspitzen kribbelten, als ich durch die Tür zu einem der kleinen Ausstellungsräume trat. Es war mein Blind Date.

Ein Mann wartete inmitten der alten Geigen und Bratschen. Es war so still, der Puls dröhnte in meinen Ohren. Der Mann sah sich zu mir um, schenkte mir ein unsicheres Lächeln.

Er denkt, dass ich es bin. Was, wenn er mich anspricht? Natürlich spricht er mich an. Gleich spricht er mich an. Er muss ja denken, dass ich es bin, er muss ja.

Nein, er sprach mich nicht an. Ich sah ja auch gar nicht so aus, wie die Frau sich beschrieben hatte. Vor allem nicht mit meiner schwarzen Perücke. Aber dennoch: Er sah zu mir, er sah mich an, er kam her, lass dir nichts anmerken, was soll ich …

Dann öffnete sich die große getönte Glastür hinter mir. Endlich! Gerade als ich drauf und dran gewesen war, diesmal wirklich und wahrhaftig angesprochen zu werden, verdammt noch mal, obwohl ich das ja gar nicht will, ich bin doch nur die Zuschauerin, da kommt sie rein und macht alles kaputt.

Die leuchtende Kopfbedeckung der blonden Frau war verschwunden, das Halbdunkel perfektionierte ihren Auftritt: Das Haar floss ihr schaumig über die Schultern, ihre Haut leuchtete, die Augen waren leicht umschattet, oh, sie war schön, sie leuchtete und schwebte, sie war ich und ich war sie, ich war in ihren Gedanken, ich konnte sie schmecken, die aufregenden Worte, die wir beim Schreiben ausgetauscht hatten, eigentlich an ihn gerichtet, aber doch an mich.

Ich hatte sie gelenkt, ich hatte sie provoziert und berührt und ihr virtuelle Geheimnisse zugeflüstert und dann mit ihm noch einmal, ich war er und sie, und wir waren ein- und dieselbe, einfach widerlich und wunderbar, und jetzt trat ich zurück und überließ den Schauspielern die Bühne.

Und sie spielten. Sanft warfen sie erste Worte hin und her. Kleine gefiederte Federbälle, mit denen sie testeten, wie gut der andere spielte, zwischen sich ein kühler Teich Abstand, *ist alles wahr, was du geschrieben und behauptet hast?* Die Frau hatte eine wunderbare Altstimme, die mir mit samtigen Fingerspitzen über den Rücken strich.

»So etwas Verrücktes ist mir noch nie passiert«, flüsterte sie. Flüsterte sie, und doch füllte sie den Raum wie eine Schauspielerin. So klangvoll stellte ich mir den Ton der bemalten Harfe vor, vor der ich stand.

Eingehend studierte ich das Instrument, und mein Rücken lauschte mit aller Macht. Gedankenverloren fuhr mein Zeigefinger über die Holzplakette unter der Vitrine. Das Relief des weichen Holzes war wie ein menschlicher Körper.

Jetzt sprach der Mann, mit kaum verstecktem Hunger in der Stimme: »Mir auch nicht, das kannst du mir glauben.« Er wusste, wie es weitergehen würde, oder hoffte es zu wissen.

Sie reagierte: »Mir hat noch nie jemand einfach so einen Zettel mit einer Nachricht in die Handtasche gesteckt. Wie bist du auf diese Idee gekommen?«

»Ich? Du hast doch mir eine Nachricht zukommen lassen!«

Ah, die Imperfektion des Drehbuchs. Meine Fingerspitzen kribbelten, ich hielt still, das Kribbeln wanderte in meinen Magen, ich rührte mich nicht. Es fühlte sich so schön an.

»Also, entschuldige bitte, so was würde ich nie tun!«

Ruhig setzte ich einen Fuß vor den anderen und blieb kurz bei einigen kleinen Violinen stehen. Vielleicht hatten

Fürstenkinder auf ihnen gespielt? Irgendwann einmal, in einer Zeit, als man sich in großen Schlössern heimlich hinter Marmorsäulen küsste und die Zofe den Geliebten durch das Fenster hereinließ.

In der Vitrine sah ich mich selbst im Vordergrund, die Reflexion meiner Komödianten hinter mir. Sie sprachen folgsam ihren Text, drehten sich mit Worten im Kreis und diskutierten, wer wen kontaktiert hatte. Das war der Zeitpunkt zu gehen. In solchen Momenten, in denen beiden Opfern klar wurde, dass sie auf das Spiel eines Dritten hereingefallen waren, fingen sie an, nach diesem Dritten Ausschau zu halten. Nicht immer buchstäblich, aber wer konnte es schon wissen.

Also verließ ich das Museum und wartete draußen auf einer Bank, halb hinter dem Sockel einer Statue verborgen. Natürlich wollte ich sehen, ob sie gemeinsam das Gebäude verließen. Würden sie?

Ich spielte mit meinen Fingern, fühlte die angenehme Kälte an der Haut. Würden sie?

Und sollte ich mich ihnen in den Weg stellen wie ein Orakel, wenn sie kamen, und ihnen mit halb gesenktem Kopf eine Weissagung machen oder ihnen zitieren, was sie einander in den letzten Tagen geschrieben hatten?

Ich wusste alles. Ich würde geheimnisvolle Augen haben. Vielleicht würde ein Sturm aufziehen. Sie würden Angst bekommen. Vielleicht kam ich aus der Zukunft. Aus einem Raum-Zeit-Riss. Oder ich konnte Gedanken lesen. Ich würde mich ihnen in den Weg stellen und lächeln, ganz weise und freundlich und böse. Sie würden sich an den Händen nehmen, ah!

Bevor ich weiterträumen konnte, erschienen sie tatsächlich – stolperten aus der Tür, halb lachend, halb peinlich berührt.

Was nun? Auch wenn die Umstände ihres Kennenlernens bizarr waren – warum sollten sie ein völlig annehmbares Blind Date ungenutzt lassen?

Welche Erleichterung, dass ich das Orakel war, nicht einer von ihnen.

Meine Perücke hatte ich bereits abgenommen und sie in den Rucksack gestopft. Außerdem hatte ich meine Jacke auf innen und damit von Rot auf Blau gewechselt. Jetzt setzte ich mir noch eine falsche Brille auf. Mit guten Maskeraden kannte ich mich schon von Berufs wegen aus.

So folgte ich den beiden weiter. Sie sollten mich nicht wiedererkennen. Vielleicht würde ja nichts passieren, aber ich beobachtete sie trotzdem den ganzen restlichen Tag. Irgendetwas in der kalten Luft hatte Klick gemacht.

Etwa eine Stunde lang setzte ich mich zu dem Paar in ein Café und versuchte mit meiner Spy-App, so viel wie möglich von ihrem Gespräch aufzuschnappen.

Aber eigentlich wollte ich sie nur ansehen. Immer nur ansehen. Das Orakel wollte Menschen sehen. Sie waren so schön. Sie ließ ihre Finger über den Rand ihrer Tasse streichen, er spielte mit einer Serviette.

Bis sechs Uhr abends blieben sie vor ihren Tassen sitzen und redeten: Musik, Filme, Job, Wetter, *du bist cool, nein, du bist cool, nein, du bist cool, heute gibt's noch Schneesturm, du hast schöne Augen, was tun wir eigentlich hier?*

Sie waren so schön. Wie sich wohl ihre Haut anfühlen würde? Und seine? Rau, bestimmt. Männerhaut fühlte sich an wie Sandpapier. Eklig.

Es war inzwischen stockdunkel. Meine beiden wunderbaren Turteltäubchen standen auf und verließen das Gebäude. Eine halbe Minute später kam ich hinterher, setzte zwischen Tür und Angel sicherheitshalber meine Perücke wieder auf, nahm meine Brille ab – und folgte ihnen. Ich war voller Erwartung, und die Luft roch schwer nach Winter.

Als ich um die Ecke in die Seitenstraße bog, da lehnten die beiden schon eng umschlungen an einer Hauswand und lutschten sich gegenseitig die Visage ab. Ugh.

Mich traf fast der Schlag: Sie taten es wirklich! Sie flüsterten und flatterten in den Armen des anderen wie Motten in der Falle.

Wir sind verrückt!
Ich bin verrückt nach dir!
So was ist mir noch nie passiert …
Komm mit zu mir …
Du bist verrückt …

Wenn sie wüssten, wie unappetitlich sie aussahen. Und doch wie wunderbar. Ein hyperrealistischer Film mit einem maßgeschneiderten Drehbuch.

Mein Blick fiel auf das Schaufenster eines Geschäfts, in dessen Nachtbeleuchtung sich eine ätherische Kreatur mit riesigen schwarzen Augenhöhlen spiegelte. Ihr transparentes Halbprofil war schön und schrecklich zugleich. Das falsche schwarze Haar fiel perfekt über ihre Wangenknochen.

Das war ich, und die beiden Insekten, die dort an der Mauer flirrten, hatten keine Ahnung, dass ich sie erfunden und ihnen den aufregendsten Tag ihres Lebens geschenkt hatte. Er ein kleiner Banker, falls das stimmte, und sie Grundschullehrerin. Wie passend. Beide schienen brav, beide waren beim Chatten komplett aus dem Häuschen geraten, dass ihnen, gerade ihnen, so etwas passierte. Ja. Und heute war der Tag, hatte ich für sie entschieden, an dem sich das Bravsein nicht mehr lohnte.

Etwas breitete sich in mir aus. Ein Gefühl, als wäre ich absolut alles oder als hätte mich der Wind in einem primitiven Tanz mit sich getrieben, dann aber zu spät wieder auf den Boden gesetzt.

Mit einem wilden Hochgefühl ging ich nach Hause und wusch mir die verpasste Gelegenheit aus den Augen. Eine ganze Weile lang konnte ich mich gar nicht beruhigen. Lief hin und her. Warum war ich ihnen nicht bis zu ihrer Wohnung nachgelaufen? Oder zu ihrem Hotel, oder wo immer sie sich nun auch verkriechen würden.

Hin und her lief ich, hin und her, ich zählte meine Schritte, damit die Gedanken und die Bilder im Kopf weggingen. Dann setzte ich mich hin und knüpfte an meiner neuen roten Lockenperücke weiter. Dabei gingen die Gedanken auch weg. Ich sah die ersten Schneeflocken an der Scheibe vorbeischweben. Das war schön.

Ich öffnete das Fenster und beugte mich hinaus in die Nacht. Schwere, üppige, sanfte Flocken waren es, die sich in meinem Haar und auf der Fensterbank einnisteten. Ich schloss die Augen, eigentlich, um den Schnee zu genießen, aber da sah ich sie wieder vor mir. Wie sie sich in der Seitenstraße küssten, und wie sie sich jetzt immer noch küssten, irgendwo in einem Bett. Ich sah ihre verrenkten Körper vor mir, und ihre Finger strichen über meinen

Arm. Ich fühlte seine raue Haut, die er nie eincremte. Warum cremten sich Männer nie ihre verdammte Haut ein? Dachten sie, Frauen reißen sich gern an Schleifpapier die Finger auf?

Jetzt, genau jetzt berührte sie seine harte, körnige Haut und dachte, scheiße, was tu ich hier eigentlich?

Ich öffnete die Augen und spähte hinaus in die Nacht, als könnte ich das erleuchtete Fenster, hinter dem sie zugange waren, von hier aus sehen.

Die dunkle Stadt unter mir war so schön im Flockenwirbel. Aber die Frau dort irgendwo, die wollte kein Licht. Das wusste ich. Ich sah es. Ich konnte es sehen. Ich war bei ihr. Die Geschichte spielte in ihrem Kopf, nicht in ihrem Körper. Sie wollte ihn nicht sehen. Seinen Körper. Diesen haarigen Körper, den sie berühren sollte. Ich hatte ihr das befohlen, eingeflüstert, in den Kopf gesetzt.

Aber wer will schon Körper sehen. Niemand. Nicht in Wirklichkeit. Die Frau wollte morgen ihren Freundinnen etwas zu erzählen haben, mehr nicht.

Ich fühlte, wie kalt sie war. Sie wollte Hitze fühlen. Sie wollte Leidenschaft in ihrem Leben, aber sie war kalt. Oder? Nein? Vielleicht tat auch nur die Kälte hier am Fenster gut. Sie war so federleicht und glasklar. Man musste gar nichts fühlen oder sehen oder sein. Man sah in die Flocken hinaus und wirbelte mit ihnen. Die Welt verlor all ihre Geräusche und Gerüche: Endlich begann mein Winter.

UND DANN

Muss ich das erklären? Ich mag Winter. Da kann mich niemand sehen, wenn ich auf Streifzug bin. Im Sommer ist es schwieriger: überall diese endlose Haut und Licht bis in die Nacht. Im Ernst, wer kann das aushalten?

Hingegen: Wenn ich an einem dunklen Wintertag rausgehe, raus auf die Pirsch, dann sind die Leute so einfach zu verfolgen, geradezu lächerlich einfach. Niemand beachtet mich, die Mäntel und Schals machen uns unsichtbar, mich und meine Beute. Alle starren zu Boden und zählen ihre Schritte bis zur eigenen Wohnung, bis zu ihrer Haustür, die sich wie ein scharfer Riss in der Realität öffnet und wieder zufällt.

Eine Sekunde lang gibt mir der Riss Zeit, der Person in die andere Dimension zu folgen, aber ich tue es nie.

Dann kehre ich um, und die Straßenlaternen laufen mit ihrem Licht neben mir her, und überall kreisen Menschen wie Planeten, so nah und fern und ewig, und doch sind sie nur ein Wimpernschlag im Universum.

In 100 Jahren sind wir herrliche Staubkörnchen über den Straßen, und mein Herz ist voll und kalt und heiß und eng und ich weiß nicht wie. Vielleicht so, als bräuchte ich alle und niemanden, als säßen in mir alle Schmerzen und Freuden der Welt, und am nächsten Tag habe ich mich wieder beruhigt, und mir fällt wieder ein grauer

Jemand im Bus auf, und ich folge ihm wieder und sehe, wie seine Tür ins Schloss fällt.

Ich stehe da in den Schatten, ein Fuß neben dem anderen, mein heißer Atem nass am Schal, und er ist weg, es war alles umsonst.

Er war schön, hässlich, alt, jung, böse, gut, was weiß ich, aber nun existiert er nicht mehr.

Aber das nächste Mal gebe ich vielleicht nicht vor der Haustür auf.

Manchmal linse ich durch Fenster, klettere über Zäune und betrachte erleuchtete Wintergärten. Und am nächsten Abend bin ich vielleicht wieder da. Ah, ich kann oft nicht schlafen. Draußen wandern die Nachtgestalten, und das macht mich glücklich. Die darf ich nicht verpassen.

Ich laufe und laufe. Das Eis knirscht unter unseren Stiefeln, unter meinen und den ihren, während wir einem Geheimnis oder einem Supermarktbesuch entgegenlaufen.

Manchmal treibe ich mich auf diesen Onlinedating-Dingern herum. Nicht für mich natürlich, nur für meine Figuren. Männer machen alles, einfach alles, was ich ihnen befehle, weil sie hoffen, dass eine scharfe Frau sie am anderen Ende erwartet. Oder auch einfach irgendeine Frau. Hauptsache, ein Abenteuer. Frauen sind komplizierter, wählerischer, nicht leicht zu beeindrucken. Das mag ich.

Ja, das mag ich. Aber das heißt auch: Szenen wie im Museum erlebte ich nicht oft, und am Morgen nach dem Museumsbesuch wachte ich auf wie nach einer schmerzvollen Party. Einer Party, auf der man einen Fremden gemocht und nicht bekommen hat. Mein Kopf schmerzte, meine Haut fühlte sich klebrig an, als hätte ich mich in einem Haufen Körper gewälzt. Warum war ich nicht bei ihnen geblieben, verdammt? Bei meinen beiden Opfern. Wann hatte ich denn zuletzt eine echte Knutscherei angezettelt? Sehr lange nicht mehr. Und trotzdem war ich einfach weggegangen. Weil ich das so mache. Weil ich so bin.

Weil ich so was eigentlich nicht sehen will, diese peinlichen Emotionen, diese humanen Verstrickungen, dieses Verlangen. Man sieht es in den Augen. Und an den Händen, wenn die Adern blau hervortreten vor lauter Wollen. Einfach widerlich.

Im Bad drehte ich die Dusche an, das heiße Wasser feilte an meinen Schultern, an meinem Rücken, bis alles Klebrige im Abfluss verschwand. Dann zog ich mich an, kippte mir kalten Kaffee in den Hals, ugh, und verließ das Haus.

Nebenan bei meinem Nachbarn hörte ich Kindergeschrei. Ein ekliger Kerl, der. Auch der.

Mit den Händen in den Jackentaschen spazierte ich durch die morgendlichen Straßen zurück zum Ort des Geschehens. Am Café vorbei, in dem meine Marionetten gestern stundenlang versucht hatten, cool zu bleiben, und weiter bis zur nahe gelegenen kleinen Seitengasse, wo sie sich dann an der Hausmauer verknotet hatten.

Der Morgen prickelte über den Häusern wie pinke Limonade, es war jetzt fast Tag, und die Flocken staubten um mich herum. Mein Herz klopfte.

Ich liebe es, wenn ich mein Herz spüre. Oft spüre ich

es nicht, meistens fühlt man ja gar nichts, läuft einfach so den Weg entlang, jeden Tag aufs Neue, aber man fühlt nichts, man fühlt nie etwas.

An diesem Morgen spürte ich etwas, wenn ich mit den Fingern über meinen Arm strich. Hier war meine Story passiert.

Aber alles wirkte so anders. Die Tagesbeleuchtung passte nicht mehr zur Szene. Hinter dem Schaufenster, in dem sich in der Dunkelheit gestern eine wilde Zauberin gespiegelt hatte, standen banale Leute und gestikulierten mit einer Verkäuferin.

Ich sah mich an und strich mir die schmutzigblonden Strähnen zurück: Ich war so transparent und farblos, dass ich fast nicht existierte.

Mit dem Fuß scharrte ich im Schnee, als hoffte ich, am Boden Indizien zu finden. Beweise, dass die Geschichte wirklich passiert war. Nichts. Aber das hier war ja schließlich auch keine Liebesgeschichte.

Ich fiel so schnell von der einen Story in die andere, dass ich kaum atmen konnte. Und wie soll ich davon erzählen? Wie es ist, wenn man sonst nie etwas fühlt, und dann rauscht einem das Leben plötzlich bis in die Fingerspitzen und hält nicht mehr an.

Vielleicht begann es schon mit meiner Stimmung an diesem Morgen. Ich fühlte mich seltsam orientierungslos, als wäre ich einer Karte gefolgt, bei der plötzlich ein Stück fehlte. *Hic sunt dracones.*

Vom Tatort ließ ich mich in die Stadtmitte treiben, wo der Tag mehr und mehr erwachte. Leute warteten auf den

Bus, gingen zur Arbeit. Ich musste erst am Nachmittag ins Theater.

Der Buchladen, in dem meine ältere Schwester Su arbeitete, war bereits offen, und ich trat ein.

Viel mit Su gemeinsam habe ich nicht, aber ich mag sie, was ich nicht von vielen Leuten sagen kann. Sie mochte mich auch mal. Inzwischen weiß ich nicht mehr, aber damals, an diesem ersten Wintertag, mochte sie mich noch.

Schon beim Hereinkommen sah ich sie mit einer zierlichen Frau in einem roten Mantel und leuchtend blauen Stiefeln sprechen. Das Rot allein war schon auffällig, aber das Blau hatte eine so ungewöhnliche Farbe, dass ich allein aus diesem Grund die Szene einen Moment lang aus der Ferne betrachtete, bevor ich mich bemerkbar machte.

Die Stiefel endeten knapp unter dem Knie und waren in einer Art neo-viktorianischem Stil geschnitten – mit fein geschwungenem Absatz und verstecktem Reißverschluss an der Innenseite. Auf den ersten Blick sah es so aus, als müsse man die Front aufwendig zuknöpfen, und die Farbe des Leders war ein herrliches tiefes Blau, ein Blau, in dem arktische Meerjungfrauen lebten. Niemand hatte solche Stiefel, nur sie. Sie waren genau für diese Frau erfunden worden. Beinahe glaube ich, dass es die verfluchten Stiefel waren, die mich dazu brachten, mich an ihre Fersen zu heften. Denn die anderen Marionetten da draußen liefen alle in Schwarz, Braun oder Grau herum.

Als Su mich entdeckte und mir zuwinkte, wandte sich auch die geheimnisvolle Frau um, wohl ohne mich wirklich wahrzunehmen. Ihr Halbprofil schimmerte wie eine blasse Statue: große und ungeheuer ausdrucksvolle Augen, gerade Nase, pechschwarze seidenglatte lange Haare, kirschroter Mund, hochgeschlagener Mantelkragen. Ein dämonisches Schneewittchen.

Vielleicht war es ihre strenge ätherische Schönheit, die mich an eine Märchenfigur denken ließ. Oder vielleicht war es das milchige Licht im Buchladen, in dem sie düster wirkte.

Die Frau war keine Kundin hier, das sah ich sofort. Sie bewegte sich geschäftsmäßig. Aber als ich mich neben meine Schwester stellte, lächelte das Objekt meiner Begierde: Nein, da war kein Dämon in ihr. Ärgerlich.

Gerade wandte die Frau das Wort an Su: »Das hört sich alles gut an. Danke für die große Mühe, wirklich. Bis morgen Nachmittag dann.«

Wir sahen ihr nach, wie sie hinaus in die weichen Schatten des Wintermorgens verschwand.

»Tama Villmon«, erklärte mir meine Schwester auf meinen Blick hin. »Die Autorin, die morgen hier liest.«

»Wann?«, fragte ich nur.

»15 Uhr, hier im Nebenraum. Kommst du, Kai? Oder hast du morgen Abendschicht?«

»Ja, aber eine Stunde oder so kann ich schon. Was hat sie geschrieben, woraus liest sie?«

Su hielt mir ein dünnes Hardcoverbuch entgegen, das neben ihr auf einem Stapel gelegen hatte, und ich sah nur japanische Schriftzeichen und darunter irgendetwas mit zweisprachigen Gedichten.

»Ist sie denn Japanerin?«

»Ein bisschen. Aber sie ist irgendwie einfach alles.«

»Aha?«

»Ja.« Su war voller Leidenschaft. »Sie ist Wahnsinn. Ich wünschte, ich könnte so schreiben wie sie.«

Ich wusste nicht, worüber meine Schwester sich eigentlich beschwerte. Sie selbst trübte sehr viel mehr Wässerchen, als es auf den ersten Blick den Anschein hatte. Sie musste also gar nicht so schrecklich eifersüchtig sein.

»Tama Villmon ist Professorin für Linguistik an der Uni hier. Sie ist unglaublich interessant und klug.«

Professorin?, dachte ich. Linguistik? »Heißt das, sie spricht jede Sprache der Welt inklusive irgendwelcher aussterbender sibirischer Stammesdialekte?«

»Nun, das wohl nicht«, sagte Su streng. »Ich glaube nicht, dass es bei Linguisten darum geht, dass sie selbst tausend Sprachen sprechen.«

Ich zuckte mit den Achseln. »Dann erforscht sie sie eben. Aber wahrscheinlich haben mehrsprachige Leute eher Lust auf so eine Wissenschaft.«

»Keine Ahnung«, meinte Su. »Aber es stimmt, sie ist zur Hälfte Japanerin und zur anderen Hälfte Deutsch-Spanierin. Und sie schreibt Gedichte. Tja, manche Menschen haben einfach alles.«

»Ja, sogar die schönsten Stiefel«, sagte ich nachdenklich.

»Dann seh ich dich also morgen. Und jetzt gehst du ins Theater?«

Das tat ich. Allerdings erst am Nachmittag. Es fing an zu schneien, als ich mit den Händen in den Taschen loszog. Die Professorin lief in Gedanken neben mir. Ihre Augen. Ihre Stiefel. Mein Herz pochte. Schon den ganzen Tag.

Meinen Job machte ich ohne große Worte. Die Nervösen, die nicht reden wollten, kamen gut mit mir aus, die Quasselstrippen setzten sich einen Stuhl weiter.

Nein, ich bin keine Schauspielerin. Das könnte ich niemals. Aber ich sehe ihnen gern zu, und sie gehören mir ein bisschen. Und die Zuschauer auch. Manchmal stehe ich auch an dem kleinen Guckloch, von dem aus man den Publikumsraum unbemerkt beobachten kann: Der Saal wölbt sich dann vor mir wie ein Raumschiff, die Zuschauer sind Drohnen, die in einem seltsamen metallischen Grundrauschen auf ihren Angriffsbefehl warten.

An diesem Abend aber hielt ich mich seitlich in der Kulisse und verfolgte das Geschehen auf der Bühne. In Gedanken dirigierte ich. Ja, wenn ich ganz still stehe, kann ich mir vorstellen, dass ich diejenige bin, die alles dirigiert: Die Schauspieler prostituieren sich im Scheinwerferlicht, jeden Atemzug tun sie nur für das Publikum – und ich warte da im Schatten.

Neben mir stand die Frau vom Kostüm mit Klamotten über dem Arm, und ich war ebenfalls mit meinen Utensilien ausgestattet. Wir hatten drei Minuten bis zum Kostümwechsel, redeten aber nicht miteinander.

Einer der Kulissenschieber, Jan, lehnte neben mir. Er war ungefähr so alt wie ich, und mit ihm verstand ich mich. Er war eigentlich der Einzige, mit dem ich mich ganz gern mal unterhielt. Jetzt reichte er mir seine Gummibärchentüte, brach den Zauber des Bühnenlichts, lachte mich an. Er lachte mich oft an, vielleicht mochte er mich ja mehr, als er sollte. Der Gedanke war mir schon öfter gekommen, hatte mich aber noch nie gereizt. An diesem Abend jedoch bekam ich plötzlich Lust, ihn zu testen:

»Hast du Bock auf eine japanisch-deutsche Dichterlesung morgen?«

Wir hatten noch nie außerhalb des Theaters etwas miteinander unternommen, und er prustete los: »Bist du verrückt, Kai?«

In mir fühlte ich plötzlich eine kleine Macht. Seine Gedanken gehörten mir, ich sah in ihn hinein. Das fühlte sich gut an.

In diesem Moment lief uns die Schauspielerin von der Bühne entgegen, und die Kostümkollegin und ich stürzten uns mit unserem ganzen Arsenal auf sie. Jan sagte nichts mehr und ging auch zurück an die Arbeit. Aber natürlich kam er mit.

Der Lesetisch vorn war noch leer. Su stellte gerade ein Wasserglas neben das Buch. Wo war Professor Villmon? Hatte sie vor, wie eine Diva in letzter Minute hereinzuschneien? Plante sie den großen Auftritt?

Nein. Dort drüben stand sie, mit einer Kollegin meiner Schwester und einem älteren Mann. Sie sah gut aus. Farbenfroh, mysteriös, erwachsen. Und mit Sicherheit hatte sie schon bei weit wichtigeren Gelegenheiten am Podium gestanden, hatte eine Menge großer Auftritte hinter sich, die diesen hier weit übertrafen. Dennoch wirkte sie nicht arrogant, sondern eher wie ein frühreifer, ernster Teenager.

Ich hatte mich über sie informiert, hatte stundenlang das Netz nach ihr abgesucht, daher wusste ich: Vor mir stand eine Person, die alles konnte, die alles erreicht hatte. Sie hatte zu Themen geforscht und publiziert, deren Titel jemand wie ich nicht einmal aussprechen konnte, veröffentlichte Gedichtbände und Kurzgeschichten in drei Sprachen. Zu allem Überfluss war sie, wenn ich den Zettel, den ich in die Hand gedrückt bekommen hatte, richtig verstand, mit einem Gehirnchirurgen verheiratet, der ihr in Brillanz mit Sicherheit in nichts nachstand. Was für eine Kombi.

Ich sah vor mir, wie die beiden abends auf dem Roche-Bobois-Sofa bei einem perligen Moët ihre unendlich intellektuellen Gespräche führten – über die Linkskrümmung der Großhirnrinde beim Erlernen einer fünften Fremdsprache bei gleichzeitigem Schlaganfall.

Na gut, soweit ich das wusste, waren Uniprofs nicht wohlhabend, vor allem nicht, wenn sie obskure Literatur veröffentlichten. Und snobistisch wirkte sie nicht. Ihr Ding war dann vielleicht doch eher ein verrückter Unikatsessel vom Flohmarkt oder Antikladen und ein tropischer Cocktail dazu, in dem die Eiswürfel zischten.

Aber dennoch: Auf alle anderen Leute konnte ich irgendwie herabsehen, weil sie Normalsterbliche waren wie ich, die nicht schnallten, was für ein Spiel ich spielte. Diese Frau jedoch würde sich nicht für dumm verkaufen lassen. Umso köstlicher die Vorstellung, sie an meine Marionettenfäden zu hängen.

Vor dem Lesepult waren mehrere Sitzreihen Stühle aufgebaut, die zu ungefähr zwei Dritteln besetzt waren, vor allem mit Frauen. Etwas weiter entfernt an der Seite wartete ein farbloses kaltes Büffet. Für hinterher.

Was genau gelesen werden sollte, war mir nicht klar. Jan und ich hatten auf dem Weg hierher schon alle Witze gerissen, die man nur zum Thema Dichterlesung reißen konnte – eigentlich machten wir uns nur über uns selbst lustig, weil wir keine Ahnung hatten. Oh, aber wir flogen in einer absolut wilden Stimmung herein, aufgekratzt und schon fast leergelacht.

Wie gut, dass ich Jan mitgenommen hatte, man ist unauffälliger zu zweit.

Ich winkte Su zu, sie grinste zurück und freute sich bestimmt, mich mit einem Kerl zu sehen, obwohl es nur mein einziger Kumpel am Theater war. Wenn meine Schwester um meinetwillen etwas fühlte, wurde mir immer mulmig. Weil es immer vergebens war, und das tat mir leid. Sie mochte mich, aber sie verstand nicht. Ich tat ihr den Gefallen und zuckte schwesternhaft amüsiert mit den Schultern, als sie in Jans Richtung nickte, ihr Blick ein Fragezeichen. *Ja, Su, ich habe einen Mann dabei.* Man musste das Spiel eben manchmal mitspielen. Für Su konnte ich das tun.

Wir setzten uns in die letzte Reihe. Gerade, als die Autorin sich an ihrem Platz niederließ und Sus Chefin begann, uns freundlich zu begrüßen, öffnete sich die Tür noch einmal, und aus dem Schneegestöber materialisierte sich auf die absolut dramatischste Weise ein Mann. Ein junger Mann. Vielleicht Ende zwanzig, blaue Augen und blonde kurze Haare, auf denen die Flocken schmolzen. Das sah ich, als er sich zwei Stühle von Jan und mir entfernt in dieselbe Reihe setzte.

Und Tama Villmon erstarrte. Ja, die souveräne Frau, die bestimmt alles konnte und alles wusste und die jeder sein oder haben wollte, sie erstarrte. Der Moment ging sofort vorüber, aber mein Herz klopfte, weil sich irgendetwas gerade verselbstständigte. Es lag in der Luft.

Jan merkte nichts, der Film lief weiter. Als die Chefin ihre kleine Begrüßungsrede gehalten hatte, sprach Tama Villmon selbst ein paar Worte, erklärte irgendetwas über »isolierte Sprachen« – offenbar stand zur Debatte, ob das Japanische zu diesen gehörte – und schlug dann die offensichtliche Brücke zur zwischenmenschlichen Isolation, unter den Sprachen und auch überhaupt. Ich tauschte ein Augenrollen mit Jan.

Aber dann begann diese Frau zu lesen, mit einer tiefen, wunderbar modulierten Stimme, und, ehrlich, ich bekam eine Gänsehaut. Ihre eigentlich überstrapazierte Metapher wurde zur Offenbarung, ihre Stimme machte mir Lust auf alles, was da im Universum herumschwebte. Wenn ich ihr zuhörte, wollte ich plötzlich Bücher lesen, Musikinstrumente lernen, Künstlerin und Atomphysikerin werden, wollte einfach alles wissen, was sie wusste.

Und der Mann in der letzten Reihe? Was war die Verbindung?

Die Villmon gab eine gute Schauspielerin ab, sie ließ sich nichts anmerken. Aber wer wusste es schon – vielleicht zitterten ihre Finger am Buch, vielleicht las sie mechanisch, während ihre Gedanken um den Kerl kreisten.

Eine Affäre? Ein Privatdetektiv? Ich sah wundersame Szenarien vor mir, und ihre dunkle Stimme floss im Hintergrund, während ich ihn beobachtete.

Ein schöner Mann. Und etwas war da in seinem Gesicht, ich kam nicht gleich darauf, das ihn ungeheuer empfindsam aussehen ließ, obwohl er wie ein lässiger Alpha Male in seinem Stuhl fläzte.

Also einer von diesen Kerlen, die stark und sensibel

gleichzeitig sind. Die sind unausstehlich. Besser als die Machos und besser als die Softies, und sie wissen es.

Wie passte der Typ mit der Autorin zusammen? Um den Gehirnchirurgen handelte es sich mit Sicherheit nicht.

Ab und zu erwischte er meine Blicke und erwiderte sie verblüfft, während ich wie eine Anfängerin den Kopf wegdrehte. Was musste er von mir denken?

Jans sporadische witzige Kommentare hörte ich nur halb oder gar nicht, seine Stimme war ausgeblendet, aber vermutlich grinste ich pflichtschuldig.

Als wir am Schluss dazu eingeladen wurden, unsere Bücher signieren zu lassen, vergewisserte ich mich, was der blonde Mann machte: Nichts, er blieb sitzen. Lässig, beobachtend. Er hatte kein Buch. Die Arme hielt er hinter dem Kopf verschränkt, als könnte ihm die Veranstaltung nicht gleichgültiger sein. Und dabei sagten seine Augen die ganze Zeit über, dass ihm nichts lieber wäre, als zusammen mit der schönen Autorin von einem Bus überfahren zu werden, wie in diesem alten Song von *The Smiths.*

Ich stand auf, ebenfalls ohne Buch. Ohne zu überlegen, schrieb ich meine Handynummer auf einen Zettel. Stellte mich in der Reihe der Fans an. Drehte mich immer wieder nach ihm um.

Jan stand da wie im falschen Film: *Wir sind doch nur zum Spaß hergekommen?* Ich zwinkerte ihm zu.

Als ich dran war, reichte ich der verblüfften Autorin den Zettel statt eines Buchs.

»Was ist das?«, fragte sie.

»Der blonde Mann aus der letzten Reihe, der zu spät

gekommen ist, hat mich gebeten, Ihnen das hier zu geben.«

Ich folgte ihrem Blick über meine Schulter, sie hatte den Impuls aufzustehen, unterließ es dann aber. Und er selbst war wie vom Erdboden verschluckt. Was ging in ihr vor? Ihr glattes Gesicht verriet nichts.

»Keine Ahnung, wer das ist«, fügte ich lauernd hinzu und sah sie an. »Wahrscheinlich nur ein Idiot.«

»Ja«, antwortete sie zerstreut und zerknüllte die Telefonnummer in ihrer Hand. Aber dann sah ich, dass sie das Papier unwillkürlich in ihre Handtasche steckte.

Plötzlich wollte ich den blonden Mann nicht gehen lassen, warf mir den Mantel über und rannte nach draußen in das schneestäubende Zwielicht. Sah mich um, erwartete, dass er da irgendwo unter einem Vordach stand und wartete. Aber nichts. Gebeugte Rücken eilten an der Ladentür vorbei.

Jan kam mir nach. »Was ist mit dir los?«, wollte er wissen.

»Nichts«, sagte ich. »Los, Zeit für die Arbeit.«

Spät am Abend auf dem Heimweg nach der Vorstellung bekam ich endlich die erste Textnachricht. Das Handy surrte.

`Neue Nummer?`

Ich warf den Kopf zurück vor Größenwahn, und meine Finger tippten in Windeseile:

Wie du siehst.

Hör auf mit dem
Blödsinn! Was willst
du damit erreichen?

Dich sehen. Sonst
nichts.

Du kannst mich ganz
normal an der Uni sehen,
wie alle anderen auch.

Können wir reden?

Milo!

Nur reden.

Nein, außer, du hast
eine fachliche Frage.
Lass mich in Ruhe.

Ich antwortete nicht mehr. Aber ich sah sie vor mir: einen Nachtfalter, der mit seinem Flügelschlag einen elektrischen Sturm auslöste, und ich tanzte nach Hause wie in Trance. Es war dunkel, und die Schneeflocken flogen wie Staub zwischen den Lichtern der Stadt. Die Menschen surrten an mir vorbei, Millionen Feuerfünkchen auf dem Weg durch ein schwarzes Loch. Ah, manchmal bin ich irgendwie Gott.

Milo! Tama und Milo. Zwei Namen, die geradezu auf der Zunge zergingen. Tama und Milo. Eine Affäre. Mit einem Studenten, einem Kollegen? Oder vielleicht hatte dieser Milo es nur bei ihr versucht, war abgeblitzt und stalkte sie jetzt? In meinem Kopf spann ich das Drehbuch weiter.

Ich betrachtete meine Füße, die durch das Weiß liefen,

und wollte auch solche blauen Stiefel. Blau wie die arktische See. Hoffentlich eine Affäre. Die beiden waren die schönsten Menschen, die ich mir je zusammen vorgestellt hatte.

Ja, verdammt noch mal, warum auch nicht? Es ist ein amüsanter Zeitvertreib, nichts weiter. Ganz harmlos. Leute anschauen und überlegen, was sie wohl so denken, machen, sagen. Ein wenig wie fernsehen. Das macht doch jeder! Wer vor der Glotze sitzt, der spioniert auch Leuten hinterher, sogar noch mehr als ich. Der folgt ihnen sogar bis unter die Dusche oder die Bettdecke, was mir niemals einfallen würde.

Die Story hatte sich ganz einfach in Gang gesetzt: Zuerst war die Frau mit den blauen Stiefeln aufgetreten, die niemanden außer mich so zu erstaunen schienen. In der zweiten Szene war ich ihr in die Lesung gefolgt, und dort hatte sich dann der zweite Protagonist gezeigt, die Zahnräder hatten ineinandergegriffen. Und jetzt musste ich ihn natürlich finden. Milo. Den Lover. Falls er das war.

An der Uni fand man jeden und vor allem jemanden mit so einem ungewöhnlichen Namen: Milo Schmittt. Ich lachte laut auf, als ich den vollen Namen zum ersten Mal las. Schmittt. Mit drei T. Er konnte wohl seinen langweiligen Nachnamen nicht ertragen und hatte das dritte T einfach wild hinzugefügt.

Herr Schmittt mit drei T war Doktorand der Biologie. Aufgelistet sah ich seine Forschungsinteressen, die mir aber nicht wirklich viel sagten, zum Beispiel *Adaptive Dynamics* und *Phylogenetics.* Alles klar. Aber ich war ja auch nicht vom Fach. Ich hatte nicht mal studiert. Dann standen da noch ein bis zwei Publikationen (mit unverständlichen dreizeiligen englischen Titeln) sowie zwei Veranstaltungen, die er wohl für Erst- und Drittsemester abhielt. Mit dem Zeigefinger strich ich über das ziemlich schlechte kleine Foto, das neben seinen noch mageren Errungenschaften prangte. Er war nichts Besonderes – nur einer von zehn Doktoranden auf einer ganz und gar undekorierten Seite, die aussah, als sei sie nie ganz fertig geworden. Irgendwie rührend.

Eine ganze Weile lang sah ich das Foto an und fragte mich, wie es sein würde, ihn zu kennen.

Als ich mich dann später zu Professor Überflieger Dr. Tama Villmon durchklickte, eröffnete sich mir eine schillernde wissenschaftliche und literarische Karriere. Die Seite war professionell gestaltet, eher wie die eines Unternehmens als die eines Uni-Stars, mit edlen Farben und Fonts. Das große, professionell geschossene Foto zeigte eine starke Frau, die ohne jede Arroganz in die Kamera strahlte: Weil sie ohnehin wusste, dass sie alles erreicht hatte und großzügig sein konnte. Oh, sie war so schön.

Dann klickte ich wieder zurück zu Milo Schmittt. Er war ebenfalls schön, aber ein Niemand im Gegensatz zu ihr. Mein Hirn spann Geschichten – köstliche verbotene Geschichten, die hinter der Unschuld all dieser Informationen verborgen lagen. Geschichten, von denen niemand wusste. Irgendetwas war da, und meine Fingerspitzen kribbelten vor Lampenfieber und Erfindenwollen. Aus dem goldenen Spiegel, der einen großen Teil der Wand neben meinem Bett einnahm, sah mir meine Reflexion still über die Schulter.

Er war ein uraltes Ding, dieser Spiegel, den ich in einem Antikladen gefunden und der mich so viel gekostet hatte, dass ich meine Schwester dafür richtig heftig hatte anpumpen müssen. Aber er war mein liebstes Stück, und er spiegelte einen signifikanten Teil meiner kleinen Bude. Manchmal war es dann, als ob ich mich im Film sehen konnte.

Aber meistens erblickte ich nur eine schmutzige, vergilbte zweite Dimension der Realität: Das Silber hinter dem Glas war oxidiert und zeigte lange Schlieren und rostartige Flecken an der Oberfläche. Ich mochte es, dass diese dunkle Kai im Spiegel so verschimmelt aussah. Brachte was von Dorian Gray ins Spiel.

Wie hatten Tama und Milo sich wohl kennengelernt? Natürlich an der Uni. Aber ich brannte für die genauen Umstände, stellte sie mir vor, träumte davon, kritzelte Notizen.

In den nächsten Tagen fand ich zuerst durch eine langwierige Internetsuche Milos Adresse heraus, konnte jedoch nicht hinfahren, da ich ins Theater musste. Aber immerhin: Es gab ihn. Er wohnte in meiner Stadt. Er existierte.

Als ich wieder normale Schicht hatte, fuhr ich ganz früh morgens zu ihm – es war die gleiche Buslinie, die ich von der Arbeit zu mir nach Hause nahm, nur ein paar Stationen weiter. Eine halbe Stunde lang lungerte ich vor seinem Gebäude herum, ohne genau zu wissen, was ich wollte. Wahrscheinlich wartete ich auf ihn. Wollte ihn so gern sehen. Immerhin würde er ja wohl früh an die Uni gehen? Oder nicht? Wer wusste schon, was Doktoranden so trieben und wann sie im Job antreten mussten. Vielleicht hatte er bis drei Uhr morgens nokturne Schneewürmer in ihrem natürlichen Habitat beobachtet (oder nokturne Linguistinnen).

Auf jeden Fall rührte sich nichts. Andere Leute verließen sein Gebäude, er nicht. Wie es wohl wäre, ihn als Nachbarn zu haben? Ihn statt meines eigenen ekligen Nachbarn?

Danach hastete ich zu meiner Vormittagsbesprechung ins Theater. Update zu den Proben für ›Rebecca‹, unserer neuen Produktion. Neben all dem üblichen Kram hieß es, wir suchten noch ein paar Statisten für den großen Ball, eine Schlüsselszene. Die Bühne müsse voll von Menschen sein, und unsere üblichen zehn Verdächtigen seien nicht genug.

Jan, der für die Bühnentechnik beim Meeting dabei war, lachte und meinte, er würde zu gern einen stummen Kellner geben. Der große Meister am Tischende war in guter Stimmung und sagte grinsend, das solle er doch gern tun. Erstaunlich. Ich verstand es als Scherz, normalerweise war die Regie für Kindereien dieser Art nicht zu haben. Aber Jan nahm ihn beim Wort.

Beim Rausgehen drängte er mich, auch mitzumachen: »Komm, ist doch lustig, mal was anderes.«

Aber ich wollte nicht, das ist nicht mein Ding.

Gut: Manchmal dreht sich die Welt plötzlich so schnell und schrill, dass mein Kopf nicht mehr weiß, wohin. Dann will ich raus, angeben, die Beste sein, und dann geh ich ab und zu in eine bestimmte kleine Karaokebar. Da haben sie natürlich auch eine Bühne. Aber es ist anders, man steht beim Singen so schön im Schatten, und niemand kennt mich, weil ich verkleidet hingehe und natürlich auch mit niemandem spreche.

Ja, das passiert mir ab und zu. Aber nein – mich hier im Theater unter diesen grellen Scheinwerfern zu zeigen, der Gedanke gefiel mir nicht. Außerdem war ich ehrlich gesagt nicht mit meiner Arbeit verheiratet. Ich machte meinen Job, genoss es hin und wieder, den Exhibitionisten zuzuschauen, deren Schritte auf dem blanken Parkett hallten, aber dann war es auch wieder gut.

Lieber hing ich nun vormittags immer wieder an der Uni herum, wenn ich erst abends Schicht hatte, oder spät nachmittags, wenn ich tagsüber arbeitete. Der Ort zog mich magisch an. Und es war seltsam: Niemand bemerkte mich, wie ich da durch die Gänge mit den vielen Türen wandelte, gleich einem verwaisten Phantom, das versucht zu spuken, aber nicht bemerkt wird. Ich stand vor Aushängen, Plakaten, schwarzen Brettern und führte sie mir wie eine exotische Lektüre zu Gemüte. Ich trödelte vor Bürotüren und Hörsälen herum. Niemand beachtete mich, obwohl ich an diesen Orten nichts verloren hatte. Ich wusste nichts über Universitäten, war erstaunt, dass es dort so anonym zuging.

Im Institut für Sprachwissenschaft huschte ich von Gang zu Gang und schlich mich endlich, endlich an Professor Villmons Bürotür heran. Als ich davorstand, kam prompt eine Studentin vorbei und fragte mich, ob ich wegen der Sprechstunde da sei. Wortlos schüttelte ich den Kopf.

»Hast du ein Glück«, seufzte sie. »Die Villmon reißt mir bestimmt gleich den Kopf ab. Was hast du bei ihr?«

»Ich bin aus … Bio«, sagte ich, weil ich an Milo dachte.

»Ach so, bist du beim Projekt mit der genetischen Linguistik dabei?«

»Jaja, genau.« Sie musste mich für bescheuert halten.

»Ich glaube, da gibt's einen Aushang für euch vorn am schwarzen Brett, falls du den suchst.«

»Danke. Ich hoffe, sie lässt noch was übrig von dir.«

»Na ja, sie ist eigentlich cool, bin selbst schuld …«

Natürlich!

Zu gern hätte ich noch einen Blick auf Tama selbst geworfen, hinter ihrem Schreibtisch thronend, aber das Mädchen sah mich verwundert an, weil ich nicht weiterging. Erst als ich mich in Bewegung setzte, klopfte sie an die Bürotür und trat ein. Ich hörte Professor Villmons Stimme, die gar nicht gefährlich klang, sondern sehr warm und tief, genau so wie auf der Lesung. Vielleicht machte sie das gerade gefährlich?

Jedenfalls wusste ich nun, dass es wohl irgendeine Kooperation zwischen der Biologie und der Linguistik gab. Der Aushang sprach von einem gemeinsamen Projekt, von Kursen zur »Modellierung«, aber den Begriff »genetische Linguistik«, den die Studentin gebraucht hatte, suchte ich vergeblich. Ich hatte keine Ahnung, was das sein sollte. Klar, Sprachen konnten miteinander verwandt sein, aber Genetik – wie bei Menschen?

Aus der Schule erinnerte ich mich nur noch vage an die Mendel'schen Erbregeln: gelbe eckige versus grüne runde Erbsen. Nicht wahr? Dachte ich wohl gerade in einer gelben eckigen Sprache? Sie fühlte sich irgendwie so an, sehr gelb und sehr eckig.

Während ich mir diese Gedanken durch den Kopf gehen ließ, folgte ich den Wegweisern zu einem Übungssaal in einem ganz anderen Gebäude. Um 11 Uhr gab Milo dort Unterricht für Drittsemester. Das Zimmer gegenüber war leer, und ich versteckte mich darin. Studentinnen und Studenten (mehr -innen) strömten nach und nach in den Übungssaal, laut redend, lachend, bemerkten nicht den kleinen Geist, der sie beobachtete. Schließlich kam Milo Schmittt. Er war es. Ich erkannte ihn an den vielen Ts.

Weniger ernst als im Buchladen, ein grinsender Blondschopf, der aussah wie jemand, der viel Unsinn im Kopf hatte. Ein wenig zu spät kam er, als wäre er selbst einer der Studenten. Mit seiner braunen Retroledertasche unter dem Arm gab er den ultimativen Erstsemesterschwarm. Freundschaftlich scheuchte er zwei Kerle ins Zimmer und haute lachend die Tür ins Schloss.

Ich stand da mit hängenden Armen und konnte irgendwie nicht glauben, dass es ihn wirklich gab, auch wenn ich ihn ja schon gesehen hatte. Tama Villmons mysteriöser Liebhaber existierte wirklich. Jemand, der in meinem Kopf seine eigenen Abenteuer erlebte, der eine schöne, strenge Linguistin in ihrem Büro verführte, der mehr wollte, als sie ihm geben konnte, und sie deshalb bis zu ihren Dichterlesungen verfolgen musste. Und jetzt stand er da hinter dieser verschlossenen Tür und teilte Geheimnisse mit seinen Studenten, in die ich nie eingeweiht werden würde.

Aber er würde bald eine hübsche Nachricht erhalten. Die hatte ich zu Hause getippt, denn sicherlich kannte er ja Tamas Schrift.

Im dritten Stock fand ich sein Büro, schlich zweimal dran vorbei, die Tür stand halb offen, drinnen saßen ein junger Mann und eine Frau an ihren Computern. Am Schild neben der Tür standen vier Namen, alles Doktoranden, seiner mit drei T, unmöglich. Ich klopfte kurz, der Mann stand auf und kam zur Tür. »Kann ich helfen?« Er nahm den Umschlag, den ich ihm hinstreckte.

»Ich komme aus der Linguistik. Eine Nachricht für Milo Schmittt.« Als sein Name zum allerersten Mal meine Lippen verließ, stockte mir fast der Atem. Es war, als hätte ich etwas Verbotenes gesagt.

»Okay, ich leg's ihm hin. Er ist im Unterricht.«

»Er weiß, um was es geht.«

»Alles klar. Er ist in einer Stunde zurück. Sonst noch was?« Er betrachtete mich in meiner Graue-Maus-Aufmachung, auf die ich an diesem Tag besonders sorgfältig Wert gelegt hatte.

Meine Masken wähle ich weise. Ich habe mal ein Buch gelesen, in dem eine CIA-Verkleidungsexpertin genau erklärt, wie man effektiv Leute durch sein Äußeres täuscht. Und in meinem Beruf hab ich natürlich auch einiges gelernt. Es ist das Einzige, in dem ich gut bin.

Ich lächelte schüchtern. Irgendwann würde mich der Geheimdienst als Verkleiderin anheuern.

»Nein, er weiß dann schon Bescheid.«

Damit drehte sich die Erscheinung um und verschwand im Gang. Es konnte nicht oft vorkommen, dass man sich an der Uni Nachrichten per Hand zukommen ließ. Auf meiner stand, er solle am Freitagabend ins *Kali Ma* kommen, eine Disco. War es wirklich glaubwürdig, dass die Notiz von Tama kam? Sie war mit Sicherheit keine Discogängerin. Ich hatte nicht mit ihrem Namen unterschrieben, es aber so formuliert, dass er annehmen konnte, der Zettel käme von ihr. So oder so: Er war ein Mann wie alle anderen und neugierig.

Als ich wieder draußen vor dem Unigebäude stand, blieb ich einen Moment lang stehen und sah an dem Haus empor. Es war ein riesiges Ding, ein Betonbunker aus den 60er-Jahren, siebenstöckig, wenn ich die Fensterreihen richtig gezählt hatte, und nicht zu unterscheiden von Tausenden seiner grauen Brüder überall auf der Welt. Das Dach war flach. Ich wollte hinauf. Es musste ein schönes Gefühl sein, von oben auf die Stadt zu schauen wie von einer Insel herab. Und es war da, wo er war.

Ich ging zurück, schaute nach einem Aufzug. Der fuhr natürlich nicht bis hinaus über die Dächer, aber von ganz oben würde ich sicher einen Weg finden.

In diesem Augenblick kam ein heftiger Schwung Studenten aus allen Hörsälen und schwemmte mich in ihrer Mitte hinaus, als wollten sie mich an meinem Vorhaben hindern. Ich ließ mich amüsiert treiben. Dann ein andermal. Ich fuhr heim. Am Freitag würde ich ihn wiedersehen!

Ich suchte ihn online und fand ihn auf verschiedenen Kanälen. Selbst hatte ich nicht viele Freunde oder Follower oder wie man das nannte. Meine Schwester und ein paar obskure Cousins und Cousinen, dann noch Jan und ein paar alte Schulfeinde. Auch gab es ein paar »Freunde«, die ich selbst kreiert hatte. Ab und zu loggte ich mich als eine dieser Personen ein und likte oder kommentierte Kais Fotos. Außerdem klickte ich mich gern einfach so lange durch eine Kette von Kommentaren und Freunden von Freunden, bis ich jemanden entdeckte, der mir interessant erschien. Dann schickte ich gern Privatnachrichten, in denen ich behauptete, wir seien alte Bekannte von vor langer Zeit, die sich aus den Augen verloren hatten. Viele trauten sich nicht, mir zu widersprechen. Lustig, an was die Menschen sich alles nicht erinnerten und meinten, sie müssten es.

Jedenfalls, es gab tatsächlich einige Milo Schmitts, aber nur einen mit drei T. Er schien nicht oft etwas zu posten, denn eines seiner obersten Fotos stammte von vor einigen Monaten. Es war ein sonnenbebrilltes Urlaubsfoto. Schade, ich wollte seine Augen sehen. 25 Likes und 4 Kommentare. Keiner davon stammte von Tama, außer, sie benutzte hier einen Künstlernamen. Aber ätzende Kommentare wie »Hi handsome« oder »Warum bist du dort ohne mich?« ärgerten mich. Ich konnte einfach nicht glauben, dass es wirklich Leute gab, die einfach so einen flapsigen Kommentar neben seinem Bild abgeben durften. Natürlich traute ich mich bei ihm nicht, mein Wir-kennen-uns-doch-Spiel abzuziehen, aber eine Weile klickte ich sorgfältig die Leute durch, die sein Bild gelikt hatten, um zu sehen, was das für welche waren. Interessante Frauen und coole Typen. Am meisten hasse ich diese Selfiepest, vor allem, wenn die Fotos noch gespickt sind mit einer Reihe prätentiöser Hashtags, die selbstironisch daherkommen, aber in Wirklichkeit vom geilsten aller Leben künden: #niemehrparty, #FettigeHaareMüdeMama (glänzende Mähne), #erschöpftInNewYork, #tryingtolooklike20 (tust du auch, und du weißt es). Aber was soll's.

Ich knipse schon auch Selfies von mir, aber die zeige ich nicht her, die sind nur für mich: Manchmal muss man einfach ein sekundenaktuelles Foto von sich sehen, um sicherzugehen, dass man wirklich da ist. Aber vielleicht sollte ich mich auch mal unter die Schmollmundmenge mischen.

Stattdessen schickte ich Tama einen Text:

`Hab dich heute in der Uni gesehen.`

Es dauerte satte, sämige 15 Minuten, bis sie mir antwortete.

`Na und, ich seh dich ständig in der Uni.`

`Ständig? Dann legst du es wohl drauf an?`

`So langweilig ist mir nicht. Bye Milo.`

Ich saß ganz baff auf meinem Stuhl. Sie hatte mit ihm gewitzelt, hatte ihn nicht sofort brüsk abgewiesen oder ihn der Stalkerei bezichtigt, wie sie es hätte tun sollen. Schön.

Und dann war Freitag. Ich hatte frei, und das war gut so, denn ich hätte mich sowieso nicht auf den Job konzentrieren können. Die einzige Arbeit machte ich mir selbst zu Hause: Ich zog einen grünen, knielangen Cordrock, lila Strumpfhosen und hellbraune Stiefel an. Dazu malte ich mir dunklen Lippenstift ins Gesicht und setzte meine wunderbare neue rote Lockenperücke auf, die ich vor ein paar Tagen fertiggestellt hatte. Dazu grüner Lidschatten und ein falsches Lächeln.

Einen Moment lang überlegte ich, ob ich noch weiter gehen sollte: falsches Lispeln durch Gaumenprothesen, ich hatte welche, oder hohe Wangenknochen durch ein Kieferpolster, das hatte ich auch in meiner Zauberkiste. Ich hatte alles. Und *Nirvana.* In voller Lautstärke. *Lithium.* Ich fühlte mich wie eine wunderbare Serienkillerin, *I'm not gonna crack.*

Manchmal strich ich mit den Fingerspitzen über all meine Maskenschätze und stellte mir vor, wie ich sogar meine Schwester zum Narren halten würde, sie und den Schwager und den Neffen. Ich würde als Zeuge Jehovas oder sowas bei ihnen klingeln und ihnen die Ekstase der baldigen Apokalypse auseinandersetzen, ohne dass sie mich erkennen würden. Meine Schwester war so neugierig, vielleicht würde sie mich sogar hereinbitten auf eine Tasse Tee. Nur um Material zu sammeln für eine tragische Liebesgeschichte über eine Zeugen-Jehovas-Frau, an der sie rein zufällig gerade schrieb.

Ich grinste und betrachtete mich im Spiegel. Nein, es genügte. Ich wollte ja mit niemandem reden, und niemand würde mich in dieser scheußlichen, farbenfrohen Kreatur wiedererkennen.

Danach machte ich die schreiende Musik aus und setzte mich einen Moment aufs Sofa neben meine alte Schaufensterpuppe, die dort nackt saß, tagaus, tagein. Irgendwann hatte ich sie in einem Müllcontainer neben einem Kaufhaus gefunden, die Beine steif in der Luft wie die einer gefrorenen Leiche. Ein Fuß hatte gefehlt. Es hatte in Strömen geregnet, aber trotzdem hatte ich unter großen Mühen Kisten aufeinandergestapelt, war hinaufgestiegen und hatte das Ding herausgezogen. Die Puppe war nass und schmutzig gewesen (ich nicht weniger) und ihr Ohr eingedrückt. Sie war eine dieser uralten Puppen, bei denen die Haare nur aufgemalt waren. Unter den Arm geklemmt hatte ich sie im Regen heimgetragen. Es fühlte sich gut an, unter Strapazen etwas zu holen, das man haben wollte.

Mittlerweile war sie sauber und trocken, wenn auch noch immer kaputt. Aber ich mochte sie. Keine Ahnung, warum.

Und denkt nicht, ich redete etwa mit ihr. Gar nicht. Ich mochte es einfach, wie freaky sie da auf meinem Sofa saß. Ja, da saß sie und musste nirgendwo hin – oder durfte nicht.

Als ich mich gesammelt hatte, holte ich Milo zu Hause ab, auch wenn er davon nichts wusste.

Natürlich hatte ich keine Ahnung, wie er zum *Kali Ma* kommen würde, aber ich hoffte und nahm an, mit dem Stadtbus. Im Nieselschnee hockte ich an der Bushaltestelle, die sich genau auf Höhe seiner Eingangstür befand. Ich lehnte mich im Häuschen zurück und tat so, als tippte ich auf meinem Handy herum. Schlug die Beine übereinander. Der Wind fuhr mit kalten Fingern unter meinen Mantel, und ich hörte Musik. Wieder *Nirvana*, immer den gleichen Song. Der rieselnde Schnee war so laut, dass ich ihn übertönen musste. Ah, November ist doch die beste Zeit zu spielen.

Allen Statisten an der Bushaltestelle erteilte ich unsichtbare Anweisungen, und im Display meines Telefons spiegelte sich meine Maske: Lippenstift und Puder im gelben Neonlicht.

Ungefähr eine halbe Stunde lang wartete ich, zählte

die Busse, wie sie heran- und wieder abfuhren. Es hätte noch ewig dauern können, bis er auftauchte – aber als der nächste Bus vorfuhr, stand er plötzlich da, in einer hellgrauen Jacke, die Hände in den Seitentaschen, wunderschön im stillen Schnee. War er wirklich Tamas Liebhaber?

Es war ein herrliches Gefühl, da hinter ihm zu sitzen und heimlich über ihn Bescheid zu wissen. Ich wusste, was er tat, was er arbeitete, dass er eine zierliche kluge Frau mochte. Und er hielt sich an mein Drehbuch.

Im Bus blieb ich hinter ihm, betrachtete seine Hände, die sich an der Stange festhielten. Was, wenn diese Hände mich statt Tama berühren würden? Bei der Vorstellung wurde mir einen Augenblick lang ganz heiß. Aber ich wusste auch genau, dass ich das nicht wirklich wollte. Nur meine falschen dunkelroten Lippen wollten es ein bisschen.

Wir fuhren dahin, aber dann, an der Haltestelle, die dem *Kali Ma* am nächsten war, stieg er nicht aus. Das überraschte mich, ich war selbst schon halb draußen. Mein verblüffter Blick traf den seinen. Ganz deutlich musste er bemerken, dass ich ihn ansah, auch wenn er mich nicht wiedererkannte in meiner Verkleidung. Aber ich stellte mir vor, dass er urplötzlich für zwei Sekunden in die Zukunft sehen konnte. Es würde ein Blick sein, der unsere ganze verdammte Beziehung vorwegnahm. Wie im Film. *Wir haben uns nicht umsonst getroffen. Kai, Baby, verlass mich nicht, ich kenn dich schon seit 20 Jahren.*

Es war kein Film. Seine Lippen verzogen sich zu einem angedeuteten spöttischen Lächeln: *Ich weiß noch viel mehr als du.*

Der Raum ertrank in Menschen. Ein ungewöhnlich heißer Maitag, eine Konferenz – irgendeine, irgendwo. Die Welt war voll von Konferenzen mit schlauen Leuten, überall auf der Welt. Welch ein Zufall, seine Seelenverwandte dort zu treffen.

Die Fenster zum Hof standen weit geöffnet und darunter wartete eine Reihe schlanker blütenweißer Tische mit einem Büfett für hinterher. Er sah seine beiden Begleiterinnen an, die rechts von ihm saßen, Laila aus Malmö und Gina aus Rom. Er wusste gar nicht, wen er interessanter fand, die dunkelhaarige Schwedin oder die blonde Italienerin.

Sie setzten sich in die erste Reihe, weil Gina ihre Brille vergessen hatte und weil außerdem die hinteren Reihen auch schon fast alle besetzt waren. Milo nickte hin und wieder flüchtigen Bekannten zu.

Beim ersten Redner langweilte er sich zu Tode. Nachdem dieser endlich geendet hatte, entschuldigte er sich rasch und rannte zum Büfett, um sich ein Glas Wasser zu holen. Es war heiß im Raum. Als er sich mit dem Glas in der Hand umdrehte, hatte eine Frau das Podium erklommen. Dr. Villmon aus der Linguistik, von seiner eigenen Uni.

Er kannte sie vom Sehen, aber eigentlich kreuzten sich ihre Wege nie. Er wusste nur, dass sie auf dem Gebiet der Verwandtschaft von Sprachen forschte und dass dies sie ab und zu in sein Institut führte, weil sie wohl mit den Modellierungssystemen der Evolutionsbiologen arbeitete. Genau deshalb war sie auch hier, auf der Konferenz. Sie war zierlich, fast hätte sie nicht bis zum Rand des Pults gereicht.

Er sah, dass sie sich als eine der wenigen Teilnehmer der Konferenz schick gemacht hatte. Forschernerds (wie er) waren wahrhaftig nicht dafür bekannt, dass sie sich für Vorträge herausputzten. Sie anscheinend schon. Das gefiel ihm.

Jetzt schweiften ihre Augen durch den Raum: Er selbst stand als einziger Mensch hinten beim Büfett. Peinlich. Tama Villmon hatte sich schon geräuspert, da drängte er sich durch die Reihen zu seinem leeren Sitz, fühlte alle Blicke auf sich, auch ihren. Besonders ihren.

Hinterher wühlte er sich mit Getränken für seine Freunde durch die Menge, als er plötzlich Tama Villmon vor sich sah. Im Gespräch mit zwei älteren Herren. Sie trug seltsame blaue Stiefel.

Seine Füße steuerten einfach auf sie zu. Wie ein belämmerter Kellner bot er ihr, die er wirklich gar nicht kannte, eines der Gläser an. Sie nahm es verblüfft.

»Sie sind bei uns, oder? Hab Sie schon mal irgendwo gesehen.«

»Milo Schmittt, mit drei T, Doktorand.«

»Mit drei T, aha. Ich bin ja froh, dass mein Vortrag Sie so fasziniert hat, dass Sie sich gleich mit einem Hechtsprung in die erste Reihe befördert haben.«

»Ich wollte mir nur ein Wasser holen, und dann war ich schon zu spät.«

Sie lachte. »Zu spät kann ich gar nicht leiden.«

Er nahm es ihr ab. Dieses winzige Persönchen schüttelte die Autorität aus dem Handgelenk.

»Gott sei Dank haben sich unsere Wege nie gekreuzt.«

Sie sah ihn an. »Nun haben sie es aber doch.«

Er grinste. »Ja, und danach werden wir uns niemals wiedersehen.«

»Sehr dramatisch.«

»Aber es stimmt.«

»Und wenn schon, wir werden es überleben.«

»Aber wir haben ja noch diesen kleinen Schulball hier, auf dem wir uns austoben können.«

»Nein, danke, meine Schulzeit war lang genug.«

»Also ich wäre jetzt gerade gern wieder ein Zehntklässler.«

Sie betrachtete ihn aufmerksam. »Wenn Sie wüssten, wie wenig gleichaltrige Mädchen von Zehntklässlern halten, dann wären Sie nicht so nostalgisch«, hörte er sie sagen. Er konnte nicht wegsehen, eine ganze Weile lang nicht, seine Hände wurden feucht, er spürte es verwundert. Sah die Frau an, sah sie zum ersten Mal so richtig an. Stellte sie sich kurz als tanzende Zehntklässlerin vor, aber verwarf das Bild sofort wieder, denn sie war viel aufregender, so, wie sie jetzt war: klein und schmal, aber erwachsen. Fragil, blass, eine strenge Elfe. Riesige Augen, die ihn irgendwie an eine junge Bette Davis erinnerten – eine seltsam asiatische Bette Davis.

Unwillkürlich stellte er sich in einem blitzschnellen Flash vor, wie es sich wohl anfühlen würde, sie unter sich zu haben, den souveränen schmalen Körper in seinen Besitz zu bringen. Als er sie ansah, war es ihm, als verstünde sie sehr gut, was in seinen Nervenzellen für animalische Signale weitergeleitet wurden. Er hörte sich räuspern: »Oh, das weiß ich noch ganz genau, die peinlichen Erinnerungen trage ich immer mit mir.«

»Kann ich mir vorstellen.« Sie lachte unverbindlich. Ihre Augen aber erzählten ihm von wilden Dingen, ließen ihn wissen, dass sie alles Neue dieser Welt bereits erlebt und er ihr nichts mehr zu bieten hatte. Aber in seinem sekundenlangen Tagtraum hatte er gesehen, dass das nicht stimmte.

»Was können Sie sich vorstellen?«, fragte er.

Sie ließ sich nicht aus der Ruhe bringen. »Wahrscheinlich nichts. Ich kenne Sie doch gar nicht.«

»Jetzt schon.«

Der Raum begann sich zu leeren. Sie sah sich zerstreut um. »Alle gehen, wir sollten uns wohl auch aufmachen.«

Milo nickte, ohne den Blick von ihr zu nehmen. »Okay, wohin?«

Da lachte sie schallend. Warf den Kopf zurück und lachte völlig ungehemmt. Die Geste war so unerwartet und wild, dass ihm die Nackenhaare zu Berge standen.

»So hab ich das nicht gemeint.«

»Wie dann?«

»Einfach nur gehen. Jeder von uns seines Weges.«

»Jetzt, wo wir uns gerade erst kennengelernt haben? Wie wär's noch irgendwo mit einem Drink?«

»Mit einem Drink?« Sie warf den Kopf schon wieder zurück, in dieser zügellosen Art und Weise, und danach hatte er sich nur noch schwer unter Kontrolle.

»Spielen wir hier in einer Seifenoper?«

Sie lachte ihn aus. Aber alles, was er sah, war, wie sie im Bett den Kopf genauso zurückwarf. Er sah ihr an, dass sie hemmungslos und leidenschaftlich war. Ihre bewegten Gesichtszüge erzählten es ihm, ebenso wie ihr exzentrischer Mund, ihre großen Augen.

Er griff in die Jackentasche und holte einen Kugelschreiber heraus. »Darf ich Ihnen dann wenigstens meine Handynummer aufschreiben?«

»Und warum?«

»Das Hotel ist groß, unsere Uni noch größer, ich hab Angst, dass wir uns wirklich nie wiedersehen.«

»Warum wollen Sie mich denn unbedingt wiedersehen?«

»Keine Ahnung.«

»Ich bin verheiratet.«

Er lachte und hörte sich sagen: »Ich hab ja nicht vor, mit Ihnen zu knutschen.«

Ihre Wangen explodierten. »Na, da bin ich ja beruhigt. Geben Sie mir halt Ihre Nummer, aber ich werde nur anrufen, wenn ich vor Langeweile sterbe ...«

»Damit kann ich leben, ich sterbe täglich vor Langeweile.«

»... was mir so gut wie nie passiert.«

»Also, her mit dem Arm.«

»Dem Arm?«

Milo schnappte sich ihren Unterarm, schob den Ärmel ihrer kurzen Businessbluse ganz nach oben, was sie seltsamerweise still geschehen ließ, und schrieb ganz oben, fast auf der Schulter, seine Telefonnummer in blauem Kuli direkt auf ihre Haut. Sie bewegte sich nicht, ihre Haut gab weich nach unter der Kulispitze. Er kam ihr so nahe, war so dicht über sie gebeugt, über ihre winzige, zarte Figur, dass er sie riechen konnte. Die kaum wahrnehmbare Mischung aus Salz und Schweiß und Parfüm gab ihm den Rest: Als er fertiggeschrieben hatte, hob er den heißroten Kopf, sein Körper kribbelte taub, und er suchte schockiert ihren Blick. Scheiße, dachte er. Ihren Arm hielt er noch immer fest. »Ruf mich an, bitte«, sagte er eindringlich. Er wusste nicht, was mit ihm los war, irgendein verdammter Weltuntergang.

»Na gut«, antwortete sie verwirrt. Diesmal, ohne zu lachen. Nach einem seltsam stillen Moment in der Menge lösten sich ihre großen Augen von den seinen, und sie verschwand hastig zwischen den Leuten.

An der nächsten Station, zwei nicht enden wollende Minuten später, drängelte Milo sich dann an mir vorbei und tauchte innerhalb einer Sekunde ab in den Ozean vor der Tür. Ich sprang hinterher, aber er war verschwunden. Es gab ein blinkendes Kino an diesem Platz und mehrere Bars, und es war die Hölle los. Eine weiße Samstagnacht. Die Studenten waren im Schnee unterwegs, und ich fühlte mich wie ein kleines Kind in einer Horde Teenager. Jeder konnte bestimmt sehen, dass ich eine grandiose Fälschung war.

Mit gesenktem Blick, die Hände in den Jackentaschen geballt, bahnte ich mir einen Weg durch die Gruppen vor den Lokalen und dachte: Dieser Milo spielt mein eigenes Spiel mit mir. Er weiß nicht einmal, wer ich bin, und er spielt mit mir.

Irgendetwas in mir sagte mir, jetzt sei die Zeit auszusteigen, jetzt sofort, die letzte Chance.

Aber dann suchte ich doch mit meinen Augen links und rechts die Szene ab, und natürlich fand ich ihn wieder, sonst würde ich diese Geschichte ja gar nicht erzählen.

Vor dem Kino lachte jemand seinen Namen, eine helle Frauenstimme, deshalb entdeckte ich ihn. Er stand in einer kleinen Gruppe. Ich verzog mich lautlos in den Schatten des Kinovorraums. Betrachtete die Freunde, die sich gegenseitig auf die Schulter klopften und umarmten und auf die Kinoplakate zeigten. Es war, als sprächen sie eine Sprache, die ich nicht verstand. Ich war eine andere Spezies, die aus einer fernen Dimension auf die Szene herabsah. Wollte dabei sein, aber eigentlich dann doch wieder nicht.

Der Kinosaal war klein, es lief ein dänischer Film mit Untertiteln. Das auch noch. Milo und seine klugen Freunde. Bestimmt hatten die alle genau den Beruf, von dem sie schon immer geträumt hatten. Anders als ich, die ich bei allen Regiestudiengängen des Landes mit Pauken und Trompeten abgeblitzt war und nun schwitzende Schauspieler mit Make-up zukleistern durfte.

Ja, ja, ja: Alle sagten mir immer, ich hätte irrsinniges Glück gehabt und dass andere für meinen Job killen würden. Okay, meine Schwester sagte es, ich kenne keine »alle«. Trotzdem. Was konnte ich dafür? Ich hatte eben etwas anderes gewollt.

Auf jeden Fall saßen hier bestimmt nur glorreiche Bankmanager und Anästhesisten und tiefgründige Doktoranden neben Milo auf ihren Hinterteilen.

Ich konnte ihn gut sehen, wie er da inmitten seiner Gruppe saß, neben einer Frau. Ja, zum Teufel, mit einer Frau. Sie hatte ihre Mütze abgenommen, und ihr gleißendes Haar schimmerte im Licht, das während der Werbung noch leuchtete. Sie war nicht Tama, nein, aber sie war hübsch. Einen Augenblick lang war ich hell empört.

Ich stellte mir vor, wie sich ihre langen, lasziven Haare unter meinen Fingern anfühlen würden, weich und stark, man könnte sie einfach packen, diese Frau, und an ihren Haaren an irgendeinem Bilderhaken aufhängen, ein zappelndes Gemälde. Verdammt. Ich strich meine Faust wieder glatt. Was wollte er mit ihr? Aber er tröstete sich eben. Ja, es war nichts als das. Die Andere hat dich verlassen, ich verstehe dich, Milo, man muss auf andere Gedanken kommen, nicht wahr? Sie ist nicht Tama, aber sie ist hübsch. Ich verstehe dich. Und sie weiß ja nicht, dass du an die Andere denkst, während du ihr den Arm um die Schulter legst.

Nein, das wusste sie bestimmt nicht. Denn sie kamen sich nahe, hatten Spaß, flüsterten zusammen, er hielt ihr Popcorn hin.

Mein Magen fühlte sich flau an, aber gut flau, aufgeregt, voller Erwartung.

Sie wuschelte ihm durch die Haare, er berührte ihre Schulter.

Es war in Ordnung, wirklich, sie war ja nichts Ernstes.

Und was war mit Milo und dieser Wunderprofessorin eigentlich los? Waren sie vielleicht nie wirklich zusammen gewesen? Der Notizblock lag auf meinen Knien, auf meinen dämlichen Strumpfhosen, die ich für nichts und wieder nichts angezogen hatte, und meine roten Lippen interessierten auch niemanden, schon gar nicht Milo Schmittt mit drei T.

Was sollte ich ihm schreiben? Etwas Geheimnisvolles. Vielleicht einfach: *Warum bist du nicht gekommen?* In Blockbuchstaben. Das war doch schön geheimnisvoll. Und würde die blonde Frau rasend machen, falls sie es sah.

Der Film hatte inzwischen begonnen. Es interessierte mich nicht die Bohne, was diese deprimierten Teenager an einem schwarzweißen Kopenhagener Wintertag an profan-philosophischen Abenteuern so alles erlebten.

In der Dunkelheit zwängte ich mich durch die Reihe hinter Milo, in der nur ein paar Sitze besetzt waren. Als ich an ihm vorbeiging, streckte ich für eine Sekunde meinen Arm zwischen Blondies Kopf und seinem hindurch und warf ihm den fett gefalteten Zettel auf den Schoß. Natürlich wandte er sofort verblüfft den Kopf, sah aber von mir nichts als einen schnellen Schatten. Dann musste ich raus aus diesem Saal.

Ungefähr zehn Minuten lang hing ich im Vorraum herum, tappte mit den Stiefeln, drehte mich langsam vor dem Spiegel, der dort hing, alles in der bizarren Hoffnung, dass er mir wie Aschenputtels Prinz hinterherlaufen würde. Aber das tat er natürlich nicht. Dann verließ ich das Kino und stapfte drei Bushaltestellen zurück zum *Kali Ma*, in das ich ihn ja ursprünglich per anonymer Nachricht eingeladen hatte. Hing eine Weile draußen herum und ging dann allein rein.

Ich mag keine Menschen, ich kann Menschen nicht ausstehen. Bevor ich meine Wohnungstür öffne, lausche ich erst, ob im Treppenhaus alles ruhig ist, dann gehe ich raus. Bei meiner Schwester hab ich einmal so getan, als wäre ich auf dem Sofa eingepennt, damit ich nicht mit ihren Freunden reden musste, die spontan hereinschneiten. Aber mit vollen Kneipen oder Discos hab ich kein Problem. Weil man dort nur ein Atom in der Masse ist. Und unerträglich laute Musik tut mir gut, füllt den Kopf.

Die Nacht schillerte sternenklar und kalt, in der Disco

war es feucht und tropisch. Zu heiß für die dumme Perücke, aber ich ließ sie auf. Ich tanzte, trank irgendwas, redete mit niemandem, dachte nichts, ließ mich köstlich von der Musik durchprügeln.

Und dann plötzlich war er da, wahrscheinlich viele Stunden später, ich weiß es nicht, und er hatte mich einfach so gefunden. Er erschien neben der Tanzfläche, an deren Rand ich mich bewegte, und zog mich mit einem Handgriff aus dem Verkehr. Ein Typ, von dem ich nichts und alles wusste, ein Typ, der noch nie ein Wort mit mir gewechselt und mich trotzdem erkannt hatte. Irgendwie machte mich das an. Weiß nicht, warum. Eigentlich macht mich nämlich nichts an.

Wir standen uns im Lärm gegenüber. Er hielt meinen Arm fest, sah mich an.

»Was ist?«, schrie ich schließlich durch die stampfende Musik, weil er einfach nichts unternahm. Seine Augen schienen widerlich transparent im roten Licht, und wenn dies ein Film wäre, würde die Kamera messerscharf auf ihn fokussieren. Er machte eine Geste, ich sollte ihm folgen, und dann standen wir vor der Tür. Der Eiswind prickelte auf meinem Gesicht, der Temperaturumschwung fühlte sich an, als würde man aus heißem Badewasser auftauchen. Es war schön. Er war schön.

»Kommen die von dir?«, fragte er ohne Umschweife und hielt mir beide Zettel hin, den aus der Uni und den aus dem Kino.

»Nö. Wer bist du?«, frage ich zurück. »Ich kenn dich nicht.« Aber ein seltsames Déjà-vu-Gefühl überkam mich, und ich blickte über die Schulter. Es war, als sei ich eine andere Frau – eine fremde Frau, die mit einem Mann über anonyme Zettel diskutierte und dabei von einer dritten Person aus der Dunkelheit heraus beobachtet wurde. Aber das war in Ordnung, sie konnte nicht hören, was wir sagten, diese dritte Person im Schatten, sie stand zu weit weg.

Milo sagte: »Dafür bin ich dir jetzt aber schon ziemlich oft begegnet.«

»Wie kommst du darauf?«, fragte ich zurück, ohne ihn anzusehen.

»Du warst vorhin im Bus und eben im Kino«, erklärte er. Dann fasste er nach meiner Perücke und zog sie mir einfach vom Kopf. Ich wehrte mich nicht.

»Wollte nur mal sehen, wie du aussiehst«, erklärte er. Sein Blick glitt über meine plattgedrückten, vollkommen nassgeschwitzten Haare. »In natura gefällst du mir besser.«

»Mir doch egal.«

»Schon klar.«

»Du kennst mich ja überhaupt nicht.«

Er lachte. »Doch, warst du nicht damals im Buchladen bei Tamas Lesung?«

Es war unerhört, wie er einfach ihren Namen aussprach. Ich sah weg. Verschränkte die Arme. »Ich kenne keine Tama.«

»Verfolgst du mich?«, fragte er.

»Du nimmst dich ja ganz schön wichtig.«

Er lachte laut auf. »Wahrscheinlich bist du eine Auftragskillerin, die Tama auf mich angesetzt hat.«

»Nein«, entgegnete ich völlig stupide.

Er streckte mir die Hand entgegen. »Milo. Vielleicht weißt du das ja schon. Aber wer bist du?«

»Kai«, sagte ich kurz und kramte eine Notfallzigarette aus meiner Jackentasche hervor. Einfach, um etwas in den Händen zu halten, ich rauche eigentlich gar nicht.

Da war etwas in seinem Blick. Und jetzt sah ich auch, was: Wenn er mich angestrengt betrachtete, erschienen zwischen seinen Augenbrauen zwei winzige kringelartige Falten, die ihm diesen weichen, leicht schmerzhaften Ausdruck gaben. Ah, ich hatte ihm diese Züge gemalt.

»Kai heiße ich. Und ich habe keine Ahnung, wie du heißt.« Als ich die Kippe im Mund hatte, war sein Feuerzeug an meinem Gesicht, und er ließ mich in Flammen aufgehen. Ich verhaspelte mich: »Das heißt, jetzt weiß ich es, aber vorher wusste ich es nicht.« Ich laberte wie eine Idiotin.

Immer noch sah ich ihn nicht an, sondern blickte schräg an ihm vorbei in den Schatten. Dort, hinter uns, da war noch ein wenig Realität, wenn man genau hinsah. Darauf konzentrierte ich mich.

»Schöner Name, passt zu dir.«

Ich reagierte nicht, und er lachte. »Ungewöhnlich für eine Frau. Heißt du wirklich so?«

Wieder antwortete ich nicht, zuckte nur mit den Schultern, die Kippe wippte zwischen meinen Fingern.

Da fragte er noch einmal: »Sind die Zettel nun von dir, und hat das Ganze was mit Tama zu tun?«

»Ich kenne keine Tama.«

»Du warst aber auf ihrer Lesung. Zusammen mit deinem Freund warst du da.«

Es fiel mir nicht ein, ihm zu widersprechen. »Ich war nur dort, weil meine Schwester in dem Buchladen arbeitet. Ich weiß nichts über eine Tama. War das die Autorin?«

Er betrachtete mich eine ganze Weile lang skeptisch. »Und woher kommen dann diese seltsamen Nachrichten? Ist ja wohl nicht Standard, sowas zu kriegen.«

»Woher soll ich wissen, was du für Sachen kriegst?«

»Und du läufst einfach gern so in Perücken herum.«

»Klar, warum nicht?«

»Bist keine Privatdetektivin oder sowas.«

»Um Himmels willen, was hast du dieser Tama denn angetan, dass du denkst, sie hetzt Privatdetektive oder Auftragskiller auf dich?«

Er lachte. »Nichts, sie ist meine Ex, ganz einfach.«

»Dann möchte ich nie deine Ex sein.«

»Schade.«

»Ich geh jetzt«, murmelte ich, unwillig, auf diesen faden Flirtversuch einzugehen. »Ist schon spät.«

»Warte, lauf nicht einfach weg, ich tu dir doch nichts.«

»Schon klar, brauchst dir nichts einzubilden.« Ich lachte nun auch. »Bin einfach nur müde.«

»Darf ich dir meine Telefonnummer geben?«

»Nein.« Zu schnell.

»Warum denn nicht?«

»Ich hab kein Telefon.« Es rutschte mir so heraus, gleichzeitig fischte ich seinen Blick auf und prustete los. Er auch.

Er legte den Kopf schief. »Du hast kein Telefon.«

»Nein.«

»Na, dann kann dir ja meine Nummer gar nichts anhaben, oder? Papier?« Einen Augenblick lang dachte ich, er wolle meine Schulter berühren, aber dann verschwand der Eindruck. Nichts geschah.

»Nö, ich hab nichts dabei.«

»Dann gib mir deine Hand, du seltsame Kreatur.«

»Wie bitte?«

Als er mir seine Nummer auf das Handgelenk kritzelte, spürte ich die Tinte bis in die Fußsohle hinunter. Stellte mir vor, dass es ihm vielleicht gefiel, meine Haut zu berühren. In seinen blonden Haaren spannen sich die Schneeflocken ein.

Aber dann richtete er sich auf, und er war nicht im Mindesten atemlos, in seinen Augen glühte nicht das geringste Fieber.

Als ich zu Hause vor meiner Tür stand und mit dem Schlüssel fummelte, war plötzlich Bewegung hinter mir, und ich wandte den Kopf. Da stand mein Nachbar, ein Typ Ende Dreißig, gleiches Stockwerk, verheiratet, sehr nette, hübsche Frau, zwei Kinder. Seine Augen glühten immer fiebrig, wenn er mich sah. Manchmal nahm ich das Arschloch mit runter in den Heizungsraum, wenn ich Bock hatte, selbst ein Arschloch zu sein. Er war ein Nichts.

Verdammt, wie erbärmlich dieser Typ war. Er tat jedes erniedrigende Ding, das ich von ihm verlangte. Manchmal schrieb ich vorher eine Liste und leckte mir dir Lippen und lachte. Wenn ich ihn mit den Füßen treten würde, würde er es sich gern gefallen lassen. Seine Frau war ihm wohl nicht sadistisch genug.

Die Telefonnummer auf meiner Haut bekam er nicht zu sehen. Niemand, niemand, niemand sieht meine Haut, und im Heizungsraum ist es dunkel.

Am nächsten Tag, einem Samstag, saß ich bei meiner Schwester in der Küche, um sie auszufragen. Es war seltsam: Immer, wenn ich durch die Glastür in das sterile Treppenhaus trat und zu Sus Wohnung hinaufstieg, hatte ich das Gefühl, ich bewegte mich im Papiermodell eines idealistischen Architekten. Eine Miniatur-Kai lief auf winzigen cremefarbenen Stufen, vorbei an Wänden aus steifem Papier, hier und da mit Bleistiftmaßen vollgekritzelt, aber sonst ohne jeden Makel. Nur der Boden gab bei jedem meiner Schritte ein wenig nach. Ich war zu schwer für dieses Pappgerüst, aber ich wurde leichter, je höher ich stieg.

Der Gang durchs Treppenhaus gab mir Zeit, meine Maske als Schwester aufzusetzen und mich daran zu erinnern, wie der Neffe aussah oder hieß. Manchmal wusste ich es oben auf der Türmatte immer noch nicht.

Aber an diesem Tag war ich ja auf einer Mission, und Su backte Kuchen. Sie backte ihn, als hätte man sie gezwungen, einen Ochsen zu schlachten. Auf dem Tisch, den Arbeitsflächen, dem Boden stand ein Wirrwarr aus Zutaten und Instrumenten. Sie kochte nicht gern, und sie war bestimmt auch nicht gern Mutter, aber das sagte sie nicht. Natürlich nicht.

Am Nachmittag feierte der Neffe Geburtstag, erfuhr ich. Stimmt. Kinder haben ja ständig Geburtstag.

Der Schwager bastelte etwas im Keller, das Kind hockte vor der Glotze. Die Zahnräder der Monotonie ratterten fein unter meinen Füßen. Sie bewegten sich langsam und ölig, griffen nahtlos ineinander.

Su zischte: »Warum muss immer *ich* den Kuchen backen?«

Ich antwortete nachlässig, vertraut, spitz: »Immerhin schmeißt dein Angetrauter ja wohl dafür die Party, wie ich das verstanden hab.«

»Ja, aber nur, weil ich nachmittags noch arbeiten muss.«

»Und die Schicht hast du dir rein zufällig so gelegt, dass sie in die Geburtstagsfeier deines Kindes fällt. Wer's glaubt, wird selig.«

»Nein«, sagte sie ganz unschuldig, »meine Kollegin ist krank geworden, ich muss sie vertreten.«

»So ein Zufall.«

Sie grinste. »Na gut, ich muss gar nicht arbeiten, ich setz mich einfach in ein Café. Aber sag das bloß nicht laut, sonst rasten die beiden Herren aus.«

»Schreibst du?«, fragte ich. Eigentlich nur, um das Gespräch auf Tama zu lenken, denn ich wusste, dass meine Schwester in jeder freien Minute ihre üblen Kitschromane schrieb. Meistens abends auf der Couch, während ihr Mann danebensaß und Blödsinn glotzte.

»Bin grad nicht sicher, ob ich auf den hirnverbrannten Vampirwahn einsteigen soll. Vampire waren erst in, dann wieder out und jetzt kommen sie offenbar wieder. Der Verlag drängt mich dazu. Aber ich hab keine Lust.«

»Genau, wenn dem Verlag deine muskelbepackten Seeräuber nicht mehr genügen, die unschuldige Gouverneurstöchter rauben und sie per Stockholmsyndrom in feurige Piratenköniginnen verwandeln, dann können sie dich mal.«

Su schmunzelte. »Na ja, wenn's was einbringt, warum dann nicht eine … eine … Archäologin, die per Zufall ein ägyptisches Vampirgrab findet und …«

»… dann verliebt sie sich – unsterblich, sozusagen – in

den Pharaonenvampir, den sie eigentlich vernichten soll. Definitiv nicht schlimmer als der halbnackte Freibeuter mit den sturmzerzausten Brustlocken, das stimmt.«

»Aber ich krieg's nicht hin, Übernatürliches ist einfach nicht mein Ding.«

»Verstehe, du willst realistisch bleiben«, grinste ich.

Sie lachte nur ein bisschen. »Na, Piraten hat's zumindest echt gegeben, und sie können weder fliegen noch zaubern.«

»Apropos, was schreibt denn eigentlich diese Villmon, bei der ich in der Lesung war?«

»Hat's dir gefallen?« Su klang eifrig, während sie ihre Haare unzeremoniell in den Teig hängte. »Sie ist toll. Wie sie all diese verschiedenen Kulturen in ihren Gedichten vereint, sowas findet man wirklich nicht oft. Ich wünschte, ich könnte so schreiben wie sie.«

Ich hatte natürlich keine Ahnung, ob Tama Villmon wirklich gut war, aber ich erinnerte mich an ihre angenehme Stimme und ihr Geschick, aus Klischees eine kühle Traumverlorenheit zu erschaffen. Das hatte mir wahrscheinlich schon eine ganze Menge über sie erzählt.

Aber dann sagte ich: »Ach komm, du liebst doch deine Omapornos. Vor allem verdienst du Geld damit, liebe Penelope West, das tut Frau Professor wahrscheinlich nicht, wenn sie ein so enges Publikum bedient.«

»Trotzdem. Meine Hefte liegen im Bahnhofskiosk neben ›Herzensarzt aus Leidenschaft‹. Die Gedichte von der Villmon wissen nicht mal, was ein Bahnhofskiosk ist. Aber es stimmt, meine ›Sehnsucht nach Summerfield‹-Serie verkauft sich super.«

Während Su plapperte, sah ich an ihr vorbei auf ein

großes Messer, das auf der Arbeitsfläche lag. Mehlig, krümelig.

Gedankenverloren fragte ich: »War das die Reihe mit dem armen Waisenmädchen Mitte des 19. Jahrhunderts, das herausfindet, dass es eine reiche Erbin ist? Oder eine reiche Erbin wäre, wenn da nicht schreckliche Mächte …«

»Spielt um 1890, aber ja.«

»Ich hab im Bahnhof das Cover vom neuesten Band gesehen, und die Tussi auf dem Bild hatte eine Krinoline an …«

»Und?«

»In der Ausbildung anno dazumal haben wir die gesamte Modehistorie der letzten 1000 Jahre durchgedrillt, und 1890 hatte man definitiv keine Reifröcke an.«

»Als ob das irgendjemanden interessiert, die haben eh immer viel zu viel an auf dem Einband. Je tiefer das Dekolleté und je nackter die Männerbrust, desto höher die Verkaufszahlen.«

»Das ist statistisch erwiesen, ja?«

»Oh ja, es gibt eine direkte Korrelation. Irgendjemand hat da mal seine Doktorarbeit drüber verfasst.«

»Was du nicht sagst. Hast du im Übrigen Lust, bei uns als Statistin mitzumachen?«

Su schob den Kuchen endlich in den Ofen. »Nee du, ich kann abends nicht so oft weg, ich hab's ja schon mal probiert, vor einem Jahr, da hat's auch nicht richtig hingehauen. Aber danke für die Einladung, würde mir schon Spaß machen. Für welches Stück denn?«

»›Rebecca‹, läuft Ende Januar an.«

»Wie in dem Klassiker von du Maurier?«

»Genau.«

»Geniales Buch, ich lese es immer mal wieder.«

»Ja, hab es auch gelesen, musste ich ja nun sozusagen.«

»Und spielt eure Version in einem Stripclub in Las Vegas oder auf einer Raumstation?«

»Nein, wir machen es ganz traditionell auf dem alten Landsitz«, lachte ich.

»Und wie stellt ihr die Gedankengänge der Erzählerin dar?«

»Ach du, wir schicken einfach den Geist von Rebecca hin und wieder über die Bühne, damit es jeder kapiert und sich alle gruseln.«

»Nein!«

»Doch, klar. Es macht Spaß, die klaffenden Wunden an ihrer Gespensterleiche zu schminken, glaub's mir. Die Packung Cornflakes steht schon bereit.«

»Jaja, ich weiß schon, für besonders eklige, krustige Wunden, aber – komm, du machst doch Witze?«

Bevor ich sie beruhigen konnte, dass die Zombie-Apokalypse im spießigen Stadttheater noch nicht stattfinden würde, kam ihr Kerl aus dem Keller, grüßte mich wie nebenbei und gab Su einen Kuss auf die Wange. Sie strahlte ihn an. Widerlich. Langweilten sie sich nicht schrecklich miteinander?

Ich sah ihn mir an. Er war nur mäßig attraktiv. Nicht hässlich, aber nichts Besonderes. Irgendwie schwammig. Wahrscheinlich früher mal schön. Ich erinnerte mich nicht mehr. Jedenfalls schien Su happy zu sein. Wild glücklich. Vielleicht würde sie eines Tages sogar durchdrehen vor Glück.

Urplötzlich stellte ich mir vor, wie sie nach dem mehligen Messer griff, das dort lag, und alles um sich herum damit in Fetzen riss, die Vorhänge, die Menschen und den Schwager vor allem. Das Blut würde sich mit dem Mehl zu pudrigen Klümpchen rollen, Su würde schreien und schreien und schreien, der Neffe würde sich vielleicht auf die Straße retten, vielleicht auch nicht, und ich und der Schwager wären nur noch ein Haufen klebrig-süßer Teig am Boden, den sie hinterher wegkratzen würde.

Ich sah auf: Keiner fragte, warum ich lächelte. Die beiden schäkerten miteinander.

»Kann man dich überhaupt in der Küche allein lassen?«, neckte er sie.

Su schubste ihn. »He, hau hab, sonst darfst du den missratenen Kuchen nachher allein essen.«

Er lachte, und sie lachte, und ich lachte. Oh, wie wir alle lachten. Dann endlich verzog der Schwager sich wieder, nachdem er einen Schraubenschlüssel aus der Werkzeugbox im Gang hervorgekramt hatte.

»Idiot«, freute sich Su und sah ihm nach.

Irgendetwas musste ich nun über ihn sagen, wo wir ihm beide so versonnen nachschauten, aber mir fiel nichts ein. »Hat er abgenommen?«, fragte ich also stupide.

Zehn Jahre, dachte ich. Es waren zehn Jahre, und ich wusste nichts über ihn. Gar nichts. Ich spürte, wie ich jeden Muskel anspannen musste, um unbeteiligt zu wirken. Ich war ganz verkeilt in mir selbst, so anstrengend war das.

Du stehst da und bist glücklich, Schwesternkreatur. Nicht wahr? Das bist du doch?

»Er macht seit Kurzem wieder viel Sport«, bestätigte Su stolz. »Ist superfit geworden.«

Das erschöpfte mein Interesse an ihm nun wahrhaftig, und ich wechselte abrupt das Thema: »Sag mal, die Villmon, die ist verheiratet, oder?«

»Ja.« Sie setzte sich zu mir an den Tisch und haute ein kleines Glas Wasser in einem Zug weg, als wäre es Schnaps. »Warum?«

»Hat mich nur interessiert, was so eine Frau wohl privat macht.«

»So eine Frau, aha. Klingt ja gefährlich. Ja, sie ist, glaube ich, mit einem Arzt verheiratet.«

Das wusste ich bereits.

»Wie heißt er?«

»Keine Ahnung, aber er hat einen anderen Nachnamen als sie, wenn ich mich richtig erinnere.«

»Sie heißen nicht gleich?«

»Nein, ich nehme mal an, sie hat ihren Geburtsnamen behalten. Hätte ich auch machen sollen.«

»Warum?«

Sie zuckte mit den Schultern. »Keine Ahnung, man erkennt sich irgendwie manchmal gar nicht mehr. Noch Chips?«

»Nö, danke. Vielleicht hat sie ihren Namen behalten, weil sie es gar nicht so ernst meint mit ihm?«

»Was soll dieser Blödsinn, dann meint es die große Mehrzahl von Männern nicht ernst mit ihren Ehefrauen. Er hätte ja ihren Namen annehmen können!«

»Oh, das sagt die Feministin, die gerade ihren Kuchen in den Ofen geschoben hat.«

»Was hat das damit zu tun? Und vor allem brauchst gerade du gar nicht von Feminismus reden. Du, die immer sagt, sie kümmert sich nicht um Leute, weder Männer noch Frauen. Es kotzt mich an, dass niemand auf die Idee kommt, der Mann könnte seinen Namen abgeben. Er meint es doch genauso ernst wie sie, oder? Er möchte doch auch, verdammt noch mal, eins mit seiner verdammten Tussi werden, also warum muss *sie* ihren Namen abgeben?«

»Sie muss gar nichts, niemand zwingt sie.«

»Klar muss sie, alle erwarten das von ihr.«

»Hast du damals gefragt, ob er deinen Namen annehmen würde?«

»Nein, weil …«

»Na also. Dann reg dich auch nicht drüber auf. Die Villmon hat es halt anders geregelt, egal. Trotzdem … irgendwo hab ich gelesen … online? … dass es zwischen ihr und ihrem Mann kriselt.«

Sie sah mich verblüfft an. »Wo soll denn das bitte gestanden haben? Arzt und Uniprofessorin – das sind jetzt nicht gerade Berufe, von denen sich die Regenbogenpresse angezogen fühlt.«

»Keine Ahnung, aber irgendwo im Netz«, log ich.

»Darüber weiß ich nichts. Du scheinst dich ja sehr für sie zu interessieren. Hast du vor, ins Gedichtegeschäft einzusteigen?«

»Nein, ich dachte nur, ich hätte gelesen, dass sie fremdgegangen ist.«

»Da musst du sie verwechselt haben. Tama Villmon ist nicht im Geringsten berühmt oder High Society. Wenn sie fremdginge, würde es kein Schwein interessieren.«

»Ich würde sie so gern kennenlernen.«

Wahrscheinlich hatte ich etwas Falsches gesagt, denn Su hielt mit einer Handvoll Chips inne und sah mich prüfend an: »Kennenlernen? Seit wann willst du freiwillig jemanden kennenlernen?«

»Warum nicht?«, grinste ich. Breit grinste ich. Manchmal spürte ich echte Besorgnis hinter dem Sarkasmus meiner Schwester. Dann half grinsen, lachen, Witze reißen. »Hast du Angst, dass ich sie dir wegnehme?«

»Da kannst du mir nicht viel wegnehmen. Ich kenne sie ja kaum. Sie war nur bei uns im Buchladen, weil die Chefin das organisiert hat.«

»Schade. Freunde dich doch mit ihr an!«

»Langsam mach ich mir Sorgen. Was willst du von der armen Frau?«

»Ich interessiere mich für ihre Literatur. Ich werde sie schon nicht gleich umbringen.« Wieder mein beruhigendes Grinsen. »Was schreibt sie denn nun eigentlich genau?«

»Typischerweise mehrsprachige Gedichte, wo ein Wort in einer Sprache einen Faden zu einem Wort in einer anderen Sprache zieht. Wirklich wunderbar, selbst wenn man die Sprache, in der das Gedicht vorgetragen wird, nicht gut oder auch gar nicht kann. Sie hat einfach ein Händchen dafür, und die Gedichte sind oft sehr witzig und einfach cool. Die ganze Frau ist unglaublich cool.«

Lange konnte ich bei Su nie bleiben. Nach dem Mittagessen: endlich weg. Ich fragte mich, wie wohl das Privatleben von Su und dem Schwager aussah. Sie wirkten so normal und gewöhnlich. Niemand würde ihnen Zettel zustecken und hinterherspionieren. Und der Neffe?

Wie alt war er geworden? Keine Ahnung. In der Schule musste er wohl schon sein.

Die gespiegelte Kai im Busfenster starrte mich vorwurfsvoll an, aber die sollte sich mal nicht so anstellen.

In der Jackentasche lag schwer mein Handy, ich fühlte den Impuls, Tama Villmon wieder zu schreiben. Es war so seltsam gewesen, mit Su über diese Person zu sprechen. Darüber laut zu reden, machte das Spiel echt.

Ich dachte an Milo, dachte an die Telefonnummer, die er auf meine Haut gekritzelt hatte, ohne sich viel dabei zu denken. Eine Telefonnummer, mit der ich nichts tun würde. Die ich einfach haben wollte. Ich duschte mich mehrmals am Tag, weil ich unter dem heißen Wasser irgendwie nicht denken muss, aber ich wollte nicht, dass die Nummer verblasste, daher wickelte ich meine Hand beim Duschen in eine Plastiktüte. Und da war etwas in Milos Blick, das gefiel mir so gut, dass ich ein bisschen Angst hatte, ich könnte am Ende mehr wollen als nur Beobachten.

Aber nein, nein, nein! Es war doch viel angenehmer, Leuten nachzulaufen, die einem nicht ständig im Kopf herumgeisterten. Fremden. Wie früher. Es war doch alles so easy damals. Regie führen, selbst schauen, nicht angeschaut werden.

Daher spielte ich zu Hause wieder an meinen fiktiven Onlineprofilen herum, klapperte Typen und Frauen ab, von denen ich mir vorstellen konnte, sie auflaufen zu lassen.

Am liebsten gebe ich mich als Mann aus. Fotos kann man leicht faken bzw. wenn man zwei Drittparteien zusammenbringen und beobachten will, zeigt man sich am besten gar nicht.

Ein Typ, der sich ›BöserZahnarzt‹ nannte und angeblich Halb-Argentinier war, gab sich erst weich und sensibel, aber nach ein paar Tagen fing er an, mich mit Sauereien aus der Reserve zu locken. Im Spiegel sah ich, wie das Licht des Monitors mein Gesicht elektrisch blau färbte. Das fand ich schön.

Ich testete seine heftigen Sprüche an ›Tagfalter‹, einer angeblichen Innenarchitektin, bei der ich mich als Halb-Argentinier vorstellte. Oh, ich konnte den ganzen Tag mit so einem Blödsinn verbringen. Hatte es schon so oft gemacht, dass ich ganz genau wusste, wie man zwei Leute online richtig schön kompatibel bog.

Meine zwei Zöglinge verabredeten sich tatsächlich für nächstes Wochenende. BöserZahnarzt würde kommen, das war sicher. An der Innenarchitektin musste ich noch arbeiten, Frauen kamen meist nicht. Vor allem nicht, wenn sie dem Typen zuvor in der Anonymität der virtuellen Welt jeden Winkel ihres Körpers beschrieben hatten, aber das war hier nicht der Fall.

Sicherheitshalber schickte BöserZahnarzt ihr ein Pfund virtueller roter Rosen. Dann sah ich wieder mein blaues Gesicht im Spiegel an. Eine unkörperliche Erscheinung wie auf dem Holodeck. So schön.

Im Theater suchten sie unterdessen immer noch Statisten für die große Ballszene von ›Rebecca‹. Wie in dem Literaturklassiker ging es um eine jung verheiratete Frau, die im Schatten der verstorbenen ersten Frau ihres Mannes stand. Auf dem großen Ball würde sie unwissentlich in genau demselben Kostüm erscheinen wie vor Jahren die erste Frau und dadurch für schrecklichen Aufruhr sorgen. Jan hatte nun allen Ernstes einen Sekundenpart als stummer Kellner ergattert, der einmal quer über die Bühne läuft. Das war alles, aber es genügte ihm.

»Ich freu mich schon, wenn du mich schminkst«, lachte er und haute mir auf die Schulter.

»Viel Spaß, den ganzen Abend in Kellnermontur zu verbringen. Ich kann dich ja nur zuerst drannehmen.«

»Warum?«

»Weißt du doch: Die Statisten werden als Erstes geschminkt, damit die Schauspieler nicht so früh zu kommen brauchen. Noch nie mitbekommen?«

»Aber mich könntest du doch kurz vor dem Auftritt schnell dazwischenschieben.«

»Keine Extratomaten für dich.«

»Extratomaten?«

»Ja.«

»Wurst, meinst du.«

»Nein, Tomaten.«

Wir lachten. Ich mochte Jan.

»Schade, dass du nicht auch mitmachst«, fing er wieder an. Aber ich winkte ab.

»Nö, keinen Bock, noch in meiner Freizeit hier abzuhängen, außerdem kann ich nicht tanzen.«

»Das würden sie dir schon eindrillen. Stell dir vor: Wir in unseren crazy Kostümen, niemand erkennt uns.« Ich sah ihn an, und die sichere Erkenntnis blitzte mir durch den Kopf, dass Jan in der Tat mehr sein wollte als nur mein Kumpel. Und warum eigentlich nicht?

Aber meine Unlust, auf der Bühne zu stehen, sogar in einer absoluten Nichtrolle, war größer als mein leicht amüsiertes Interesse. »Ach, dein Kellner wird bestimmt auch ohne mich ein Riesenerfolg.«

Aber er hatte mich auf eine Idee gebracht. Als ich an diesem Abend seitlich in der Bühnengasse stand, meine Utensilien in der Hand, die Kostümfrau neben mir, wir beide bereit für die Blitzverwandlung Olivia/Cesario, da kreisten meine Gedanken. Ich sah die Bühne als großes Gefängnis vor mir, weit draußen der rote Publikumssaal. Wie schön wäre es, Tama Villmon und ihren Ex-Geliebten hier zu sehen. Vielleicht würden sie im Theater wieder zusammenfinden? Ich wusste nicht, wer von beiden die Beziehung beendet hatte, aber da Tama verheiratet war, nahm ich an, sie. Oder vielleicht hatte er es nicht mehr ausgehalten, die zweite Geige zu spielen? Möglicherweise hatte auch der Gehirnchirurg die Trennung erzwungen. Jedenfalls war die Geschichte nicht ganz zu Ende, sonst wäre Milo nicht zur Lesung gekommen, und sonst hätte Tama nicht so auf die Textnachricht reagiert. Tama konnte ich natürlich niemals als Statistin anheuern. Milo hingegen, den hatte ich persönlich kennengelernt, den konnte ich fragen. Aber traute ich mich? Wollte ich?

Einen weiteren Tag schlich ich ums Telefon herum, aber ich schaffte es nicht, den Mann anzurufen. Was, wenn er mich schon wieder vergessen hatte? Wir hatten uns ja nur ein einziges Mal gesprochen, dort vor der bescheuerten Disco.

Aber nein, er hatte mich bestimmt nicht vergessen, dafür war die Unterhaltung viel zu bizarr gewesen. Darum steckte ich ihm einfach einen Zettel in seinen Briefkasten. Nicht anonym und diesmal wieder getippt. Ein Telefon hatte ich ja nicht.

Komm am Mittwochabend um 16 Uhr ins Stadttheater, Bühneneingang. Wir suchen Statisten für den großen Maskenball in ›Rebecca‹. Du spielst doch gern, oder?

Kai

Oh, ich mochte mich so mysteriös. Ich war voller Erwartung, lief in meiner Wohnung hin und her, hörte so dröhnend laut Musik, dass irgendein Arsch an die Wände hämmerte, und ich zertanzte mich wild vor meinem Spiegel. In meinem Kopf stapelten sich die Szenarien aufeinander – wie in einem Computerspiel, in dem die Landschaft nach und nach lädt. Irgendwie konnte ich gar nicht schnell genug zwei und zwei zusammenzählen.

Aber der Mittwoch selbst, der lud sich sehr schnell, plötzlich stand er vor mir. Mittwochs gab es nie Vorstellungen, da wurde auch abends auf der Bühne geprobt, und meine Kollegin und ich hatten beide Schicht wegen der Anproben.

Nachmittags saß ich wie gelähmt in der kleinen Werkstatt neben dem Maskenraum, und mir zitterte die Nadel in der Hand, so sehr fragte ich mich, ob Milo wirklich kommen würde. Vielleicht würde ich es auch gar nicht erfahren? Schließlich gingen mich die Statisten ja außer in der Maske nichts an. Nur: Diesen einen ganz extraordinären Statisten hatte ich ja speziell bei der Regie empfohlen, darum würde mich Milo doch mit Sicherheit noch aufsuchen, bevor er sich wieder davonmachte. Ganz egal, was er von mir hielt.

Wenn er überhaupt ins Theater kam. Vielleicht saß er nur zu Hause und lachte über den dämlichen Vorschlag einer Fast-Fremden. Aber er musste kommen. Er musste. Ich lauschte auf alle Geräusche vor der Tür. Kam er? Würde er? Die Stimme meiner Kollegin schien gedämpfter als die entferntesten Geräusche auf dem Gang. Hörte ich Schritte vor der Tür? Nein, sie gingen weiter. Bestimmt würde er nicht auftauchen, was sollte er auch hier?

Ich hielt Nadel und Faden in den Fingern, das Metall glitzerte – es gefiel mir, wie fein und fast nichtexistent dieses spitze Ding da war. Nein, an Milos Stelle würde ich wohl nicht kommen. Der Tropfen Blut auf meinem Zeigefinger schillerte, ich spürte das Leben in mir, so sehr, so sehr.

Und dann, plötzlich, war Milo Schmittt doch einfach da. Wie an dem Abend in der Disco. Als ich aufblickte, stand er in der Tür, und Jan, dessen Drehbuch wohl Gefahr witterte, lauerte direkt hinter ihm. »Er wollte zu dir.«

»Ach?«, fragte ich flüchtig, ohne jede Aufregung. »Kennen wir uns?«

Jan wartete unschlüssig.

Milo lachte. »Du hast mal wieder Zettel verteilt, und ich hab dir schon wieder gehorcht.« Er ging auf mich zu und ergänzte: »So, jetzt seh ich dich mal in Wirklichkeit.«

»Ach, bisher war ich nur eine Fantasiegestalt?«

»Ohne Perücke und falsche Wimpern, meine ich.« Er grinste. »Frau Auftragskillerin.«

»Ich hatte keine falschen Wimpern.« Dass er mich ja auch im Buchladen schon in Zivil gesehen hatte, dazu sagte ich nichts.

»Ach, komm, enttäusch mich nicht im Nachhinein.«

Ich ging nicht darauf ein: »Und? Wie lautet das Urteil der Regie?«

»Bin angenommen, sie konnten einfach nicht widerstehen.«

»Dass sie nicht gerade noch die Hauptrolle mit dir umbesetzt haben.«

»Ja, als schüchterne Braut hätte ich mich gut gemacht.«

»Wir kriegen dich schon so zugekleistert, dass niemand was merkt.«

Da mischte sich meine Kollegin ein, die bisher stumm und mit halboffenem Mund von einem zum anderen geschaut hatte. Sie war es nicht gewohnt, dass mich Leute besuchten oder sich überhaupt jemand um mich kümmerte außer Jan. Ihre beiden kleinen Kinder hüpften manchmal hier herum, wenn irgendwas mit deren Betreuung schiefging, und das nervte mich schon tierisch. Aber sonst kam niemand aus Spaß.

Die Kollegin lachte nun auch. »Den nimmst dann aber du.«

Milo grinste, wir grinsten alle, einer den anderen an, wir grinsten und lachten im Kreis, hübsch bizarr. Als wir fertig gelacht hatten, fand Jan keinen Grund mehr zu bleiben. Er winkte, bevor er sich umdrehte und den Raum verließ, aber niemand winkte zurück.

Dann sagte Milo: »Wie komme ich eigentlich zu der Ehre?«

»Bei mir geschminkt zu werden?«

»Nein: Warum hast du mich hierher eingeladen? Du kennst mich doch gar nicht.«

Ich blieb ruhig, sah auf meine Handarbeit. Er hat recht, das ist so absurd. Denk nach, denk nach. Er musste glauben, ich hätte mich unsterblich in ihn verliebt oder so einen Unsinn. Wie schrecklich! Aber ich blieb ruhig.

»Du hast mir deine Telefonnummer gegeben, also habe ich einfach an dich gedacht, nachdem alle anderen abgesagt haben.« Wie wunderbar gleichgültig meine Stimme klang.

»Cool«, sagte er scheinbar versöhnlich, »warum nicht, ist mal was anderes.«

Aber ich sah ihm an, dass er verstört war über die Art und Weise, wie ich ihn kontaktiert hatte. Es war nicht angenehm, dass er so über mich nachdachte, aber das hatte ich mir wohl selbst eingebrockt.

»Geht das mit den Proben für dich?«

»Ja, scheint mit meinen Arbeitszeiten aufzugehen.«

Ich fragte nicht, was es für ein Job war. »Gut.«

Schon sah ich ihn vor mir, wie er mit den anderen unten im Licht der Bühne stand, sich auf dem Theaterball amüsierte, jemanden herumwirbelte, jemanden anlachte. Die Menschen im Publikum würden ihn sehen und nichts über ihn wissen. Alle außer einer: Tama musste kommen und ihn beim Spielen beobachten. Das Bild tropfte gemächlich durch meine Gedanken; ja, er würde nur für sie spielen, nur für sie. Auch wenn er die unwichtigste Statistenrolle der Welt hatte, würde er nur für sie spielen. Er wäre sich ihrer Gegenwart bewusst, würde ihr gefallen wollen, würde sich mit Sorgfalt bewegen und seinen unwichtigen Part in der Menge so präzise spielen, als wären alle Kameras der Welt auf ihn allein gerichtet.

Ich hörte ihn fragen: »Und warum treibst du dich hier herum?«

Das riss mich aus meinen Träumen. »Ich? Ich arbeite hier, wie du siehst.«

Irgendwie war es mir peinlich, dass er mich gerade mit künstlichen Barthaaren und Nadel in der Hand erwischte. Mit meinem Skalp auf dem Schoß und den glasigen Augen sah ich wohl aus wie eine Psycho-Friseurin.

Ich beobachtete ihn aus dem Augenwinkel. Es war seltsam, sich Tama und ihn zusammen vorzustellen. Sie schienen so gar nicht zueinander zu passen, und vielleicht war da ja auch gar nicht wirklich etwas gewesen. Eine kurze Affäre, eine einmalige Sache, und Milo hatte versucht, sie wiederzusehen? Er hatte sie seine »Ex« genannt, aber möglicherweise war das eine Übertreibung. War er verrückt nach ihr? Auch jetzt noch? Dieser Mann, der hier vor mir stand und mich mit seinen schmerzvollen Stirnfalten anlächelte? Dachte er jetzt gerade an sie, jetzt in diesem Moment? War er freundlich zu mir, schlich er sich in meine Story, während seine Gedanken in einem ganz anderen Netz zappelten?

Einen Moment lang sah ich vor mir, wie er und Tama sich eng umschlungen hielten. Sie wie ein zartes weißes Killerinsekt, das sich scheinbar in seine Arme ergab und doch stärker war.

Danach konnte ich ihn kaum ansehen. Er musste einfach spüren, was ich über ihn dachte.

»Jetzt, wo du mich schon mal herbestellt hast – kommst du nachher noch mit, was trinken?«

»Ich bin heute wohl erst so um sieben fertig.«

»Dann komme ich nachher wieder.«

»Weißt du eigentlich, worum es in ›Rebecca‹ geht?«

»Nicht wirklich, aber ich hab eine Zusammenfassung gelesen. Macht man doch so vor einem Vorstellungsgespräch, oder? Irgendwas mit einer zartbesaiteten Mrs. de Winter – hey, und es ist jetzt Winter. Das passt doch. Also?«

Ich zuckte nur mit den Schultern, er grinste mich an.

Und später am Abend wartete er wirklich auf mich am Bühnenausgang im Schneegestöber. Er war wie aus einer anderen Welt.

Ich kam mit Jan, der mich später natürlich wieder heimgesucht und dann die ganze Zeit über wie eine Klette an mir gehangen hatte. Auch jetzt machte er keine Anstalten, sich zu verabschieden. »Ihr geht noch weg? Cool, ich komm mit.«

Oh, ich bekam einen rauschhaften Lachanfall. Jemand hatte im Schnee auf mich gewartet, nur auf mich. Ein echter Mensch. Und ein anderer Mensch hatte Panik, Angst, mich zu verlieren. Das Leben war herrlich.

Wir gingen in die Kneipe gleich gegenüber. Ich war erleichtert und verärgert gleichzeitig, dass Jan sich aufdrängte. Aber es gefiel mir sehr, als Milo mir beim Hineingehen zuflüsterte: »Ich wusste nicht, dass ich so gefährlich bin, dass du dir einen Beschützer mitnehmen musst.«

»Auftragskiller haben immer Bodyguards, oder?«

Viele Stunden saßen wir in einer Ecke, zu dritt, die Welt wartete draußen, es war bizarr. Jan störte, aber irgendwie war das ein schönes Gefühl. Es gab mir einen Zuschauer. Machte eine Geschichte aus der herrlich gefährlichen Zweisamkeit zwischen Milo und mir.

Milo und ich saßen uns gegenüber, Jan zwischen uns zu meiner Linken. Er wollte wissen, woher Milo und ich uns kannten. Wir lachten.

»Schwer zu erklären«, sagte ich.

»Wir kennen uns eigentlich gar nicht«, fügte Milo hinzu.

»Er behauptet, ich hätte ihn verfolgt.«

»Kai wurde nämlich als Auftragskillerin auf mich angesetzt.«

»Aber jetzt finde ich ihn ganz in Ordnung und hab ihn verschont.«

»Da wollte ich sie aus Dankbarkeit schnell auf ein Bier einladen.« Dann fügte er hinzu: »Und wer bist du? Jan?« Als wäre er eine fremde Spezies.

»Ich arbeite mit Kai am Theater, bin in der Kulisse.« Lässig, aber als gehörte er deshalb zu mir.

Milo reagierte nicht auf seinen Ton. Er sagte nur lachend: »Und bisher hast du noch nicht bemerkt, dass sie auch noch als Hitman tätig ist? Verdient man dabei gut, Kai?«

Ich zuckte mit den Schultern. »Klar, aber vor allem ist es meine Leidenschaft.«

Jan lachte mit uns, Verlegenheit war nicht seine Sache.

Es wurde ein lustiger Abend, und als Jan irgendwann aufstand, um kurz auf die Toilette zu verschwinden, fragte ihn Milo geistesgegenwärtig, ob er auf dem Rückweg schnell noch eine Runde an der Bar mitnehmen könne, er lade ein. Jan konnte nur zustimmen.

Als er weg war, spielte ich mit meinem Bierdeckel und sagte: »Jetzt hast du ihn aber schön beschäftigt.«

Milo beobachtete mich. »Also, unbekannte Kai: Warum bin ich hier?«

»Weil du mich eingeladen hast.«

»Ja, aber warum hast du mich ins Theater … gelockt?«

»Keine Ahnung.«

»Woher hast du meine Adresse?«

Seine Adresse? Scheiße, woher hatte ich seine verdammte Adresse?

Ich glaube, ich starrte ihn ein paar Sekunden nur an, war nicht schlagfertig genug, um zu reagieren. Seine Augen verließen die meinen nicht. Sein intensiver Blick machte mein Gesicht ganz heiß.

Er merkte es. »Wow, du bist ganz rot. Ist was?«

Er fragte es zart. Irgendwie zart. Das machte es noch schlimmer. Und er berührte meinen Arm mit seinen Fingern. Flüchtig.

Ich entzog mich ihm und fragte brüsk: »Was soll sein?«

»Also, woher hast du meine Adresse?«

»Na, woher wohl? Ich bin dir mit hochgeschlagenem Mantelkragen und Geigenkasten unter dem Arm gefolgt.«

Eine Sekunde lang sah er so aus, als wollte er insistieren. Aber dann konnte er wohl doch nicht anders und passte sich meiner Stimmung an. »Hochgeschlagener Mantelkragen? Na, das passt ja wunderbar. Ich fühle mich wie in einem dieser schlechten Edgar-Wallace-Filme aus den 60ern.«

»Tausend Dank für das Kompliment, ich wollte schon immer mit dem ›Mönch mit der Peitsche‹ verglichen werden.«

»Da gab es doch auch immer diese mysteriösen Botschaften, mit denen Kommissare in zwielichtige Tanzbars und Theatergebäude gelockt wurden …«

»Offenbar fährst du ja drauf ab, sonst wärst du nicht hier.«

»Du hast mit Tama also nichts zu tun?«

»Nein, und mit deinen anderen Edgar-Wallace-Zetteln auch nicht.«

»Und was ist mit diesem Jan?«

»Er ist doch witzig, stört er dich?«

Er sah mich an, lachte. »Ja, irgendwie schon, wenn ich ganz ehrlich bin.«

»Warum?«

»Weil ich dich besser kennenlernen wollte.«

»Kannst du doch.«

»Läuft was zwischen euch?«

»Was geht's dich an?«

»Das ist doch der Typ, der bei der Lesung dabei war.«

»Unternimmst du nie was mit Frauen, mit denen du einfach nur befreundet bist?«

»Nicht, wenn ich's vermeiden kann. Ist doch Zeitverschwendung.« Er sah mich nur eine Sekunde lang ernst an, dann brach er in Lachen aus. »Blödsinn. Aber der Jan, der hätte gern mehr, das weißt du schon, oder?«

»Du spinnst«, schwindelte ich.

»Sieht doch ein Blinder.«

»Ich arbeite seit drei Jahren mit ihm zusammen.«

»Er hat eben Angst vor der Riesenabfuhr.«

Und da kam Jan auch schon im Laufschritt zurück. Ich warf ihm einen Blick zu, als er drei Flaschen auf den Tisch stellte. Jan war hier, weil er mich mit diesem sensationellen Mann nicht allein lassen wollte. Wow, das turnte mein inneres Arschloch an. So sehr, dass ich kaum noch stillsitzen konnte. Ich war sadistisch genug, dem netten, lieben Jan den Schmerz der Eifersucht zu wünschen.

Als ich selbst später auf die Toilette ging, betrachtete ich mich im Spiegel und fand mich unendlich anziehend: Meine dunkelblonden zerzausten Haare, mein rundes Gesicht mit der etwas breiten Nase. Das Licht war gedämpft und ließ meine Haut schimmern. Nein, ich war vielleicht nicht schön, nicht so wie Tama, eher farblos, wie hundert Mal gewaschen. Aber ich gefiel mir in diesem Moment. Ich war undurchdringlich. Meine Augen waren undurchdringlich.

Mit leichter Hand strich ich mir die Haare zurück. Wo sitzt eigentlich das Böse? Wo im Kopf? Gibt es eine bestimmte Stelle? Spürt man sie pochen, wenn man jemandem wehtut?

Meine Miene war ernst. Denn die Lage war ja ernst. Sensationell und wunderbar ernst.

Zurück am Tisch ritt mich wahrlich der Teufel: Ich wusste nicht mehr, wen ich eigentlich eifersüchtig machen wollte. Ich fing an, Jan zu berühren, absichtlich zu berühren, am Arm, an der Schulter, an den Fingern, und lachte im Kopf über seine Reaktion. Fast spürte ich seine Gänsehaut unter meinen Händen, immer wieder, den ganzen Abend lang.

Um ein Uhr morgens dann ging der letzte Bus. Drei Stationen fuhren wir zusammen, dann musste Jan als Erster raus. Er wollte nicht, er hatte Panik, seine Augen suchten wild nach einem Ausweg. Aber da saßen wir, Milo und ich, dicht nebeneinander auf einem Doppelsitz, lachend, hellwach, als wäre die Nacht noch lange nicht zu Ende. Ich winkte Jan zu, als wäre es mir vollkommen egal, ob er ging oder blieb. War es mir auch. Alles war mir so herrlich egal, so herrlich schwerelos egal.

Milo neben mir grinste nur vor sich hin, und als wir weiterfuhren, fragte er: »Bist du immer so grausam?«

»Ich hab nichts gemacht.«

»Ach nein?« Er äffte mich nach und schnippte ein imaginäres Etwas aus meinen Haaren. »Jan, du hast da was …«

»Er hatte da ja auch was«, prustete ich los.

Milo sah fasziniert aus, etwa so, als wäre ich gerade einem Raumschiff entstiegen. Er saß neben mir und raste mit mir durch die Dunkelheit, die blauen, gelben, roten Lichter der Stadt wie ferne Planeten.

Heftig fragte ich: »Was ist nun eigentlich mit dieser Tama?«

»Was soll mit ihr sein?«

»Du sagtest, sie sei deine Ex. Hat sie dich sitzen lassen?«

»Hm. Kann man so sagen.«

»Wer ist sie?«

»Ich kenne sie aus der Uni, sie ist dort Professorin.«

»Prof und Student?«

»Nein, ich bin Doktorand.«

»Ich dachte, Doktoranden sind einfach Studenten, die schon weiter sind.«

»Nein, ich hab einen normalen Job, so wie du.«

»Na ja, nicht ganz so.«

»Du machst auch nicht das Gleiche wie ein Bäcker oder eine Zahnärztin.«

»Nein, und da bin ich auch froh, vor allem bei der Zahnärztin.«

»Außerdem sitzt Tama Villmon in der Linguistik, sie hat nichts mit mir zu tun.«

»Meine Schwester sagt, sie ist verheiratet.«

Er zog ein Gesicht. »Touché, sie ist verheiratet. Aber auch verheiratete Frauen begehen keine Straftat, wenn sie einen anderen Kerl vögeln.« Er erwiderte meinen verblüfften Blick und fügte hinzu: »Wenn du es nun schon so genau wissen willst.«

»Wollte ich nicht.«

»Dann weißt du es jetzt trotzdem.«

»Wie hat sich die Sache ergeben?«

»Warum fragst du mich solche Sachen, Kai?«

»Einfach so.«

»Ich hab keine Lust, darüber zu reden.«

»Also tut es noch weh?« Er sah so heil aus, so unverletzt.

»Nein.« Lügner. Tiefe Wunden unter der Haut, die niemand sieht, sind doch die besten.

»Gut.«

»Wie heißt du eigentlich in Wirklichkeit?«

»In Wirklichkeit?«

»Na, deine Eltern haben dich bestimmt nicht Kai genannt.«

»Warum willst du das wissen?«

Milo lachte. »Du hast kein Telefon und keinen Namen? Spannend!«

»Lenk nicht ab, wir haben über deine Ex geredet.«

»Ich will aber gar nicht über sie reden.«

»Warum nicht?«

»Weil ich jetzt gerade mit dir gemütlich im letzten Bus nach Hause sitze.« Er sah mich an, als wäre ich schwer von Begriff, und das war ich wohl auch. »Kapierst du das nicht?«

Nein, ich kapierte nicht. »Hättest du sie nicht gern zurück?«

Er lachte, sah aus dem Fenster. Die Dunkelheit zog vorbei wie eine blaue Entourage.

»Wie lang ist es schon vorbei?«, versuchte ich es weiter.

»Fünf Monate.«

Das schien mir wirklich eine lange Zeit, um einer Frau nachzutrauern, von der man gewusst hatte, dass sie sich nur auf eine außereheliche Affäre einlassen konnte.

»Und du siehst sie dauernd in der Uni, das muss hart sein.« Mein Ton war kalt, lauernd. Ich war in einer Stimmung, in der ich jedes einzelne Wort auf der Zunge schmecken konnte.

»Kai. Ich sehe sie so gut wie nie. Die Uni ist groß. Warum interessiert dich das eigentlich?«

»Interessiert mich gar nicht«, gab ich zurück. »Aber du bist da letztens bei ihr in der Lesung aufgetaucht.«

»Na und?«

»Ich würde nicht zur Lesung eines Ex-Freundes gehen, der mich abserviert hat.« Als ich mich diese Worte sagen hörte, wurde mir klar, dass das wahrscheinlich gar nicht stimmte. Aber ich fügte nichts hinzu.

Und er lachte mir ins Gesicht. »Was willst du von mir hören?«

»Keine Ahnung.« Ich grinste ihn an.

»Sag mir lieber, woher du meine Adresse hast.«

»Keine Ahnung.« Dann stieg ich aus.

Als ich mich auf der Straße zum Bus umwandte, hatte Milo sich vom Fenster weggedreht. Aber egal, er war da. Er musste mich nicht mögen, ich würde ihn trotzdem immer wieder sehen.

Der Bus war nur noch ein Licht in der Ferne.

Zu Hause textete ich Tama:

`Hey, bin jetzt Statist am Stadttheater.`

Erst am nächsten Vormittag erhielt ich Antwort:

`Wie das?`

Ich grinste. Sie war neugierig.

`Eine Freundin hat mir den Job verschafft.`

Ich wartete kaum fünf Minuten:

`Deine neue Flamme?`

Mein Herz klopfte. Sie wollte Infos, und ich schrieb nur:

`Jep!`

Darauf antwortete sie nicht mehr.

Am Samstagnachmittag war ich mit Tagfalter und BöserZahnarzt verabredet, die dachten, sie hätten miteinander gechattet. In Wirklichkeit hatten sie natürlich noch nie ein Wort miteinander gewechselt. Sie wollten sich im *Café 08/15* in der Innenstadt treffen. Natürlich mein Vorschlag, weil man dort sehr gut beobachten konnte. Ich trug graue Stiefel, von denen ich mir vorstellte, sie wären blau. Meine schwarze Perücke und mein Lippenstift verkleideten mich, und so in Sicherheit hing ich oben auf der Galerie herum und behielt den Eingang im Auge.

Der Mann kam zuerst. Natürlich. Die Männer fielen immer fast vornüber vor Pünktlichkeit.

Er sah nicht halb so verwegen aus wie auf seinem Foto, sein Feuer kochte definitiv nur auf halber Flamme. Und es spross ein kleines Bäuchlein unter seinem immerhin gepflegten Hemd. Ich erkannte ihn auch deshalb, weil er sich panisch umsah, immer wieder die Uhrzeit auf seinem Handy checkte, und weil er die vereinbarte Zeitschrift in der Hand trug. Aber der Tagfalter war noch nicht da. Er wusste, er sollte seine Chat-Bekanntschaft an ihrem grünkarierten Mantel erkennen. Ich saß direkt hinter dem Geländer auf der Galerie. Sein Blick streifte auch mich. Schnell zog ich mich zurück. Wenn er nun dachte, ich wäre es? Mein Herz klopfte, es kam diesmal absolut nicht in Frage, dass ich mich einmischte.

Wahrscheinlich würde Tagfalter überhaupt nicht auftauchen. Bei Männern kamen 95 Prozent, bei Frauen allerhöchstens 50. Die wollten meistens nur schnell ihren Onlinekick und nicht mehr. Bei ihr war ich nicht sicher.

Jetzt kam BöserZahnarzt tatsächlich die Treppe rauf, da er unten nicht fündig geworden war. Mist, ich hatte ihm doch extra gesagt, »ich« würde unten sitzen. Zwar sah ich nicht so aus, wie seine potenzielle Herzensdame (oder Bettgefährtin) sich beschrieben hatte, aber vielleicht sprach er nun in der Aufregung alles an, was Blickkontakt mit ihm aufnahm. Ich hörte ihn von hinten an meinen

Tisch herankommen und beugte mich über mein Handy, die Kopfhörer in den Ohren. Die Spy-App brauchte ich wohl für den Moment noch nicht. Meine Finger wischten ziellos über das Display, nur jetzt nicht aufsehen, nur jetzt nicht aufsehen.

Aus den Augenwinkeln verfolgte ich seine Bewegungen, er ging an mir vorbei und einmal auf der gesamten Galerie herum. Dann trafen sich unsere Blicke, verdammt. Vielleicht hatte ich es ja so gewollt. Nein, hatte ich nicht.

Er kam her, shit, er kam her. Meinen Kaffee hatte ich Gott sei Dank schon vorher bezahlt. In blinder Panik raffte ich meine Sachen zusammen, steckte das Handy in die Manteltasche und hastete davon. Hoffentlich kam er mir jetzt nicht auch noch nach.

Ich rannte geradezu. Stolperte über andere Leute. Als ich an der frischen Luft war, schien das Licht fast violett.

Eine Frau in orangener Strickmütze und grünkariertem Wollmantel bewegte sich langsam auf mich zu. Ich rollte unwillkürlich mit den Augen. Aber jetzt konnte ich auch nicht mehr zurück, wo ich mich schon mit meiner Flucht aus dem Café bei allen Gästen lächerlich gemacht hatte. Ich blieb stehen und ließ sie ein paar Schritte gehen. Als sie an der Tür war, rief ich ihr zu: »Hey, Tagfalter«. Sie blieb wie angewurzelt stehen und drehte sich langsam zu mir um. Sagte nichts. Wahrscheinlich fragte sie sich eine entsetzte Sekunde lang, ob ich vielleicht ihr Date war.

Wir sahen uns an. Wirkte ich bedrohlich? Der Gedanke gefiel mir. Aber dann rief ich nur: »Geh da nicht rein. Hab ihn schon ausprobiert. Der taugt nichts.« Dann wandte ich mich um und bog ohne ein Wort um die Ecke. Wenn ich schon nicht dabei sein konnte, sollte sie ihn auch nicht haben.

Danach fuhr ich zur Uni. Es war halb fünf, bereits dunkel. Ich wollte unbedingt aufs Dach. Auf das der Biologen. Eben war mir wieder eingefallen, dass ich das ganz dringend wollte. Aber würden die Eingangstüren der Gebäude überhaupt geöffnet sein? Mit Unis kannte ich mich nicht aus. Wahrscheinlich sperrte man am Wochenende ab. Ich rüttelte und schob an der Glastür. Nichts. Vermutlich musste man eine Schlüsselkarte über dieses elektronische Plastikdings wischen, das da neben der Tür hing.

In einigen wenigen Fenstern brannte Licht. Fleißige Professoren, deren Studien über dreisprachige Schimpansen oder die Leberwerte weiblicher Fruchtfliegen nicht bis Montag warten konnten. Ich stand an der Hauswand des gegenüberliegenden Gebäudes und wartete. Hatten Fruchtfliegen überhaupt eine Leber? Irgendwann musste doch jemand raus- oder reinkommen, sodass ich mich durch die Tür schmuggeln konnte. Aber niemand erschien. Ich wartete doch extra, und wartete und wartete, aber niemand kam.

Danach hörte ich auf mit dem Zettelverteilen und dem Chatten. Was gingen mich fremde Leute an? Plötzlich fühlte ich meinen eigenen Körper. Ein bisschen.

Zu Hause sah ich Tama Villmons Gesicht vor mir, stellte mir vor, sie zu küssen, fühlte wohlige Eifersucht, weil Milo Dinge über sie wusste, die ich nicht wusste. Warum hatte ich die beiden nicht ein Jahr früher gefunden? Dann hätte ich sie einfach zusammen anschauen können, immer nur anschauen. Aber nun wusste ich nicht mehr, ob ich nach links oder rechts gehen sollte.

Wenn die Statisten von der Ballszene im Haus waren, schien es mir, als könnte ich durch Wände sehen und jedes Geräusch aus den Tiefen und Winkeln des Gebäudes vernehmen.

Jan sprach mich auf Milo an. Er war verwirrt, besorgt. Ha! Natürlich! Milo war ja auch tausendmal interessanter als er. Ich winkte ab. Aber es war schön, einen Verehrer zu haben, für den man selbst nichts empfand.

Seltsam, dass man so kalt bleiben konnte. Ich untersuchte das Gefühl der Gleichgültigkeit in mir, und es fühlte sich gut an. Viel besser als das andere, das Habenwollen. Das Habenwollen kann ich nicht ausstehen. Aber ich wollte ja auch gar niemanden haben, niemanden, es war alles nur eine Geschichte.

Und doch: Wenn einmal pro Woche die komplette Ballszene geprobt wurde, hielt ich vom Fenster aus Ausschau. Tauchte dann eine gewisse graue Jacke auf dem Fußweg zum Bühneneingang auf, begegnete ich Milo zufällig zwei Minuten später irgendwo in den geheimen Gängen eines prunkvollen Schlosses. Meine Schritte hallten auf dem Marmor, niemand durfte von uns wissen, am wenigsten er selbst. Seine Hand legte sich eine Sekunde auf meinen Arm, und ich versuchte, diese leicht brutale Intimität wiederzufinden, die sich da letztens auf der nächtlichen Busfahrt zwischen uns geschlichen hatte. Aber sie war wohl nicht mehr da.

Und das war ja nur gut! Oder nicht?

Einmal fragte er mich noch, ob wir was trinken gehen sollten, aber ich lehnte ab, denn ich sah diese exquisite Gleichgültigkeit in seinen Augen, die ich selbst Jan gegenüber empfand.

Milo blieb nonchalant. »Dein Auftragskillerjob verbietet es dir wohl.«

»Du lebst doch noch, oder?«

»Gerade so, ja.«

»Na also.«

»Was?«

»Nichts.«

»Versteh ich nicht.«

»Ich auch nicht.«

Da haute er mir auf die Schulter wie einem Stammtischkumpel. »Sag einfach Bescheid, wenn du mal wieder Bock auf Weggehen hast.«

Oh, mich ärgerte diese freundliche Indifferenz gegenüber meinen finsteren Machenschaften. Er scherzte über die Auftragskillerin, aber mein Geheimnis war ihm nicht spektakulär genug für unbesonnene Eile. Das machte mich rasend.

Es ist so verrückt mit mir: Eigentlich will ich doch nur aus der Ferne beobachten, will lieber am Rande der Tanzfläche stehen. Wenn ich mittanze, bin ich gefangen zwischen diesen heißen, unappetitlichen Körpern, deren subtile Bewegungen und Schrittfolgen ich doch verdammt noch mal gar nicht beherrsche und auch nicht beherrschen will. Aber hier ärgerte es mich, dass ich nicht zum Tanz aufgefordert wurde.

Wenn ich Milo außerhalb des Theaters verfolgte, wünschte ich mir manchmal fast, er möge mich entdecken, entlarven, anschreien. Manchmal ging ich sogar ohne Perücke, nur mit Kapuze. Aber wenn ich ihn dann aus dem Schatten beobachtete, war es, als hätte ich nie im Leben auch nur ein Wort mit ihm gesprochen. Er schien wie ein vollkommen Fremder.

Er traf Freunde, unter anderem auch die Blonde aus dem Kino. Sie küssten sich nicht, jedenfalls nicht so, dass ich es sah. Manchmal saß er auch einfach zu Hause. Ich ahnte, welche Wohnung die seine war: Kurz nachdem er sein Treppenhaus betrat, leuchtete immer Licht in denselben Fenstern im dritten Stock auf, im Dachgeschoss, an der Ecke des Gebäudes. Eine hübsche Mansarde, in der sich sein Leben abspielte.

Manchmal blieb ich unten auf der Straße stehen und wartete. Wartete, wartete. Hörte Musik und wartete. Abends färbte sich der Himmel über seinem Dach in kühlem Pink, und Kondensstreifen zogen wie die Kufenspuren astraler Eisläufer vorüber. Es war so schön. Es war direkt in mir. Das Pink war in mir, die Kufenspuren waren in mir. Und unten auf der Erde, gleich vor der Haustür, befand sich eine Bushaltestelle, in der man ganz unauffällig sitzen und beobachten konnte.

Aber ich sah nie jemanden. Keine blonde Freundin. Und vor allem nicht Tama.

Natürlich war ich auch ihr direkt von der Uni nach Hause gefolgt, nichts leichter als das. Wenn sie mit der Arbeit fertig war, stieg sie entweder in ein Auto und brauste davon, ohne dass ich ihr folgen konnte, oder, manchmal, ging sie zu Fuß, machte Besorgungen, schlenderte in einen

Buchladen – und nahm dann den Bus zu ihrer Wohnung. Die war mitten in der Stadt, nicht weit von Milos Bleibe übrigens, und ich fragte mich, wo sie wohl ihr Auto parkte. Ihr mysteriöser Mann erschien nie auf der Bildfläche, der großartige Gehirnchirurg, auch kein anderer Mann, sie kam und ging allein. Am Klingelschild las ich »Villmon«, ohne Vornamen. Im Telefonbuch war sie nicht gelistet. Wenn ich im Netz »Gehirnchirurg Villmon« oder Ähnliches suchte, erhielt ich keine Ergebnisse. Aber dann fiel mir ein, dass sie ja nicht den gleichen Namen hatten.

Warum hockten die beiden nicht in irgendeiner bonzigen Villa am Stadtrand, wie es sich für eine Überflieger-Professorin und ihren sicher reichen Arztkerl gehörte? Waren sie etwa getrennt? Die hübschen kleinen Infokärtchen, die Su damals bei der Lesung verteilt hatte, hatten darüber nichts verraten, aber solch profane Realitäten waren bei so einer Veranstaltung wohl auch unerwünscht.

Die wunderbaren blauen Stiefel trug Tama selten, aber wenn, dann folgte ich ihr umso hartnäckiger, überholte sie, wenn sie an einem Schaufenster stehenblieb, oder hielt neben ihr inne. Einmal drehte ich vollkommen durch und fragte sie am Campuseingang mit französischem Akzent und in meiner schwarzen Perücke nach dem Weg. Ich sah sie, trat einfach nach vorn und sprach sie an. Wow. Sie war so schön. Milliarden von Zaubergenen aus den verschiedensten Winkeln der Erde sorgten dafür, dass man nicht mehr wegsehen konnte, dass man jede Pore ihres Gesichts gierig nach Familiarität und Fremdheit absuchte. Ihre Augen strahlten wie aus einer anderen Welt.

Und das war sie ja auch. Sie hatte Dinge gesehen, gelernt, erlebt, die mir vollständig fremd waren und die ich nie kennenlernen würde. Aber kleine, winzig kleine köstliche Blößen hatte sie sich doch gegeben: Der Gedanke, dass ich schon einige Textnachrichten mit ihr ausgetauscht hatte, war unfassbar. Fast wünschte ich mir, ich könnte ihre Geliebte sein. Ich mag Frauen genauso wenig wie Männer. Aber ich wollte spüren, wie sie Milo geküsst, wie sich ihre Haut angefühlt hatte.

Ihre Augen waren riesig und doch filigran, europäisch und doch asiatisch, feurig und kühl gleichzeitig. Bessere Schriftsteller als ich könnten es sicher beschreiben, aber ich kann nur heraussprudeln, was in meinem Kopf ist. Und ja, ich sprach sie da an, ich Betrügerin, und Tama war auch noch freundlich. Sie stellte sofort ihre Tasche ab, mitten in den Schnee, als käme es angesichts einer hilfesuchenden Studentin nicht darauf an, ob diese schmutzig oder nass wurde. Sie lachte mich an, mich Fremde, der sie nichts schuldig war. Sie gestikulierte, zeigte mit den Fingern, fragte mich, ob ich ein Auslandssemester machte, ob ich aus Frankreich sei, wo genau ich herkäme. Ja, langsam bekam ich Angst, sie würde mich zu sehr ausfragen und sofort sehen, dass ich keineswegs Französin war. Vielleicht fiel es ihr sogar ein, mich auf Französisch anzusprechen.

Mit klopfendem Herzen wand ich mich in demonstrativer Schüchternheit, nickte dankend mit dem Köpfchen und haute ab. Zwang mich zu ganz langsamen, stetigen Schritten, und dabei pochte der Puls in mir, als hätte mich soeben meine große Liebe angesprochen. Warum musste Milos Freundin liebenswert und cool sein? Warum konnte sie keine arrogante Zicke sein, keine männermordende

Harpyie? Nein, ihr Männermorden erledigte sie diskret oder gar nicht.

Etwas drängte mich, mir ihre Wohnung genauer anzusehen. Eines Tages, als ich sie morgens zur Uni fahren sah, gelangte ich ins Treppenhaus ihres Gebäudes, das innen eine Überraschung war. Ein herrlicher Altbau, dessen wunderschöne Details man von außen gar nicht vermutet hätte.

Einen Moment lang vergaß ich meine grimmige Mission und bewunderte die Eingangshalle. Überall gab es dunkles Holz und mit Mosaiken verzierte Wände, an denen sich breite Holzstufen nach oben fädelten. Die Treppe schlang sich um einen seltsamen Käfigaufzug, ein uraltes Jugendstilding, in dem wohl nicht mehr als zwei Personen mit einem Koffer Platz fanden. Anscheinend war er in Betrieb.

Ein paar Augenblicke strich ich um dieses zartgliedrige Ding herum, berührte das filigrane gusseiserne Metall, das sich in abgeblättertem Gold in feinen Formen wie Spritzgebäck um den Aufzug rankte. Der Aufzug war phänomenal.

Milo hatte sicherlich auch hier gestanden und ihn bewundert, viele Male, immer wieder. Vielleicht hatten sie sich im Aufzug geküsst oder sogar drin gevögelt. Musste man fast. Nur um es auf dem Lebenslauf zu haben. Es war einer dieser Aufzüge. Man wollte alten Opas und unschuldigen jungen Mädchen dabei zusehen, wie sie ihre Füße auf den blankpolierten Liftboden stellten, und wissen, dass man dieses Prachtstück höchstpersönlich besudelt hatte. Ich wollte es. Ich hätte es gewollt. Das war ja das Geile am Heizungskeller (minus den Glamour), dass dort immer der brave alte Hausmeister herumbastelte.

Natürlich war der Aufzug weit stilvoller, kein Vergleich. Das ganze Haus wirkte märchenhaft. Und natürlich lebte Frau Wunderkind in einem solchen filmreifen Gebäude. Ich sah vor mir, wie eine Kamera auf jedes dekorative Ornament fokussierte, langsam die Treppe hinauffuhr und dem Aufzug folgte, in dem sich zwei schemenhafte Figuren balgten. Mit den Fingern berührte ich das Mosaik und strich an allen Wohnungstüren vorbei, bis ich vor ihrem Namensschild stand. Villmon. Eine Tür aus dunklem Holz, solide. Aber mit neuem Schloss, nicht mit einem Riegel.

Nun wurde mir erst klar, warum ich überhaupt hergekommen war. Ich wollte wirklich in ihre Wohnung einbrechen. Sie war nicht da. Sie war in der Uni, wie immer um diese Zeit, und ich wollte in ihre Wohnung.

Einmal hatte ich einen Mann vom Schlüsseldienst beim Aufbrechen einer Tür beobachtet, es war lächerlich einfach, ich wusste, ich konnte es schaffen.

Immer wieder wandte ich mich um, der Aufzugschacht beobachtete mich. Wie würde es wohl drinnen aussehen? Moderne Möbel? Antiquitäten? Waren die Wände mit Literaturpreisen tapeziert? Lehnten da schwere Bücherregale, die unter ihrer Intellektualität barsten? Vielleicht ein muskelgestählter Butler? Was würde diese Frau im Kühlschrank haben? Was für Bilder über dem Sofa? Ich konnte mir nicht vorstellen, dass Tama Villmon, die Göttin, normalsterbliche Fotos von Nichten mit Schultüten oder sepiafarbenen Omas im Taufkleid zur Schau stellte.

Ihre Kunst an der Tapete wären Gemälde von wundersamen Kreaturen, mysteriöse Wirrgedichte und Schwarzweißfotografien von scheinbaren Alltagsgegenständen.

Aber noch während ich starrte, begann sich plötzlich der Lift hinter mir ächzend und surrend in Bewegung zu setzen. Ohne weiter zu überlegen, stürzte ich die Treppe hinunter und floh aus dem Haus.

Ja, ich floh, spielte, fantasierte – aber die Geschichte spülte mich einfach in supersonischen Wellen über die Schallmauer. Ohne mich zu fragen. Ist es nicht seltsam, wie anders sich echtes Herzklopfen anfühlt? Man kann Leute beobachten, man kann im Schatten der Bühne hin und wieder ein paar belanglose Worte mit ihnen wechseln, man kann sich zu einem sarkastischen kleinen Flirt im Kreis drehen, immer weiter, immer weiter, so federleicht, dass es keine Bedeutung mehr hat. Ja, so konnte es immer weitergehen. Aber an einem Abend, Anfang Dezember, da wurde alles anders.

Es war spät, ich stand an der Bushaltestelle am Theater, und im Lichtkegel der Straßenlaternen zersprühten die Schneeflocken über mir wie die Gischt eines silbernen Wasserfalls. Der Winter war so märchenhaft in diesem Moment, so voll von Materie und Vakuum. Ganz allein stand ich an der Haltestelle in meiner Schneekugelwunderwelt, reckte das Gesicht in den Himmel und ließ mich berieseln. Es war friedlich, still.

Da kam Milo plötzlich durch das Weiß auf mich zu, die Hände in der grauen Jacke, den Kopf eingezogen. Ich sah ihn aus den Augenwinkeln

»Hey, haben wir den gleichen Heimweg?«, fragte er lässig.

»Weißt du doch«, sagte ich, und er stellte sich zu mir.

»Ach ja, da war doch mal irgendwas mit einer nächtlichen Busfahrt«, grinste er. Und dann: »Wenn dieser Bus nicht bald kommt, taucht Jan hier noch auf.«

Jetzt erst drehte ich mein Gesicht ihm zu. »So schlimm ist er nun auch wieder nicht.«

»Nein, aber man kriegt dich ja nie ohne ihn zu sehen.« War ich für Milo eine bizarre experimentelle Nuss, die er knacken wollte, oder mochte er mich tatsächlich? Vielleicht beides. Vielleicht hatte Ersteres zu Letzterem geführt. Ich bin nicht blöd, ich bin nicht romantisch, ich weiß, wie solche Dinge funktionieren. Manchmal fährt man nur deshalb tierisch auf jemanden ab, weil es sich gerade so ergibt. Nicht ich. Aber sonst alle.

Meine beiden Opfer, denen ich ins Museum und weiter gefolgt war, hatten ja auch ganz kalkuliert ihre Tiere von der Leine gelassen, ohne sich überhaupt zu kennen. Was war mit Milo?

Ich hörte mich sagen: »Dann laufen wir eben heim. Den Schneesturm schaffen wir.«

Er lachte, die Hände noch immer in den Jackentaschen. »Ich seh schon die Headlines: Statist und Maskenbildnerin nach Theaterprobe spurlos im Blizzard verschollen.«

»Ich pass schon auf dich auf.«

»Danke. Und verteidigst mich gegen den Yeti?«

»Auf jeden Fall.«

»Brennen wir gerade zusammen durch?«

»Nein, ich will dich in einen Hinterhalt locken.«

»Alles klar, Frau Auftragskillerin.«

Und wir stapften los. Meine Gedanken schwirrten vor Zusammensein. Irgendwie kam ich gar nicht mehr mit. Ich wandte den Kopf, weil ich das bizarre Gefühl hatte, ein Teil von mir müsste noch an der Bushaltestelle stehen. Und da sah ich zufällig, wie Jan den Weg entlanggehastet kam.

Bei seinem Anblick packte Milo mich sofort am Schlafittchen und schubste mich um die Ecke. »Schnell weg!«

Wir rannten.

»Du spinnst doch«, rief ich glücklich. So glücklich war ich: Irgendetwas rieselte ganz heftig durch mich hindurch, als hätte der Schnee es geschafft, meinen Körper zu infiltrieren.

Eine gute Stunde lang liefen wir im Schneetreiben wie kleine Winterwesen. Ich hätte ewig so weitergehen können und nirgendwo ankommen. Niemand konnte uns sehen in all dem herrlichen Weiß, niemand, niemand. Die eisige Luft roch so wunderbar nach Geheimnis und nach Garnichts, mein Herz war übervoll von Leichtsinn, Schwersinn, Unsinn, und ich fing an, wild vor ihm herzuhüpfen. Sonst hätte ich diese kalte Lust vielleicht gar nicht ertragen. Aber wahrscheinlich wollte ich auch, dass er mich glücklich sah.

Milo ließ sich auf meine halb inszenierte, halb reale Kindlichkeit ein. »Flieg mir nicht davon!«, rief er. »Du Schneefalter.«

»Noch lieber wäre ich die böse Schneekönigin aus dem Märchen.«

»Das war die von Andersen, die mit dem Spiegelsplitter im Herzen?«

»Ja, aber den hat ja nicht sie, sondern … Kay.«

»Kay?«

»Ja, so heißt doch der Junge im Märchen, dessen Herz zu Eis gefriert.«

Milo sah mich nur an und brach in Lachen aus. »Das kann kein Zufall sein, oder? Ich laufe hier mit einer fernen Kai durch Eis und Schnee.«

»Fern?«

»Na ja, unnahbar.«

»Bin ich das denn?«

»Keine Ahnung«, grinste er, »du bist zu unnahbar, als dass ich es sagen könnte.«

»Haha.«

»Ich selbst wäre aber lieber ein Sommerkönig.«

»Wirklich? Ich liebe den Winter.«

»Warum?«

»Weiß nicht. Ist so schön dunkel. Und alle sind so in Schals und Mützen eingemummelt, dass man auf der Straße niemandem Hallo sagen muss.«

»Stimmt. Ich mach das, wenn mir meine Erstsemester über den Weg laufen.«

»Ja, und Schals sind auf jeden Fall bequemer als eine Maske.«

»Apropos Maske: Wie bist du eigentlich zu deinem Beruf gekommen?«

»Na, durch eine Ausbildung.«

»Oh, ich dachte immer, dass da kleine Heinzelmännchen im Untergrund des Theaters am Werk sind. Aber ist doch ein cooler Beruf.«

»Wie schon gesagt, ich mag Masken«, sagte ich wie eine Lügnerin.

Im echten Leben gab es bessere Masken, meinen Beruf brauchte ich nicht dazu. Aber irgendwie wollte ich, dass er dachte, mein Job bedeutete mir etwas. Vor allem, wo ich doch angeblich so großes Glück gehabt hatte, diese Arbeit überhaupt zu bekommen. »Ist doch schön, wenn Leute plötzlich anders aussehen. Wie im Winter auf der Straße eben. Das hat mich immer interessiert.«

»Und du? Spielst du eine Rolle?« Er dachte nicht an Schals und Mützen, sondern an die dämliche rote Perücke und an unser erstes Treffen.

»Immer. Du nicht? Und eigentlich wollte ich Regie studieren. Das wäre mein Traum gewesen.«

»Warum?«

Ich zuckte mit den Schultern. »Keine Ahnung. Ich mag's wohl, wenn eine Geschichte das macht, was ich will. Aber nicht ein einziger Regiestudiengang hat mich angenommen. Bin wohl nicht halb so gut, wie ich es mir einbilde.«

»Aber selbst mit Studium hättest du noch lange keine Arbeit als Regisseurin gefunden. Wie viele Jobs gibt es davon schon? Noch weniger als für Evolutionsbiologen. Wahrscheinlich müsstest du nebenher Pommes verkaufen. Aber so hast du wenigstens etwas, das dir Spaß macht, und du verdienst Geld damit.«

Ich hörte nur eines: »Ach, Evolutionsbiologe bist du? Was gibt's da für Jobs?«

»Entweder einen Laborjob in der Wirtschaft oder eben nach der Promotion weiter an der Uni und in der Forschung. Aber das Futter da draußen ist für uns recht dünn gesät.«

»Und was machst du genau?«

»Hm, vieles, aber vor allem eben evolutionäre Prozesse mit mathematischen Modellen darstellen.«

»Warum das?«

»Damit man sie sich besser anschauen und sie verstehen kann. Und Computersimulationen sind schon deshalb nützlich, weil die Evolution ja normalerweise viel zu langsam verläuft, als dass man sie im echten Leben beobachten könnte.«

»Hört sich kompliziert an.«

»Du denkst wohl, Biologen pflegen den ganzen Tag nur gemütlich ihre Schneckenzucht? Ich bin Theoretiker.« Er berührte mich mit der Hand, flüchtig. Alles war flüchtig, wir lachten und erzählten und wirbelten umeinander herum, aber er flirtete nicht und ich erst recht nicht. Das war irgendwie schöner als alles andere. Dass es so sehr wegen mir war. Nicht, weil er etwas erhoffte.

Wir standen da in einem glitzernden nächtlichen Winterwunderland, nur er und ich, und er sah mich, mich, mich, redete mit mir, mir, mir. Nicht mit jemand anderem. Es war so selten, dass ich jemandem in die Augen sehen wollte.

Da fragte ich: »Wie findest du eigentlich das Stück?«

»Keine Ahnung, ich krieg ja immer nur die Ballszene mit.«

»Die haben sie fürs Stück noch krasser gemacht. Im Buch ist es nicht so, dass die neue Ehefrau vor allen Gästen im verbotenen Kleid erscheint. Da wird sie nur von ihrem Mann und ein paar Verwandten so gesehen und zieht sich daraufhin noch um.«

»Langweilig.«

»Nein, gar nicht, der Teil, in dem sie dann erst nicht wiederkommen will und es dann doch tut – nicht, weil sie mutig ist, sondern, weil sie Panik hat, dass man über sie tratscht. Der ist so gut. So echt, irgendwie. Sie sagt, es würde ihr nichts ausmachen, wenn ihr Mann nie wieder im Leben mit ihr spräche, wenn nur die Öffentlichkeit nichts davon erfahren würde. Heutzutage würde man die Heldin viel heroischer darstellen – wie sie sich nicht um die anderen Leute kümmert, sondern nur an ihre große Liebe denkt.«

»Darüber hab ich noch nie nachgedacht. Ich lese auch nicht mehr so viel wie früher.«

»Und die Figur der Rebecca mag ich nicht. Sie ist so ein unglaubwürdiger James-Bond-Bösewicht.«

»Ah?«

»Ja, weil sie so bewusst böse ist, einfach aus Spaß am Bösesein.«

»Ach so, du willst, dass sie eine traumatische Kindheit hatte oder den Tod ihres Lieblingshundes nicht verkraftet hat.«

»Nein, nein, nein, gar nicht. Aber echte Menschen halten sich doch nicht selbst für böse, sie haben immer einen Grund für das, was sie verbrechen, auch wenn's ein irrer Grund ist. Rebecca benimmt sich aus reinem Spaß an der Freude böse.«

»Wahrscheinlich dachten die Leute damals, als das Buch geschrieben wurde, es gibt diese Art von Spaßbösewichten. Die haben doch auch Köpfe vermessen und so einen Blödsinn, um kriminelle Gesichtsformen zu erforschen.«

»Trotzdem schade. Ich wollte mich so gern mit Rebecca identifizieren.«

Er lachte. »Warum wundert es mich nicht, dass du die Böse lieber magst als die Gute?«

»Ich mag nur keine unglaubwürdigen Storys.«

Irgendwann standen wir vor meinem Haus. Die Welt lief weiter, aber wir blieben stehen. Das Licht der Straßenlaternen gefror senkrecht in die schwarze Nacht hinauf. Mir war nicht kalt.

Wir sprachen über ganz normale, langweilige Dinge. Musik, Reisen.

Reisen? Einmal habe ich mich allein in den Zug nach Paris gesetzt und dann fast das ganze Wochenende mein Hotelzimmer nicht verlassen. Nur einmal, weil ich Beweisfotos für Su knipsen musste und weil ich in den Louvre wollte. Reingegangen bin ich dann aber nicht. Mein Essen fürs Wochenende hatte ich von zu Hause im Rucksack dabei.

Aber Musik ist wichtig für mich. Ich stelle mir im Kopf meine Storys immer mit Filmmusik vor. Meistens höre ich verstaubte Sachen. Nichts Außergewöhnliches, alles Mainstreamzeug, das jeder irgendwann mal gekannt hat, das aber trotzdem niemand mehr hört, *Pink Floyd, The Doors, Velvet Underground.* Wenn ich lustig drauf bin, auch sehr gern schlimme 80er-Jahre-Schmonzetten. Neue Sachen überhaupt nicht.

Aber eigentlich erzählte ich ihm das alles gar nicht so genau. Vielmehr hüllte mich die winterliche Dunkelheit sogar so wunderbar ein, dass ich gar nichts mehr tun musste.

So schwärmte ich von meiner zweiten Karriere – den Kitschromanen, die ich nebenher noch schrieb und im Orchidee-Verlag veröffentlichte.

»Niemals!«

»Was glaubst du denn, wer diese Teile schreibt?«

»Komische alte Hexen?«

»Ich mach's seit vier Jahren.«

»Wenn ich also im Bahnhofskiosk bin, sehe ich diese üblen Arztromane mit deinem Namen drauf?«

»Sowas veröffentlicht man nicht unter seinem richtigen Namen. Ich bin Penelope West, und ich schreibe historische Liebesromane.«

»Zum Beispiel?«

»›Sehnsucht nach Summerfield‹, eine Serie über die betrogene Erbin Madeleine. Oder ›Die Rache des Freibeuters‹. Solche Sachen. Vielleicht auch mal Vampirromanzen. Die sind wieder in.«

»Wir kaufen jetzt sofort eines dieser Heftchen, und dann lass ich dich die Seiten auswendig aufsagen.«

»Jetzt, mitten in der Nacht?«

»Oh, ist es schon mitten in der Nacht?«

»Ziemlich.«

»Sag mal: Wie kommuniziert man eigentlich mit seinem Verleger, wenn man kein Telefon hat?«

»Telepathisch.«

»Haha, du bist wunderbar, Kai, weißt du das?«

»Manchmal. Warum?«

»Keine Ahnung, du bist irgendwie so spröde und doch lustig.«

»Klingt ja romantisch.«

Er lachte. »Können wir uns bitte ab jetzt verdammt noch mal jeden Tag sehen?«

Sein Körper war da unter den vielen Klamotten, ich konnte das plötzlich ahnen. Sonst war das nie so. Da waren nie Körper.

»Und was wird deine Freundin dazu sagen?« Es rutschte mir heraus. Ich dachte an die Hellblonde, und sie war so weit weg von dieser wunderbaren Realität, dass sie nur noch lachhaft war.

Aber Milo wurde ernst. »Meine Freundin? Wen meinst du?«

»Keine Ahnung. Du hast doch bestimmt wieder eine, da das mit Tama so weit weg ist.«

Milo sah mich seltsam an, sein Blick schlang sich um mich, er zog die Schultern hoch, schaute sich um, lachte leise, wusste einen Moment irgendwie nicht, wohin mit sich selbst.

Ich ließ ihn nicht aus den Augen. Er war so ruhig, aber mit einem Mal wusste ich genau, wie er atemlos und fiebrig aussehen würde.

Schließlich sagte er scherzend: »Was fragst du mich eigentlich immer über Frauen aus? Zuerst Tama, und jetzt hätte ich eine Neue?«

Ich ließ ihn weiterreden. Er war ehrlich. Das mochte ich so an ihm. Liebte es an ihm. Er spürte irgendeine ganz und gar unbegründete Loyalität mir gegenüber: Es fiel ihm nicht ein, mich anzulügen. »Da ist eine aus der Uni. Eine Studentin, alles ganz proper diesmal. Aber ich bin nicht wirklich mit ihr zusammen.«

»Sondern?«

»Überlege noch.« Er grinste. Dann: »Und du?«

»Wie bei dir«, antwortete ich zögernd. Ich wollte nicht als Mauerblümchen dastehen, während er sich mit seinen Eroberungen brüstete. »Nichts Ernstes. Ein Nachbar.«

»Siehst du, jetzt bin ich schon eifersüchtig.«

»Ach, und soll ich dann auch eifersüchtig auf deine wasserstoffblonde Halbfreundin sein?«

Ein Moment verging, dann fragte er: »Woher weißt du, wie sie aussieht?«

Scheiße, scheiße!!! »Ich – ich weiß es nicht, hab sie mir wohl so vorgestellt.«

Typisch: Sein Blick war eher neugierig als verärgert. Jetzt war doch eigentlich der Augenblick, in dem er mich einen Freak nennen und abhauen sollte, stattdessen lachte er. Etwas kühl, aber er lachte. »Ich finde schon noch raus, was du für eine bist.«

»Ich bin gar keine.«

»Warum weißt du dann so viel über mich?«

»Ich weiß das, was du mir erzählt hast, sonst nichts.«

»Vom Aussehen dieser Frau hab ich dir nichts erzählt.«

»Dann bin ich halt die allwissende Auftragskillerin.«

»Mit einem Decknamen.«

»Sagt der Typ, der sich drei T an seinen Nachnamen hängt.«

»Damit bin ich schon auf die Welt gekommen.«

»Das behaupten sie alle.«

»Ich bin der Einzige.«

»Angeber.«

»Sagt die Schneekreatur, die alles dafür tut, um noch mysteriöser zu erscheinen.«

»Ich tu gar nichts, ich bin so, wie ich bin.«

»Dann sind wir eben einfach beide komisch.«

»Gern.«

»Hey, Kai«,

»Ja?«

»Sag mal was Normales.«

»Okay.«

»Gut.«

»Und jetzt?«

»Sag was.«

»Tu ich doch.«

»Ich auch.«

»Idiot.«

»Oh, immer.«

Mit seinem rechten Fuß kickte er ein immer tieferes Loch in einen Schneehaufen vor uns. Es schneite nicht mehr. Die Kirchturmuhr, ganz weit weg, schlug irgendeine rabenschwarze Stunde.

»Ich geh jetzt rein.«

»Schade«, er wies auf das Loch, das er mit seinem Fuß aufgescharrt hatte, »jetzt, wo ich mich fast bis nach Australien durchgegraben hab.« Dann: »Wann seh ich dich wieder?«

»Im Theater.«

»Nein, ich meine, so wie jetzt. Nur du und ich.«

»Warum?«, fragte ich spöttisch. Aber mein Herz klopfte.

»Weiß nicht.« Er stand nah bei mir und sah mich so sehr an, dass ich es bis in meine Fingerspitzen fühlen konnte. Sein Blick rannte mit mir davon. Weit weg, so weit weg. Er ist verrückt. Er weiß nicht, was ich für eine bin.

Dann fiel ihm ein: »Nächstes Wochenende ist bei mir sowieso Party. Kommst du?«

»Hm, viele betrunkene Leute auf einem Haufen. Hört sich spaßig an.«

»Nicht wahr?«

Plötzlich spürte ich Müdigkeit. Diese Geschichte gefiel mir nicht, wenn fremde Leute vorkamen. Aber ich hörte meine Stimme sagen: »Ich überleg's mir.«

»Gib mir endlich deine Telefonnummer, Kay mit dem Herz aus Eis.« Wieder diese Fältchen, als würde ich ihm schöne Schmerzen zufügen. Fuck, das machte mich fertig.

»Wie oft soll ich's noch sagen, ich hab keine. Und ich bin müde, ich geh jetzt rein.«

Als ich die Tür öffnete, warf er mir eine Kusshand zu und lachte auf höchster Dramastufe: »Kai, Baby, verlass mich nicht! Ich kenn dich schon seit 20 Jahren!« Aber ich war schon weg.

Meine Knie zitterten, als ich die Treppe nach oben wankte. Die Nacht lag tonnenschwer und federleicht auf meiner Brust. *Ich kenn dich schon seit 20 Jahren.* Meine Küchenuhr zeigte kurz nach 3 Uhr morgens: Wir hatten sechs Stunden miteinander im Schnee verbracht, und jetzt merkte ich erst, dass ich mich kaum noch fühlte vor Kälte. Und doch irgendwie fühlte, fühlte, fühlte wie nie zuvor. *Kai, Baby, verlass mich nicht.*

Ich warf meine steifgefrorenen Klamotten im Bad auf die Fliesen und setzte mich auf den Boden der Dusche. Zog die Knie an, versteckte mein Gesicht darin, stellte die Dusche an und ließ die glühende Lava meinen Körper fluten. Unter der plötzlichen Hitze zerflossen meine steinharten Schultern, meine Hände und Füße gehörten langsam wieder zu mir, meine dampfende Haut lief aus wie Tinte. Ich weinte nicht, weine niemals. Aber am liebsten hätte ich. Da war ein saurer Geschmack in meinem Hals, als sollte ich weinen.

Ich war 27 Jahre alt und wusste nicht, wie man mit Männern umgeht, wie man sich *verdammt* noch mal verliebt. Es hat mich nie einer wirklich interessiert. Oder die, die mich interessiert haben, denen habe ich mich nie genähert. Nur immer den anderen, die mir völlig egal waren. Oder vor denen ich mich ekelte. Wie dem Nachbarn, einem widerlichen Typ, der keine Skrupel hatte, seine nette Frau zu betrügen, die mich immer so freundlich im Treppenhaus grüßte. Wenigstens hat mich nie einer ohne Klamotten gesehen. Niemand darf mich sehen, niemand, niemand, niemand. Und währenddessen fühle ich auch nichts, gar nichts, gar nichts. Ich mache sowas nur für hinterher, wenn ich wieder allein bin, wenn ich daran zurückdenke, wie abstoßend der Typ war und wie wenig ich ihn ausstehen kann und wie sehr ich ihn nie wieder sehen will und wie unglaublich ich ihn verachte. Das hab ich ihm auch schon mehrmals hinterher gesagt, voll ins Gesicht. Aber er kommt immer wieder, dieser lächerliche masochistische Versager.

Ich weiß nicht, warum ich gerade jetzt daran denken musste. Jetzt, nachdem ich, Kay mit dem Teufelssplitter im Herzen, doch mit dem schönsten Mann der Welt stundenlang im Schnee gestanden hatte. *Ich kenn dich schon seit 20 Jahren.*

Meine Haut schmerzte mit einem seltsamen Gefühl wie von Zucker auf der Wunde. Ich hob mein Gesicht in den Wasserstrahl, und alle, alle Farben wuschen aus mir heraus, bis es mich fast nicht mehr gab. Ich wollte mich in Milo verlieben, oh, wie sehr ich das wollte. Aber gleichzeitig war die Vorstellung, er könnte mich tatsächlich anfassen, so fremd und unwirklich, dass ich gar nicht weiterdenken konnte. Und der Gedanke, dass ihn vor mir Tama hatte, ihn vielleicht immer noch irgendwie hatte … Tama, erfolgreich, überirdisch klug, schön, selbstsicher.

Aber das heiße Wasser machte es besser. Seine Hände

könnten sich vielleicht anfühlen wie Wasser auf meiner Haut. Wer weiß? Es könnte doch auch schön werden.

Und als ich endlich, endlich im Bett lag, zerfleddert, zerrupft, zerflossen, neben meinem Spiegelbild in dem schweren goldenen Rahmen, da wusste ich immer noch nicht, was ich eigentlich wollte. Einfach sein, vielleicht.

Ich ging zu Milos Party. Und zwar mit Jan. Da Milo mich nicht mehr erreichen konnte, lud er einfach noch Jan ein und sagte ihm, er solle mich mitnehmen. Vielleicht nahm er an, die Einladung im Schnee vor meinem Haus hatte nicht gereicht, um mich zu überzeugen. Oder vielleicht wollte er gar Jan provozieren? Ich sah es als kleines, böses Spiel. Oh, böse Spiele gefallen mir, bösen Spielen kann ich nicht widerstehen. Und der hin- und hergerissene Jan gefiel mir auch, ich gab die Zaudernde. Natürlich wollte ich hin.

Und am Ende war es gut, dass er mitkam, denn allein hätte ich wohl nur stundenlang wie ein verwirrtes Aschenputtel bei Milo auf dem Treppenabsatz gehockt und hätte beim Wegrennen nicht mal einen Schuh verloren.

Wir nahmen den Bus, und in meinen Fingern raste das Herz. Eigentlich raste alles, ich kam gar nicht mehr mit, konnte kaum stillsitzen. Milo, Milo, ich würde seine Wohnung sehen, er würde mich sehen, jemand würde mich sehen.

Im Fenster trieben meine Haare wie schrille Unterwasserpflanzen, meine Haut schimmerte grün, Augenhöhlen starrten mich an. Der blutrote Mund flüsterte mir etwas zu, und meine Finger tasteten nach dem Handy und texteten Tama:

```
Heute Abend Party bei
mir. Kommst du?
```

Oh, ein befreiendes Gefühl, die Idee war mir schon die ganze Zeit im Kopf herumgegangen.

Dann waren wir da, oh wow, waren wir schon da, waren wir schon da? Zitternd stieg ich hinter Jan die Treppe hinauf zu der geheimnisvollen Eckwohnung, die ich so oft von der Straße aus beobachtet, aber noch nie von innen gesehen hatte. Ich war voller Ehrfurcht. Traute mich kaum, aufzutreten. Milo lief hier jeden Tag die Treppen rauf und runter, und der Gedanke schüchterte mich ein. Vielleicht wollte ich nicht, dass er ein Alltagsleben hatte. Oben standen wir vor einem lichtdurchfluteten Portal in eine andere Dimension, und die Musik schwappte hinaus ins einsame Treppenhaus. Was, wenn Tama nun wirklich kam? Sie hatte nicht auf die Textnachricht reagiert.

Milo stand auf der Schwelle und strahlte mich an. »Sieh da, Penelope West gibt sich die Ehre.«

Ich musste lachen – Erleichterung, Wildheit, Grauen. Ich fühlte das Grinsen bis tief in meine Knochen. Mein Gott, er war so schön, so atemberaubend schön, und er freute sich, er freute sich wirklich, mich zu sehen. Er begrüßte auch Jan freundlich, aber mich packte er kurzerhand am Arm und zog mich in diese laute, grelle Welt. Aus den Augenwinkeln sah ich, wie mein Begleiter bereits zurückblieb und allein seine Jacke ablegte. Egal, egal. Er ist nichts.

»Ich dachte schon, du kommst nicht.«

»Doch, ich war vorher nur noch woanders.«

»Woanders?« Im kleinen Vorraum standen ungefähr fünf Leute, alle mit einem Drink. Sie blickten mich an, lasen meine verdammten Gedanken, durchschauten mich. Ich sah weg. Musste mich erst einmal sammeln, das ging mir alles zu schnell.

»Und wo?«, wollte Milo wissen, als er mir bedeutete, ich solle meine Tasche und meinen Mantel einfach im Schlafzimmer aufs Bett werfen.

»Ach, auf einer – Theaterparty, ja, auf einer Theaterparty«, flunkerte ich. Sah sein Bett vor mir, viele Jacken lagen darauf, es war still im Raum. Der einzige Ort, in den die Party nicht ihre Tentakel ausgestreckt hatte. Es roch so gut hier.

Jan kam nun auch mit seiner Jacke hinterher. Milo dicht bei mir, da traute ich mich nicht, mich umzusehen. Aber es roch so gut.

»Da muss ich auch nachher wahrscheinlich noch mal hin«, schwindelte ich weiter herum. Ja, es roch so gut. Wie ein schwelendes Gewitter.

Ich deponierte meinen Mantel sehr langsam und sorgfältig, denn ich wollte das Zimmer genießen und mir vorstellen, wie er hier schlief. So roch es. Nach seinem Schlafen. Man konnte riechen, dass er hier lag und nichts anhatte und mit seinen Armen eine Geliebte umschlang und sich mit ihr zwischen den Laken wälzte. Widerlich, ah! Ich musste die Augen schließen. Widerlich und schön.

Aber schon nahm er mich wieder mit, legte seinen Arm leicht auf meine Schulter. »Denkst du, es wird hier so langweilig?«, grinste er mich an, und einen Moment lang hatte ich keine Ahnung, wovon er überhaupt sprach. »Ich werde schon dafür sorgen, dass du alles um dich herum vergisst, auch deine blöde Theaterparty.«

Und das tat er auch. Oder vielleicht tat ich es selbst. Die Musik dröhnte laut, die Leute tanzten oder lachten und machten aus der kleinen Wohnung ein Spektakel. Niemand kannte mich, ich schwebte fast unbeachtet zwischen den Irdischen hindurch wie ein kleiner Astralkörper. Hier und da wurde ich doch wahrgenommen und kurz studiert, dann ließ man mich wieder fliegen. Es war nicht so schlimm, wie ich erwartet hatte. In der bunten Menge fiel es nicht auf, dass ich ein Fake war. Ich konnte immer so tun, als käme ich gerade vom Gespräch mit einer anderen Gruppe. Mein Handy checkte ich nur heimlich, Tama meldete sich:

`Lass mich in Ruhe, Milo.`

Eine süße Enttäuschung, die ich schnell von meinen Schultern schüttelte. Einem Typen, der schüchtern in der Ecke stand, steckte ich einen Zettel in seine Zigarettenschachtel, den ich zuvor im Bad gekritzelt hatte. Er solle im Treppenhaus auf seine »Abenteurerin« warten. Er fand die Notiz nicht gleich, aber ungefähr eine Stunde später verschwand er mit großen Augen durch die Wohnungstür. Ha, was die Leute alles ernst nehmen!

Jan zeigte inzwischen keine Zurückhaltung, er hatte Spaß, kannte keine Schüchternheit. Das mochte ich an ihm, er konnte mit Leuten umgehen. Manchmal sah er mich über die anderen hinweg an und grinste verschwörerisch. Ja, es war angenehm, eine vertraute Person in der Menge zu wissen. Eigentlich war er ein toller Mensch. So easy.

Eine Frau, keine Ahnung, wer sie war, verwickelte mich in ein Gespräch übers Theater, als sie entdeckte, dass ich als Maskenbildnerin arbeitete. Sie saß da mit einem Drink in der Hand, ihre seidigen Haare in sanften Brenneisenwellen, ein hübsch bestrumpftes Beinchen über das andere gelegt. Warum haben eigentlich alle Menschen so schöne Haare außer mir? Dabei bin ich doch eigentlich eine pervertierte Friseurin mit all meinen wilden Bühnenmähnen und der Perückenbastelei.

Es dauerte ungefähr fünf Minuten, bevor Fräulein Hübsch realisierte, dass ich keinerlei Theaterglamour bieten konnte, und mich in Ruhe ließ. Immer wieder flüchtete ich ins Bad, um nicht reden zu müssen. Da saß ich dann auf dem Klodeckel, bis jemand an der Tür rüttelte. Ich wollte auch einfach mal in Milos kleinem Spiegelschrank stöbern – aber er hatte keinerlei Zauberelixiere oder Psychopathenpillen in den Regalen stehen. Klar. Er war so normal.

Meine Partypersönlichkeit im Spiegel sah aus wie ein fremdes Wesen. Warum mochte Jan mich wohl so sehr? Ab und zu redeten wir miteinander, er holte mir Bier, legte mir den Arm um die Schulter und flüsterte mir Sweet Nothings zu. Ich ließ es geschehen, fand es nicht schlimm, sondern sogar fast schön. Auch Milo haute mich zwischendurch an und wollte wissen, ob ich nicht vielleicht doch was von meinem Arbeitskollegen wollte. Was zum Teufel hatte er nur immer mit Jan? Es nervte.

»Blödsinn«, sagte ich. »Aber wie heißt eigentlich dieser komische Typ, der immer wieder ins Treppenhaus rennt?«

Milo sah sich verwirrt um. »Wer rennt ins Treppenhaus? Robert? Den kenn ich auch aus der Uni. Warum sollte er das machen?«

»Seltsame Freunde hast du.«

»Mag sein. Aber deine Lippen sind cool«, sagte Milo übergangslos. »Knallrot. Erinnert mich wohl an unsere erste Begegnung.«

Daraufhin sperrte ich mich auf dem Klo ein, wischte mir die Farbe vom Mund, betrachtete das blutige Papier einen Moment lang in stupider Faszination und warf es dann weg. Milo sagte nichts dazu. Später entkam ich ins Schlafzimmer und schloss die Tür hinter mir. Es war Mitternacht, und im Gegensatz zum verrauchten, lärmenden Wohnzimmer und zur hellbeleuchteten Küche war der Raum eine stille Zuflucht. Ich setzte mich aufs Bett und sah mich um. Tama, wo bist du?

Auf dem Regal. Mit einem Satz war ich bei dem gerahmten Bild, das in einer Lücke zwischen Büchern stand und freien Blick auf das Bett hatte. Es wog schwer in meiner Hand, der massive Rahmen, das Glas. Es war kein großes Bild, normale Urlaubsfotogröße. Aber es war schwarzweiß und zeigte nur Tamas Kopf in Großaufnahme. Sie war an Stirn und Kinn abgeschnitten, und sie wirkte wie ein Filmstar aus den 50er-Jahren. Schwarzweiß und retro. Dieses Bild verfolgt mich in meinen schlaflosen Nächten, bis heute. Tamas Gesicht war am rechten Rand angeordnet, zwischen Augenbrauen und Kinn nahm es die ganze Höhe des Fotos ein. Wilde schwarze Haare hingen links bis an ihr Ohr. Sie sah in die Ferne, an der Kamera vorbei.

Ihre Augen: schon wieder. Ich hatte nun länger Zeit, sie zu analysieren. Groß, auffällig geformt, hell, mit ausdrucksvollen Brauen. Ihr breiter Mund war geschlossen, die Lippen voll. All diese starken, ungewöhnlichen Züge gaben ihr etwas Autoritäres, Erwachsenes und gleichzeitig ... war sie so schön, dass man kaum den Blick abwenden konnte.

Ich hielt das Bild in der Hand und stellte mir vor, wie Milo es anstarrte. Das Interessanteste an dem Porträt war, dass ihr Gesicht voller unregelmäßiger Sonnenflecken war, als wäre es an einem heißen Sommertag irgendwo im Urlaub aufgenommen. Ihr rechtes Auge war von blütenförmigen Lichtflecken umrandet, die wie eine wunderschöne Kriegsbemalung wirkten. Ob das Zufall war, keine Ahnung. Ein spektakuläres Porträt jedenfalls, und mir zuckte die Hand, es einfach zu klauen.

So seltsam, sich vorzustellen, dass Milo, mein Milo, der irgendwie niemandem gehörte und nichts ernst zu nehmen schien, eine echte Beziehung zu dieser Frau gehabt hatte. Dass sie hier in diesem Schlafzimmer gewesen war, in diesem Bett gelegen, an seinem Küchentisch gesessen hatte. Gleich würde sie lachend mit Milo an der Hand hier ins Zimmer stürzen, sie würden romantischen Blödsinn reden und sich dann hier auf die Kissen werfen. Ich wäre nur ein Phantom aus einer anderen Zeit, sie würden mich nicht bemerken.

Langsam ging ich zurück zum Bett, setzte mich wieder, diesmal näher ans Kopfende, und strich mit der Hand über das Kopfkissen. In der Ferne wummerte Musik. Es war natürlich ein Doppelbett. Und vom Zustand des Nachtkästchens zu schließen, schlief er links, dort, wo ich gerade saß. Mit der flachen Hand fühlte ich das Kissen, beugte mich vor, bis meine Nasenspitze fast den Stoff berührte, und fuhr sofort wieder hoch mit noch mehr Bildern im Kopf. Es war, als wäre sie gerade erst hier gewesen.

Dann öffnete ich ungeniert die Nachttischschublade. Aus den Augenwinkeln behielt ich die Tür im Blick, während ich meine Hand über seine Sachen in der Schublade gleiten ließ. Postkarten, Kleinkram, ein Ersatz-Haustürschlüssel, Kondome. Ich nahm eins in die Hand, befühlte die kalte Verpackung, mein Daumen fuhr am geriffelten Rand entlang. Mir wurde ganz schlecht, weil er die hier so griffbereit in der Schublade liegen hatte. Sein Geruch hüllte mich ein, und die Vorstellung, was er mit diesen teuflischen Dingern vorhatte, vielleicht heute Nacht noch, drehte mir ganz wunderbar den Magen um.

Dann waren da Briefe. Wer schreibt heute noch Briefe? Einige waren mit einem Gummiband zusammengehalten. Viele, eigentlich. Ein ganzer Stapel. Sie waren alle in ihren Umschlägen, und es hätte zu lange gedauert, sie rauszuholen. Aber niemand kriegt heutzutage noch Briefe, außer, er ist 100 Jahre alt oder frisch verliebt. Deshalb wollte ich unbedingt wissen, was da drinstand. Sie mussten von Tama sein. Später. Bei Gelegenheit.

Unter den Briefen fand ich noch mal ein paar Fotos, die lose herumlagen. Alle von Milo und Tama, die gemeinsam in die Kamera grinsten, höllisch verknallt. Da lagen sie und gafften mich an. Ich mochte Tamas Gesicht nicht, wenn sie so albern aussah, es passte nicht zu ihr. In meinem Kopf war sie diese geheimnisvolle, besonnene Kreatur, die nur ab und zu in voller Leidenschaft den

Kopf verlor. Aber vielleicht war sie deshalb mit Milo zusammen gewesen – weil er das kleine verrückte Mädchen in ihr entdeckt hatte. Die Fotos zeigten, dass es so gewesen sein musste. Sie waren der letzte Beweis, dass sie wirklich ein Paar gewesen waren.

Ich weiß nicht, warum, aber es schüchterte mich ein, dass Tama neun Jahre älter war als er und zehn Jahre älter als ich. Oder vielleicht war es gar nicht das Alter, denn wegen der paar Jahre wurde sie ja nicht zu einem bärtigen Methusalem. Nein, es war wohl eher ihr Beruf, ihre Klugheit, ihre Belesenheit, ihr Erfolg. Und ich konnte ihm nichts davon bieten. Sie wusste so viel mehr vom Leben als ich, und wenn er auf lebenserfahrene, superselbstbewusste und unabhängige Frauen stand, dann konnte er mit mir nichts anfangen. Überhaupt war ich aus vielen Gründen nicht die Richtige für ihn.

Auf einem Foto stand hinten »Love, Tama«. Ihre Unterschrift war fein geschwungen und elegant. Ich fuhr mit dem Finger darüber. Sie hatte einen Stift in die Hand genommen und diese Worte geschrieben. Sie hatte dieses Foto in ihrer Hand gehalten, genau wie ich nun. Sie hatte überlegt, was ihm gefallen würde, sich dann für Kürze mit Würze entschieden: Ihre Liebe brauchte nicht viele Worte, sie war so selbstverständlich wie die sichere Handschrift.

Als ich wieder aus dem Schlafzimmer kam, traf mich die Realität wie ein Schwall kaltes Wasser ins Gesicht. Ich hatte mich an der Stille im Schlafzimmer berauscht, und nun trat ich wie aus einem Traum: Milo saß nicht grübelnd über einem romantischen Foto, sondern amüsierte sich vollkommen weltlich mit seiner Vielleichtfreundin. Auf dem Boden vor dem Sofa lehnten sie und lachten miteinander. Sie legte ihren Kopf auf seine Schulter. Allein waren sie nicht, da tummelten sich noch andere Leute, aber die beiden schienen doch irgendwie zusammenzugehören.

Wie eine unschlüssige Rachegöttin überblickte ich die Szene einer kommenden Schlacht. Aber da erschien Jan fröhlich und nichtsahnend neben mir und zog mich weg, hinein in die Küche. Er tat es gerade in dem Augenblick, als Milo endlich aufsah. Unsere Blicke trafen sich, und mit einem Mal fühlte ich mich ganz still und fließend. Für einen Moment wurde mir klar, dass ich irgendwann sterben würde und dass ich jede Minute meines Lebens ausnutzen musste. Was, wenn ich mich mit 90 an diesen Augenblick zurückerinnerte und bereute, dass ich ein komplizierter Mensch gewesen war?

Aber dann ging der Moment vorbei, und ich verschwand mit meinem naiven Verehrer in der Küche. Dort war nicht mehr so viel los. Jan köpfte mir ein weiteres Bier, lachte mit mir, kam mir immer näher und erzählte mir liebliche, liebliche Dinge. Die Küche war eng, und er war beschwipst. Ich auch. Daher stoppte ich ihn nicht. Oder vielleicht hätte ich es auch sonst nicht getan. Zwei Meter weiter hing neben dem Kühlschrank eine kleine Gruppe Leute herum. Ich genoss Jans Fingerspitzen auf meinen Armen – im Bewusstsein, dass ich ihn erniedrigen und ihm Schmerz zufügen würde. Es war nicht unangenehm, von ihm berührt zu werden. Eigentlich war es sogar schön. Was, wenn Milo mich so sah?

Jan schlang enthusiastisch die Arme um meinen Hals, murmelte etwas, sein Atem kitzelte mein Ohr und jagte mir eine selbstgefällige Gänsehaut über den Rücken. An der Wand gegenüber befand sich eine Art großes verspiegeltes Notizbrett, an dem mit Magneten Postkarten und Zettel hingen. Die Ränder der Spiegelfläche hatten vergilbte Flecken. Es gefiel mir, dass Milo einen kleinen schmutzigen Bruder meines Riesenspiegels besaß.

Eingerahmt zwischen diesen Zetteln sah ich mein Gesicht wie in einem billigen Film: Jans Rücken im Vordergrund, sein dunkler Haarschopf tief in meine Schulter gewühlt. Ich sah zu, wie meine Hand über seinen Hinterkopf strich, sah der mordlustigen Eiskönigin in die Augen und lächelte ihr zu.

Jan flüsterte meinen Namen, einen Namen, meinen Namen, ich strich ihm über den Nacken und fühlte die Elektrizität, die von mir in ihn floss, aber nicht umgekehrt. Er trank meinen Strom, seine Haut war voll von meinem Strom, ich spürte es, ich fühlte es, ah, dieser Rausch auf der anderen Seite der Mauer. So nah und so weit weg.

Auf einmal fiel es Jan ein, mich zu küssen. Und ich ließ es zu, ließ mich sekundenlang von ihm küssen, ohne zu reagieren, aber auch ohne ihn abzuweisen. Oh, wie träge die Blitze in mein Kopfkino einschlugen, mein Nervensystem aber präzise verfehlten.

Und so kam Kai urplötzlich zu sich, entzog Jan ihre Lippen, lachte ihn an: »Jan! Was machst du denn für Sachen?« Als könne die Situation nur ein Scherz sein.

Aber er hing an ihr, ließ sie nicht los, murmelte, versuchte, sie wieder zu küssen. »Was glaubst du?«

»Wir sind einfach nur betrunken, Jan, komm, lass es, morgen isses uns peinlich …«

»Das ist mir im Moment egal …«

»Nein, komm, ich bin zu betrunken …«

Er machte sich von ihr los und sah sie an. »Kai, du hast keine Ahnung … ich wünschte …«

»Ja? Was?« Aufmerksam sah ich ihn an. Wollte es hören. Sag es mir, komm, sag es mir. Komm aus deinem Kopf raus.

Mehrere Sekunden starrte er mir in die Augen. Warum versteht er denn nicht, dachte ich fasziniert. Aber irgendetwas muss er doch in meinem Blick gesehen haben, denn er ließ mich los und stürmte einfach aus der Küche.

Ich fühlte nichts. Wartete einen Moment, aber es kam kein Gefühl. Später kann man vielleicht manchmal etwas spüren, aber nie direkt in dem Moment.

Eine Weile lang lehnte ich mit geschlossenen Augen an der Wand in der Küche und fühlte das herrliche Nichts in mir. Es füllte mich ganz und gar aus, tropfte aus roten Hirnwindungen über wundgescheuerte Nervenbahnen nach unten in das Loch meines Körpers. Wie ein Anästhetikum. Genau in diesem Moment hatte ich das Gefühl, ich wäre die Erste und Letzte einer seltsamen Spezies, die niemand kannte. Woher wusste ich eigentlich, dass ich wirklich existierte? Dass mich nicht gerade jemand träumte?

In meiner Rocktasche vibrierte das Handy. Mein Handy? Das Nichts gluckste in mir, als ich Tamas Nachricht las, die sie mir *unprovoziert* geschickt hatte!

```
Warum würdest du
mich auf deine Party
einladen? Dachte, du
hast 'ne Neue!
```

Oh, ich wusste nicht, wohin mit mir vor Aufregung. Sie war in mir. In mir. Wie Alkohol. Sie berauschte mich. Ich glaube, ich knirschte buchstäblich mit den Zähnen, um nicht zu explodieren. Alles in mir kribbelte, und ich war wieder da, ganz und gar da.

Voller Euphorie lief ich ins Wohnzimmer, meine Finger musste ich geradezu in die Handballen krallen, um jetzt nur keinen Blödsinn zurückzutippen. Ich ging direkt zu Milo und der blonden Frau. Er zog mich zu sich auf den Boden.

»Wo ist Jan denn hin?«

»Keine Ahnung«, antwortete ich schulterzuckend. Tamas Nachricht kitzelte mich im Nacken. Ich wusste nicht, was ich damit machen sollte. Gar nichts? Alles? Aus der Balkonglastür neben dem Sofa beobachtete uns eine transparente Gespensterkai, ich sah nicht zu ihr hin.

»Gibt es eigentlich auch Leute, die du magst?«, fragte Milo nicht unfreundlich.

»Ich mag Jan.«

Milo sah mich lange an. Einen Moment lang fühlte ich seinen Blick so sehr, dass es wehtat. Wir bewegten uns in einer Paralleldimension: In einem fernen Ballsaal voll Gold und Verschwiegenheit, in dem wir uns zu Geigenmusik beim Tanz drehten. Die verbotene Liebe raschelte wie unsere üppigen Gewänder.

Aber dann stellte er endlich die Blonde vor: »Das ist übrigens Silvie.«

»Ah«, tönte ich bedeutungsvoll, »das ist also die berühmte Silvie.« Und ich sah aus den Augenwinkeln, dass es ihr sehr gefiel, wie ich das sagte. Es war, als tauchte ich hinter ihre Augen. Durchschaute sie.

Eine Weile saßen wir zu dritt auf dem Boden und redeten und tranken. Der Kopf drehte sich mir, meine Zunge war schwer, und die Nacht schmerzte so wunderbar, so wunderbar. Bis unter die Haut schmerzte sie.

Schwerfällig versuchten wir, der guten Silvie zu erklären, woher wir uns kannten, aber das war irgendwie nicht erklärbar, und wir lachten und prusteten zwischen den halbgelogenen Erklärungen. Milo berührte mich oft, seine Finger waren einmal an meinem Nacken. Er konnte meine Gänsehaut spüren, sie verriet mich. Daher erzählte ich Silvie, wie sehr Milo auf sie abfuhr, das hätte er mir anvertraut. Milo saß daneben und konnte nichts tun, aber er zog seine Hand zurück. Ich sah Silvies Strahlen und aus den Augenwinkeln seine Konsternation, aber er konnte ja nichts tun. Das gefiel mir.

»Wo hast du Jan hingejagt?«, fragte Milo mich irgendwann erneut.

»Weg«, sagte ich nur, lehnte mich zurück. Jan, Jan, Jan. Hör auf!

»Jan ist ihr Freund«, erklärte er Silvie. Vielleicht wollte er es mir heimzahlen. »Oder so ähnlich.«

Ich sagte nichts dazu. Mein Kopf fühlte sich leicht an. Silvie wog sich in Sicherheit, ein glattes, behagliches Gefühl. Wie lange wir so saßen, keine Ahnung. Ich glaube, ich stand den ganzen Abend nicht mehr auf, aber verschiedene Leute kamen dazu und gingen wieder. Irgendwann war es drei Uhr morgens, und nur noch ein paar wenige Gäste tummelten sich in der Wohnung. Milo und ich lehnten nebeneinander am Sofa, allein. Silvie war weg, ich wusste nicht, warum, und ich konnte kaum noch den Kopf heben. Im Hintergrund lief David Bowie.

»Oh, ich liebe *Space Oddity!*«, brach es aus mir heraus.

Milo lehnte sich zu mir, mit schweren Augenlidern. »Wer tut das nicht?«

»Haha.«

»Wolltest du nicht zu deiner tollen Theaterparty?«

»Nein«, sagte ich nur und schloss die Augen. Ich spürte seinen Arm, oh, er legte seinen Arm um mich herum. Er roch nach Mensch, so sehr nach Mensch, warm wie ein Mensch, seine Haut seidig, lebendig. Zehn rohe Sekunden lang strich Kai mit ihren Fingerspitzen über seinen nackten Arm, ohne zu denken. Wie Jan vorher bei ihr. Aber diesmal war das Gefühl elektrisch. Er murmelte etwas, Kai öffnete die Augen und fing seinen stummen Blick auf, der hungrig wie ein Wolf war und ihre Berührung so ekstatisch genoss, dass ihr das Herz fast stehenblieb. Sie bekam einen Hustenanfall, setzte sich auf.

Aber Milo war immer noch da, ganz dicht. »Warum nicht?«

Ich konnte nicht mehr ernst sein, hörte mich idiotisch kichern, so laut und so blöd ich nur konnte, sang stupide den Song mit: »*Because I'm floating in a most peculiar way, and the stars look very different today.*«

Der wilde Blick in seinen Augen, der so ganz und gar allein mit mir war, verschleierte sich ein wenig. Er lachte lautlos. »Genau, das ist es: Du bist ein Major Tom in deiner Raumkapsel. Weit weg von allen.«

Ich ging nicht darauf ein. »Jan hat mich geküsst, vorhin in der Küche.«

»Ach?« Seine Finger auf mir. »War es schön?«

»Ja, wahrscheinlich.« Die dunkle Kai, die vom Balkon aus zu uns herübersah, war fasziniert von diesem seltsamen Gespräch. Die Statisten blieben ausgeblendet, stumm, die Filmmusik untermalte unsere hundertprozentige Zweisamkeit.

»Wahrscheinlich?«

»Ich weiß nicht.«

»Ist er deshalb weggerannt?«

»Kann sein.«

»Hättest du vielleicht lieber jemand anderen geküsst?«

»Nein.«

»Mich vielleicht?«

»Wir kennen uns doch gar nicht.«

»Ich finde, wir kennen uns gut.«

»Seit wann?«

Er grinste. »Na, seit du mir irgendwelche seltsamen Zettel zugesteckt hast. Und ich weiß immer noch nicht, warum und wie und was.«

»Ich hab dir nichts zugesteckt.«

»Irgendwann krieg ich's aus dir raus.«

»Du willst ja nur, dass man dich wichtig genug findet, um dir hinterherzuspionieren.«

Er lachte laut. »Komisch, irgendwie redest du wie in Zeitlupe«, stellte er fest. »Ich versteh dich gar nicht.«

»Though I'm past one hundred thousand miles, I'm feeling very still.«

»Ja, so fühl ich mich.« Er lehnte den Kopf zurück. »Exakt so. Rasend langsam.«

Immer noch waren nur unsere Köpfe im Filmausschnitt zu sehen. »Rasend langsam, alles ist rasend langsam.«

Mein Kopf lag auf seiner Schulter, erst jetzt oder schon seit hundert Jahren, aber wir redeten nur. Wenn es nur immer so sein könnte: Ich wollte das Vorher, nicht das Mittendrin.

Wir redeten Blödsinn, er fragte mich wieder nach meiner dubiosen Schriftstellerkarriere, erzählte mir, dass er sich eines meiner Bücher kaufen wollte, wir wiederholten alles dutzendmal. Er erkundigte sich wirr, welchen Titel ich ihm besonders empfehlen könnte. Ich weiß nicht mehr, welchen, brachte alles durcheinander. In meiner Abgespacetheit glaubte ich wirklich, es wäre alles wahr und ich wäre Schriftstellerin. Sein Arm war immer noch um mich gelegt, meine Haut ganz wund.

»Wo ist Tama?«, murmelte ich irgendwann, ohne nachzudenken.

Ein Ruck ging durch ihn hindurch. »Tama? Warum? Keine Ahnung. Warum fragst du nach ihr?«

»Silvie, sorry, ich meinte Silvie.«

»Aber du hast Tama gesagt.«

»Tama, Silvie, ist doch alles das Gleiche.«

Jetzt lachte er. »Oh nein, das ist absolut nicht das Gleiche.«

»Ist sie nicht deine Freundin?«, fragte ich. »Silvie, meine ich.«

Er lachte in meine Haare. »Nö, ich glaub nicht, aber vielleicht musst du da sie fragen.«

»Silvie ist eifersüchtig, wenn ich hier so mit dir liege, da bin ich sicher.«

»Wir liegen doch gar nicht.«

»Was machen wir denn?«

»Wir lehnen.«

»Dann ist sie halt eifersüchtig, wenn ich so mit dir lehne.«

»Soll sie mich doch wegholen. Ich fühl mich grad so schön rasend langsam hier mit dir.«

»Du fühlst dich rasend langsam mit mir?«

»Ja, ganz rasend langsam. Es ist richtig gefährlich, so langsam.«

»Du bist gefährlich.«

»Das freut mich. Wann gehst du denn jetzt endlich auf deine Theaterparty?«

»Was hast du immer mit meiner Theaterparty, du bist ja besessen von der Theaterparty!«

»Ja, weil du mir weglaufen willst.«

»Ich lauf dir doch gar nicht weg. Ich lehne gerade rasend langsam mit dir.«

»Vielleicht sollten wir uns mal küssen.«

»Du und ich?«

»Ja, wo wir gerade sowieso so rasend langsam lehnen.« Dann: »Nur, um sicherzugehen.«

»Sicherzugehen?«

»Dass wir nicht verknallt sind, oder so.«

Ich brachte keinen Ton heraus.

Ich glaube, ich sah ihn so … so schmerzhaft an, dass er leise zu lachen begann. »Was ist los?«

»Ich knutsch doch jetzt nicht hier vor allen anderen mit dir rum.«

Er berührte mein Haar. »Wir können auch rausgehen.« Er war mir so nah. »Dann sieht uns niemand.«

Shit, er machte keine Scherze.

Wie konnte er so ruhig sein, während er mir vorschlug, ihn verflucht noch mal irgendwo in einer dunklen Ecke zu küssen? Und ich wusste, wie er sich anfühlen würde: warm, wild, arrogant, köstlich. Ich wollte es.

Aber irgendetwas Intuitives tief in mir wusste, dass ich es nicht aushalten würde.

Schnippisch antwortete ich: »Wie, rausgehen? Das Treppenhaus ist besetzt.«

Er zog mich ganz leicht an den Haaren. »Jan hast du auch einfach so in der Küche geküsst.«

»Aber das war nicht echt.« Es rutschte mir heraus.

»Und mit mir wäre es echt?« Seine Stimme war immer noch ganz leise. »Ich würd' so gern, Kai, komm, wär das nicht schön?«

Da hielt ich die bedrückende Intimität nicht mehr aus. Es war alles so nah, so eng, so da. Ich wollte nur noch raus und wandte mich brüsk von ihm ab. »Nein, ich mag das nicht.«

Er bewegte sich. »Du magst Küssen nicht.«

»Nein, mag ich nicht.«

Eine Weile war er still. »Gilt das nur für mich oder stehst du wirklich so hoch über der menschlichen Spezies?«

»Ich stehe wirklich so hoch über der menschlichen Spezies.«

Dann sagte eine ganze Zeit lang niemand etwas. Ich sah weg, drehte meine Haare ein, spürte ihn so dicht neben mir, seine Wärme, die mich störte und anzog gleichzeitig.

Aber dann lachte Milo plötzlich laut, als versuchte er die von mir zurückgewiesene Vertrautheit unwichtig zu machen. Es war ihm peinlich, dass er sich so hatte gehen lassen, ich fühlte es. Mir auch.

Er setzte sich auf und fing an, eine Kette von unzusammenhängendem Zeug von sich zu geben: »Du bist ja lustig, wie kann man Küssen nicht mögen? So komisch. Angst, dass der Typ Mundgeruch hat? Wie auch immer, wäre halt witzig gewesen, aber platonisch ist auch in Ordnung für mich. Vor allem, da du Küssen nicht magst. Das würde für mich ja gar nicht gehen. Also Freunde.« Es war, als wäre er zwei Minuten lang ernst und stocknüchtern gewesen und hätte sich erst jetzt wieder daran erinnert, dass er doch betrunken war.

Aber mir war es recht. »Ja, Freunde. Genau.«

Seine Stimme rückte ab. »Vielleicht sollte ich doch wieder an Tama denken, Major Tom. Manchmal tu ich's, weißt du? Sie geht mir manchmal im Kopf herum.«

»Ach?« Meine Stimme war ganz gelassen. Aber mein Herz hämmerte, meine Gedanken verhedderten sich. Die Riesenretourkutsche wegen der Abfuhr gerade? Ich dachte an den Text, den ich vor ein paar Stunden von ihr bekommen hatte, dem ich noch eine Antwort schuldete.

»Wusste ich's doch, dass du dich nicht für japanische Gedichte interessierst.«

Er lachte. »Nein, nicht wirklich.«

»Du wolltest sie einfach sehen?«

»Keine Ahnung, was ich wollte. Wahrscheinlich wollte ich sie sehen, ja, einfach so.«

»Oder sie ansprechen?«

»Ansprechen heißt das doch nur, wenn man noch nie hat, oder?«

»Was weiß ich, wie das wann heißt.«

»Angesprochen hab ich sie damals auf der Konferenz.«

»Sag mal, was ist eigentlich diese genetische Linguistik?«

»Genetische Linguistik?«

»Ja.«

»Keine Ahnung. Wo hast du diesen Ausdruck aufgeschnappt?«

»Weiß nicht mehr.«

»Noch nie gehört. Sprachen können natürlich verwandt sein, und hierzu machen wir mit der Linguistik zusammen auch Modellierungen. Aber sonst …«

Lügner! Aber natürlich konnte ich nichts sagen. Woher hatte ich diesen Begriff nur? Ich konnte mich nicht erinnern. Irgendein Aushang an der Uni?

Aber ich machte einen Rückzieher: »Warum hast du Tama nicht auf deine Party eingeladen, wenn du noch an sie denkst?« Ich konnte meine Worte als Sprechblase zwischen uns sehen, sie hing dort, schwer und süß.

Er lachte. »Sie würde niemals kommen.«

»Bist du dir sicher?«

»Sie würde nicht kommen, es ist komplett vorbei mit uns. Und ich würde mich nicht freuen, wenn sie plötzlich hier auftauchte.«

»Ach nein?«, fragte ich boshaft. »Aber du hast mir eben gebeichtet, dass du noch an sie denkst.«

»Genau deshalb soll sie bleiben, wo der Pfeffer wächst. Und warum denke ich jetzt an sie. Jetzt, wo ich doch hier mit dir liege!«

»Lehne.«

»Lehne.«

»Jetzt, wo du mich schon fast küssen wolltest, denkst du an Tama.«

»Vielleicht erinnerst du mich an sie.«

»Na, vielen Dank.«

»Außerdem wollte ich dich ja gar nicht wirklich küssen.«

»Dann hab ich wohl eben mit deinem bösen Zwilling gesprochen?«

»Ja, der mischt sich öfter ein.«

»Hast du Liebeskummer?«

»Nein, nur irgendwie das blöde Gefühl, ich hätte sie nicht umsonst getroffen.«

»Ich treffe immer alle umsonst.«

»Mich nicht.«

»Nur, wenn du mich auch nicht umsonst getroffen hast.«

»Kann man zwei Frauen auf einmal nicht umsonst treffen?«

»Woher soll ich das wissen?«

»Bist du eifersüchtig?«

»Ich lebe davon. Erzähl mir, wie du Tama zum ersten Mal geküsst hast.«

»Warum sollte ich?«

»War es Liebe auf den ersten Blick?«

Er rückte fast unmerklich von mir ab, berührte mich und war doch nicht ganz bei mir.

»Keine Ahnung.«

»Hört sich magisch an«, spottete ich.

»Ich kann's nicht erklären. Und ich war einerseits rasend eifersüchtig auf alles, liebte aber gleichzeitig ihre *verdammte* Unabhängigkeit und dass sie mich überhaupt nicht so gebraucht hat wie ich sie.«

»Warum hat sie dich nicht gebraucht?«

»Was weiß ich? Weil sie zu cool war.«

»Und jetzt findest du keine andere Frau, die genauso cool ist und dich genauso wenig braucht.«

»So ist es.«

»Deine Eifersucht hat dich so in Ekstase versetzt, dass dir jetzt keine andere mehr gefällt?«

»Mir gefällt ja eine andere.«

»Ach was.«

»Du gefällst mir, Kai.«

»Ach komm, du hast doch vorhin nur Spaß gemacht.« Ich gab ihm den Ausweg. »Erzähl mir von eurem ersten Kuss.«

»Warum? Erzähl du mir doch von deinem ersten Kuss!«

»Ich war sieben, und er war der schönste Junge in der ganzen Grundschule. Also, los jetzt. Ich hör so gern Geschichten.«

»Bist du wirklich so kalt, Major Tom?«

»Im tiefen Weltraum ist das so.« Ein Scherz. Natürlich.

»Vielleicht könnte ich es schaffen, dich aufzuwärmen?«

»Ich brauche niemanden, ich kann mich selbst wärmen, wenn ich will.«

»Ja, sicher. Aber es ist doch schöner, wenn es jemand anders für dich tut.«

»Du jedenfalls nicht für mich.«

»Wenn ich nicht so dicht wäre, wär mir jetzt diese Abfuhr schrecklich peinlich.«

»Das war keine Abfuhr.«

»Wie nennst du das dann?«

»Ich mag nicht nur dich nicht so, ich mag niemanden so.«

»Das ist traurig für dich.«

»Nein, das ist gar nicht traurig.«

»Und bei mir ist es umgekehrt, ich mag immer alle Frauen.«

»Dann kann ich ja froh sein, dass ich Nein gesagt hab.«

»Du weißt schon, wie ich's meine. Und einfach so zum Spaß kann auch Spaß machen.«

»Dir vielleicht.«

»Dir auch.«

»Das wirst du nie erfahren.«

»Und du auch nicht.«

»Erzähl mir von Tama.«

»Komm mit, ich zeig sie dir.«

Irgendwie sind wir ins Schlafzimmer gekrochen. Und dort im Bett, ganz allein schlafend, lag Silvie. Sonst war niemand mehr da, bemerkte ich urplötzlich, die Wohnung war leer. Eigentlich war ich keines klaren Gedankens mehr fähig, aber ich spürte doch, dass die Situation bemerkenswert war: eine schlafende Vielleichtfreundin, die das Bett bewachte, und Milo kramte Fotos seiner sensationellen Ex-Freundin für mich hervor. Wir lagen auf dem Boden.

»Das ist sie.« Dann sah er mich an. »Aber du kennst sie ja schon.«

Ich starrte auf die Bilder. »Also, du hast sie auf einer Konferenz kennengelernt?«

»Mhm.«

»Und da habt ihr euch gleich verknallt?«

»Keine Ahnung, der Übergang war fließend.«

»Aber du fandest sie sofort toll?«

»Ja … unglaublich, hab nie wieder sowas erlebt.«

»Wie ist es passiert?«

»Was?«
»Wie hast du sie geküsst? Ich will's mir vorstellen.«
»Ist das dein Ding?«
»Kein Ding, nur einfach so.«

Der letzte Abend. Gina, Laila, ein paar andere Doktoranden, Studenten in der Hotelbar. Lachen, Lärm, Spaß, Flirten, Alkohol, Tama im Kopf, ihre seltsamen Augen.

Sie schneite herein in einem Wirbelsturm an Menschen, bestimmt zehn, fünfzehn Leute, alles Professoren, Dozenten, Wichtigtuer, die sich an diversen Tischen verstreuten. Und ihre Augen fanden ihn sofort, über all die Menschen hinweg. Ihr Blick prallte mit voller Wucht gegen den seinen, ihm blieb die Luft weg. Gina lachte neben ihm und rempelte ihn an, er wandte sich vom Subjekt seiner Begierde ab und lachte hirnlos mit.

Tama saß an der Ecke eines Tisches schräg gegenüber und amüsierte sich mit zwei Kerlen, ugh, er konnte nicht hinsehen, er konnte nicht hinsehen. Kannte sie doch überhaupt nicht, und trotzdem fühlte er, wie er die Fäuste unter dem Tisch ballte, wollte den Typen eine reinhauen, die um sie herumschwirrten.

Aber immer wieder kam Tama mit ihren Blicken zu ihm, und er konnte nicht fassen, was hier abging. Nicht, dass er bei Frauen oft Pech hatte, aber dass gerade sie, genau gerade sie, sie, sie, sie, die wildeste und schönste Frau der Welt, ihn ansah, als wären sie mutterseelenallein in der Bar, vernebelte ihm komplett das Hirn. Es war, als hätte er die verdammte Liebe seines Lebens getroffen, auch wenn er gar nicht wusste, wie sich so etwas anfühlen sollte.

Er konzentrierte sich auf nichts, die Worte seiner Tischnachbarn glitten an ihm ab. Er nickte, grinste, gab Kommentare ab, aber er fühlte nichts, nur diese Frau aller Frauen in seinem Rücken brennen. Er konnte sich kaum beherrschen, musste sich körperlich zwingen, nicht ständig zu ihr hinzusehen. Als sie nach etwa einer Stunde plötzlich allein vorn an der Bar stand, war er innerhalb eines einzigen Wimpernschlags neben ihr. Einfach so. Er wusste nicht, was er ihr sagen wollte. Um ihn herum schwirrten die Statisten.

Sie sah ihn kurz an, dann wieder weg, in die Ferne. Aber sie grinste in sich hinein. Er selbst grinste bis in die Haarwurzeln.

»Hey«, sagte er einfach.

»Hey.«

»Auch hier?«

»Klar.«

»Jetzt reden wir doch noch mal miteinander, hm?«

»Sieht so aus.«

»Und in der Uni gehen wir uns dann wieder schön brav aus dem Weg.«

»Dazu würde wohl nicht viel gehören, bisher haben wir uns ja auch nur selten getroffen.«

»Vielleicht sollte ich doch mal in eine Linguistik-Vorlesung gehen.«

»Aber nicht bei mir.«

»Warum nicht?«

»Weil man bei mir nur mit heftigsten Vorstrafen reinkommt.«

»Vorstrafen?«

»Du musst was davon verstehen.«

»Ah! Damit kann ich nicht dienen.«

»Mach erst mal deinen Doktor fertig, bevor du noch mal ein Zweitstudium anfängst.«

»Was trinkst du?«

»Bier.«

»Und wo sitzt du?«

Sie grinste. »Hier, bei dir, so, wie es aussieht.«

»Was werden deine Kollegen sagen, wenn du nicht mehr zurückkommst?«

»Die haben genug mit sich selbst zu tun.«

»Und deine beiden Bewunderer?«

»Ich bitte dich. Das sind brave Familienväter. Wir haben nur geredet.«

Er fühlte einen absoluten Thrill, dass sie sich ihm überhaupt erklärte. »Du bist auch verheiratet.«

»Dann bin ich wohl nicht so brav.«

»Wir machen doch gar nichts.«

»Nein, wir machen gar nichts.«

»Jetzt haben wir doch noch unseren Schulball, wie?«

»Deine Freundinnen schauen zu uns.«

»Lass sie doch.«

»Die sind doch von unserer Uni, oder?«

»Nein, warum? Ist das wichtig?«

»Ich frage mich nur, wer uns hier zusammen sieht.«

»Warum, hier hängt doch jeder mit jedem herum. Was hast du mit mir vor?«

»Gar nichts.«

»Du bist eine seltsame Frau.«

»Kennst mich doch gar nicht.«

»Aber irgendwie hab ich das Gefühl, dass ich dich schon 20 Jahre lang kenne.«

»Komisch, das Gefühl hatte ich bei dir auch.«

»Auf welcher Schule warst du noch mal?«

»Auf jeden Fall bestimmt gute zehn Klassen oder so höher als du.«

»Das kann nicht sein. Wie alt bist du?«

»Darf man das eine Frau, die ganz klar älter ist, einfach so fragen?«

»Wenn man die Frau so schön und interessant findet wie ich dich, schon.«

»Gut, dann rate doch mal.«

»Nein, das mach ich nicht.«

»Warum nicht?«

»Wenn ich Mitte 30 sage, bist du beleidigt, auch wenn es stimmt. Wenn ich Mitte 20 sage, denkst du, ich schwindle, um dir Komplimente zu machen.«

»Dann sag doch Ende 20.«

»Ende 20.«

»Idiot. Ich bin 35. Und du?«

»Ich fürchte, du hättest mich armen Sechstklässler nicht beachtet, während du mit den coolen Jungs aus der Abiklasse rumhingst.«

»26, wow, das ist sehr jung.«

»Aber nicht zu jung?«

»Zu jung für was? Ich will ja nicht mit dir knutschen.«

»Haha.«

»Wer sind die Mädels da drüben an eurem Tisch?«

»Warum interessiert dich das, wenn du nicht mal mit mir knutschen willst?«

»Rein akademisches Interesse.«

»Ich hab jedenfalls nichts mit denen.«

»Und warum nicht?«

»Warum sollte ich?«

»Na ja, du bist jung und schön, und die sind auch jung und schön.«

»Gutes Argument. Aber nein, bisher hat sich nichts ergeben.«

»Du armes Würstchen.«

»Ach, du, ich fühl mich grad gar nicht so arm.«

»Was machst du eigentlich so?«

»Wie, was meinst du? Im Leben?«

»An der Uni. Schreibst du an deiner Diss?«

»Ja, aber ich bin noch nicht besonders weit.«

»Thema?«

»Frag doch meinen lieben Doktorvater.«

»Das werde ich auch.«

»Ich nehme es als Kompliment, wenn du dich über mich erkundigst.«

»Oh, das hab ich eh schon.«

»Ach?«

»Ja.«

»Warum?«

»Ich lass mir doch nicht einfach von einem Wildfremden Sachen auf den Arm kritzeln.«

»Und ich verschwende meine wertvolle Tinte nicht an jeden.«

»Ach, und bei mir hast du sofort gewusst, dass deine Tinte gut aufgehoben ist.«

»Ja, natürlich. Soll ich dir noch mehr schreiben?«

»Bitte, meinen ganzen Arm voll, das wäre lustig.«

»Und sonst ist ja auch noch mehr Platz …«

»Genau, mitten hier an der Bar schreibst du mir was auf den …«

»Ja?«

»… Rücken.«

»Zum Beispiel.«

»Gekitzelt hat's jedenfalls.«

»Mein Kugelschreiber?«

»Nein, du.«

»Ich kitzle gut.«

»Das werden wir vielleicht noch sehen.«

»Ich hab noch nie jemanden getroffen wie dich.«

»Was willst du über mich wissen?«

»Hm, alles.«

»Das ist etwas zu viel.«

»Dann will ich wissen, wie du riechst.«

»Ähm … gut, und du?«

»Nicht schlecht. Im Moment sicher nach Bier. Darf ich mal?«

»Was?«

»An dir riechen.«

Sie lachte. »Du bist verrückt, das hat mich noch niemand gefragt.«

»Das freut mich.« Er lehnte sich zu ihr und schob seine Nase an ihren Hals.

»Und?«

»Bin noch nicht fertig.«

»Du hast sie doch nicht alle.«

Aber er kam noch näher, berührte sie federleicht an der schmalen Schulter. Sah sie an, vergrub sein Gesicht in ihren Haaren, alle konnten ihn sehen, aber es war ihm egal, und ihr offenbar auch, das war das Aufregendste überhaupt. Sie saßen an der Bar, sichtbar für alle Teilnehmer der Konferenz. Alle wussten, dass sie verheiratet war, alle wussten, wer sie war und wer er nicht war, und trotzdem unternahm sie keinen Versuch, sich dieser Intimität zu entziehen. Er konnte keinen Fingerbreit mehr zwischen ihr und sich ertragen. Ohne es zu wollen, hörte er sich ihren Namen murmeln wie ein verliebter Idiot: »Tama, Tama …«

Sie flüsterte zurück: »Was, Milo?«

»Das ist Wahnsinn.«

»Ja.«

»Du bist Wahnsinn.«

»Noch nicht.«

»Sag das nicht.«

»Was soll ich denn sagen?«

»Keine Ahnung. Magst du mich?«

»Wie soll ich dich mögen, wo ich dich doch gar nicht kenne?«

»Ich mag dich, und ich kenn dich auch nicht.«

»Dann mag ich dich auch.«

»Verlass mich nicht.«

»Nein, tu ich nicht.«

»Bin ich dramatisch?«

»Nein, aber man sieht, dass du einige Klassen unter mir bist, netter kleiner Junge.«

»Dir werde ich schon zeigen, was für ein netter kleiner Junge ich bin.«

Sie antwortete nicht mehr, sondern kramte aus ihrer Handtasche einen Stift hervor, nahm seinen Arm und schrieb langsam: »Wenn du nicht aufpasst, nehm ich dich mit auf mein Zimmer.«

Er ritzte auf ihre Haut: »Wenn du nicht aufpasst, geh ich mit.«

»Ich passe nicht auf.«

»Ich auch nicht.«

»239. Ich lass meine Tür offen.«

Damit wandte sie sich einfach ab und ließ ihn ohne ein weiteres Wort stehen. Sah sich nicht nach ihm um. Er zitterte. Er ging zum Tisch seiner Freunde zurück und spürte, wie ihm die Knie bebten. Er konnte nicht denken. Wie der fassungslose Prinz dem Aschenputtel stierte er ihr hinterher. Setzte sich zwei Minuten lang hin und stand dann wieder auf. »Sorry, Leute, ich bin müde, ich hau mich hin.«

Und ihre Tür stand offen. Sie war im Bad. Kam aus dem Bad. Im Bademantel. Er riss ihn ihr nicht herunter. Fühlte eine verwirrende Schüchternheit ihr gegenüber.

»Milo, da bist du ja«, sagte sie zivilisiert.

Sie kamen sich nicht zu nahe, sahen sich nicht mal richtig an. Er wollte ihr sagen, dass er nicht so einer war. Aber er war ja offenbar doch so einer, und sie auch, und das war herrlich. Drei Minuten schlichen sie umeinander herum, ihre Schritte verlegen, belustigt, beschwipst. Dann zog er die wilde warme Elfe in seine vollgekritzelten Arme, und die Kugelschreiberfarbe verschmierte das ganze wunderbare dunkelblaue Universum.

Mein Kopf lag auf dem Boden. Er erzählte. Irgendwie so. Ich drängte ihn zu jedem Detail. Dann strich er mir über die Haare. Bis in meine Fingerspitzen fühlte ich, wie er mein Haar anfasste.

Unsere Arme waren nicht vollgekritzelt. Seine sahen schön aus, stark und warm. Seine Hände hatten gerade vor zwei Sekunden noch Tama berührt, die Farbe auf ihrer feuchten Haut verschmiert, jetzt lagen sie auf mir. Ich weiß nicht, warum mir übel und köstlich zugleich wurde. Ich konnte mich nicht bewegen. Ein schönes, wildes Gefühl. Von den Zehenspitzen bis in meinen federleichten Kopf.

»Wann war das alles?« Geflüstert.

»Vor eineinhalb Jahren.« Zurückgeflüstert.

»Und danach habt ihr euch dann bald wiedergesehen?«

»Zuerst nicht, dann doch.«

»Wie das halt so ist.«

»Aber das ist alles lange her.«

»Erzähl mir mehr.«

»Mehr?«

»Ach, bitte, ich brauch mehr.«

»Warum?«

»Weil es schön ist.«

»Was bist du nur für eine Frau?«

»Es schmeckt so gut.«

»Die Eifersucht?«

»Vielleicht. Und dass ich niemanden haben muss.«

»Warum willst du niemanden haben?«

»Ich weiß nicht, Milo.«

»Probier's doch mal, es ist schön, jemanden zu haben.«

»Nein, erzähl mehr von Tama.«

»Vergiss es, Major Tom.« Er rollte sich zur Seite. »Komische Kuh, du«, grummelte er. »Ich erzähl Frauen nichts über andere Frauen.«

»Bei mir ist es aber anders«, murmelte ich schläfrig. »Und du hast es ja schon getan.«

»Ich weiß, Baby.«

Dann lagen wir einfach so auf dem Boden. Ohne etwas zu tun, ohne etwas zu sagen. Wir fassten uns nicht an. Aber die Erde bebte zwischen uns.

Nach einer halben Ewigkeit flüsterte er: »Sag mir doch, wie du heißt.«

»Warum willst du das wissen?«

»Weil ich dich so gern hab.«

»Charlotte.« Ich sah ihn nicht an, weiß nicht, warum es schwer gewesen war, ihm das zu sagen.

»Charlotte?«

»Ja.«

»Schöner Name.«

»Ja.«

»Da denk ich irgendwie an dieses alte Lied von *The Cure.*«

Ich spürte mich müde grinsen. »*Charlotte sometimes?*«

»Genau.«

»Warum?«

»Weiß nicht, der Song ist so melancholisch und dunkel, wie du.«

»Melancholisch und dunkel, na wunderbar.« Da war ein dumpfes Gefühl in mir, eine Mischung aus wildem Glück, weil er mich spontan mit Liedern in Verbindung brachte, und diffusem Ärger darüber, dass er es nun schon zum zweiten Mal in dieser Nacht tat. Als ob es keine große Sache wäre. Aber es war schön, dass er nun meinen wirklichen Namen kannte, denn eigentlich hatte es mich schon als Kind geärgert, dass ich für alle immer nur Kai war, nur weil ich mich selbst so genannt hatte, als ich noch nicht richtig sprechen konnte. Ich mochte den Namen Charlotte.

Milo sagte nichts mehr dazu. Er verstand irgendwie, dass da eine unglaubliche süße Schwere auf mir lag.

Er strich mir sanft über die Wange und sagte: »Komm, wir legen uns zu Silvie. Wir haben alle drei Platz. Charlotte.«

Ich merkte, wie er mich aufrichtete und hochhob, ohne zu fragen. Das tat gut, es tat so gut. Meine heiße Wange presste sich an seine Schulter, er war so stark, trug mich mühelos wie eine Puppe, und wir verstanden uns, er wusste, wer ich war, und einmal nur, dieses eine Mal ließ Kai sich los und schmolz sekundenlang in seinen Körper hinein. Es war gut, dass sie fast schlief, so musste sie sich am nächsten Tag nicht erinnern. Noch im Halbtraum stellte sie sich vor, wie er Besitz von ihr ergreifen würde, ja, das würde er bestimmt, ganz bestimmt … nein, das würde er nicht, wollte er nicht, wollte sie nicht.

Und dann war er plötzlich weg. Vielleicht hatte er sie heimlich geküsst, wer konnte das schon sagen, bevor er sich von ihr löste. Wahrscheinlich aber nicht, schließlich war er ja kein Märchenprinz oder sowas. Charlotte würde er mich nie wieder nennen.

Am nächsten Mittag, als ich aufwachte, schliefen Milo und Silvie Arm in Arm. Zuerst sah ich sie nicht. Ich lag auf dem Boden neben dem Bett. Es war eiskalt, jede Bewegung schmerzte. Ich öffnete die Augen, und da tanzte staubiges Licht über mir. Warum Licht, woher das Licht?

Einen Augenblick lang lag ich einfach nur da, mein steinerner Körper mit dem Untergrund verwachsen. Der Boden vibrierte noch von irgendeiner fernen Musik, die nachts hier durch die Wände gepumpt worden war. Da war es dunkel gewesen, und jetzt fand ich mich hier skandalös exponiert in der Wintersonne, mitten in einem Lichtkegel. Langsam streckte ich die Hand in die Luft und rührte mit dem Zeigefinger in dem Leuchten. Lange spielte ich mit den schwebenden Staubkörnchen, und meine Augen, die standen unter einem Zauber, irgendeinem Zauber mit Farben und Mustern.

Aber dann bemerkte ich dieses Knäuel da über mir im Bett liegen, Hände, Haut, Beine, Haare, rote Lippen, oder blaue. WTF?! Langsam richtete ich mich auf und kroch auf allen Vieren aus meinem Lichtkegel an sie heran.

Lange kniete ich taumelnd vor den Schläfern und betrachtete sie. Legte die Hände in der Luft über sie, fast auf sie, und meine Handflächen kribbelten. Weil sie da so vor mir lagen, als hätte ich sie selbst hingelegt. Und habe ich das nicht auch?

Aus der Tiefe stieg mir ein ätzendes Gefühl in den Hals, ich schüttelte es ab, doch der Schwindel hinter meinen Augen blieb. Oh, wie verdammt allein man sich fühlen kann mit zwei anderen Leuten im Zimmer. Die Luft war eisig und das Alleinsein geradezu greifbar. Es kroch über meine Haut wie eine Raupe, träge und fett.

Lange ließ ich das Tier kriechen. Dann beugte ich mich über die beiden von Morpheus schwer betäubten Kreaturen und fotografierte sie mit dem Telefon, das ich aus meiner Handtasche gekramt hatte. Das Handy, das ich, soweit es Milo betraf, nicht einmal besaß. Einmal, zweimal knipste ich das Stillleben: seine Nase dicht an ihrem Haar, den rechten Arm über ihrer Schulter. Die frühen Morgenstunden, die Milo und ich in einem seltsam sinnlichen Rausch verbracht hatten, erschienen wie eine lächerliche Halluzination. Mit brutaler Sachlichkeit schlug das Tageslicht auf den Schauplatz ein, der in der Nacht noch in märchenhaftem Sausen und Sehnen gefunkelt hatte. Musikrauschen, Gläserklirren, Lachen, Flüstern, Händestreifen, Geheimnisseverraten.

Und was war wohl in der kurzen Zeit vorgefallen, während ich geschlafen hatte? Schmerzte es mich, dass Silvie es war, die dort bei ihm lag und nicht ich? Es sollte, oder? Es sollte schmerzen, nicht wahr? Ja, es schmerzte. Ich fühlte es, ganz gewiss, es schmerzte. Die Raupe kroch über mich, und es schmerzte. Oder vielleicht waren es meine Fingernägel, nicht die Raupe. Ich hatte den Impuls, den leblosen Requisiten, die da im Bett lagen, etwas anzutun – etwa Silvie die herrlichen Haare abzurasieren oder Milo etwas ins Gesicht zu ritzen. Einen seiner Anmachsprüche, mit denen er Tama rumgekriegt hatte. Sein

Ausdruck war glatt, die hübsche schmerzvolle Stirnfalte nicht zu sehen. Das gefiel mir.

Aber dann ging ich stattdessen einfach noch an die Schublade, um zwei Bilder von Tama zu klauen, bevor ich mich auf den Heimweg machte. Wie es wohl wäre, Tama hier zu sehen, nicht Silvie? Ich strich mit den Fingerspitzen über die Kondompackung, aber sie sah unberührt aus. Eine Sekunde lang hatte ich auch Milos Zweitschlüssel in der Hand – oder jedenfalls vermutete ich, dass der zu seiner Wohnungstür passte. Vielleicht war es auch der Schlüssel zu Tamas Bleibe? Im letzten Moment wagte ich es doch nicht, ihn zu nehmen. Aber ein paar Umschläge nahm ich aus dem Stapel. Ehrlich: Dass ich es geschafft hatte, die Fotos und Briefe mitgehen zu lassen, das war das Beste an der ganzen Nacht. Und natürlich, dass Tama von selbst eine Textnachricht geschrieben und sich damit eine Blöße gegeben hatte. Ha!

Meine Beute brannte mir in der Hand, ich konnte sie nicht in meine Handtasche stecken, wollte sie selbst festhalten. Im Bus las ich den ersten Brief, der ganz oben lag und auf einem anderen Papier geschrieben war als die anderen, mit flatternden Händen. Mir war übel vor Aufregung. Das Papier war zerknittert, als wäre es mehrmals zerknüllt und wieder entfaltet worden. So seltsam: Offenbar hatte er den Brief selbst geschrieben. Es gab keine Anrede, aber es war ganz klar, wer als Adressat gemeint war. Aber: Normalerweise schickte man sowas doch entweder ab – oder man warf es weg, wenn man es sich anders überlegt hatte.

Im Büro hatten die anderen das Radio an, und es kam Bette Davis Eyes. Klar! Das spielen sie normalerweise nie. Hast du wohl für mich bestellt? Ich wäre mit dir blöden Kuh überallhin durchgebrannt, ich wollte ja schon fast Kinder mit dir!!! Es war mir so ernst, und du wusstest das ganz genau. Wie konntest du mich glauben lassen, mit deinem Mann sei alles vorbei, wenn es nie gestimmt hat? Denkst du, mich verletzt gar nichts? Wir waren ein Jahr zusammen, du musst doch gemerkt haben, dass es für mich kein Spaß mehr war. Hab ich die Sache so idiotisch missverstanden? Und dann doch noch mal mit mir ins Bett steigen, weil dir klar war, dass ich niemals Nein sagen würde. Extrem niveauvoll. Fuck you, ich hoffe, ich seh dich nie wieder.

Scheißpeinlicher Brief! Alles, was mir in den Sinn kam, war, wie sie von ihrer ersten Nacht im Hotelzimmer, von der sie wahrscheinlich nicht gedacht hatten, dass sie sie wiederholen würden, zu diesem Brief gelangt waren. Wie viele Berührungen, Blicke, Worte, Küsse, Streitereien zwischen den beiden Ereignissen lagen. Diese Nachricht hier war das Ende einer langen Kette von Geschichten. Die Zwischenelemente fehlten mir, und ich brauchte sie. Ich wollte sie. Ich konnte nicht einfach so nur den Anfang und das Ende wissen. So ein seltsamer, fast gekünstelter Brief. Fast als hätte er ihn eher an sein eigenes Ego geschrieben. Und warum zum Teufel bewahrte er mehrere nicht abgeschickte Briefe an Tama auf? Wozu sollte das gut sein? Entweder man schickte sie ab, oder man warf sie weg.

Vielleicht stellte er sich vor, wie es wäre, wenn sie so etwas von ihm lesen würde. Vielleicht verfasste er sie deshalb so dramatisch, nur für sich selbst? Freak! Und überhaupt, der Inhalt stimmte gar nicht: Er hatte sie ja doch wiedergesehen und wollte sie auch jetzt wiedersehen. Und nun stellte sich heraus: Sie hatten auch noch ein Lied zusammen. Irgendein komisches altes Lied, das niemand mehr hört. Natürlich.

Ich fühlte mich betrogen, weil er so freigiebig mit Lieblingsliedern um sich warf. Aber Tama hatte nur ein Lied. Für mich hingegen fiel ihm willkürlich immer wieder etwas Neues ein, da ich ja nicht so wichtig war. Er dachte noch an sie, das hatte er mir selbst gesagt. Betrunkene sprechen die Wahrheit. Oh, ich wollte, ich könnte ihn so unglücklich machen, dass er über mich so einen peinlichen Jammerbrief schrieb.

Und dennoch … wirkte die Geschichte wie ein Rausch auf mich. Den ganzen restlichen Tag lag ich wie betäubt im Bett. Hielt den Brief an mich gedrückt, las andere aus dem Päckchen, die ganz ähnlich waren, wehleidiges Gekritzel:

Du wusstest, dass ich es ernst meine. Mit keiner anderen Frau hab ich es so ernst gemeint, ich könnte heulen, heulen.

Nein, ich wollte ihn nicht heulen sehen, nicht einmal in Gedanken. Niemanden wollte ich heulen sehen. Wenn jemand weinte, konnte man doch in ihn hineinblicken, bis in die Seele hinein konnte man blicken. Das wollte ich nicht. Es machte so viel Arbeit.

Aber trotzdem wünschte ich, diese versalzenen Worte im Brief wären an mich gerichtet.

Ich sah mir die Fotos an, die ich von Milo gemacht hatte, als er schlief, und es war, als würde ich über meinem Körper schweben. Ich war der einzige Mensch, niemand kannte mich, niemand wusste von mir. Ich stellte mir vor, wie er diesen Brief geschrieben hatte, dieser schlafende Kerl da, der da auf dem Foto vor mir zu sehen war. Wusste nicht, warum ihn dieser Bette-Davis-Song so aufwühlte, der angeblich Tamas Song war, aber ich zog ihn mir natürlich sofort in Dauerschleife rein. Ich liebte Tama, wollte sie zurückhaben, sehnte mich nach ihr, wollte sie in meinen Armen spüren, ich schmeckte ihre Lippen, ihre Haut war weich und warm, ihre großen Augen versprachen mir alles, ihre Finger waren zart und kühl auf meinem Rücken, während sie sich an mich drückte und meinen Namen seufzte. Ich wollte nie wieder eine andere Frau anfassen, heulte morgens in der Dusche, sodass es hinterher niemand merken würde, fing tausend Briefe an sie an, die ich nachher zerknüllte. Ich riss willkürlich eine Frau auf, eine blonde Frau, das genaue Gegenteil von Tama, um sie zu vergessen, ich arbeitete, sehnte mich, sah Tama hin und wieder aus der Ferne, dann tat es wieder weh.

Später, als ich die blöde Bette Davis nicht mehr hören konnte, gab ich mir *Comfortably Numb* in höchster Lautstärke, immer wieder und wieder nur diesen einen Song, denn er passte so sehr zu diesem Film. Ich war taub, blind, schmerzunempfindlich, langsam, betäubt, fiebrig, herrlich eingesperrt in mir selbst.

Ich kritzelte Tamas Unterschrift hundert Mal auf ein

weißes Blatt Papier, kopierte ihre Schrift von dem Foto: Love, Tama, Love Tama, Love, Tama, Love, Tama, Love, Tama, Love, Tama. Eine Einheit. Er wollte Kinder mit ihr. Und sie nicht? Ah, sie nicht! Wie traurig. Ich konnte es fühlen: sie nicht. Vielleicht hatte sie sogar abgetrieben? Ja, vielleicht. Wer wusste es schon. Vielleicht hatte sie ihm das Ultimative angetan und sein Kind ermordet. Und er wusste von nichts. Er war naiv. Er liebte sie. Er war so scheußlich verliebt in sie. Niemand schrieb heutzutage Briefe ins Nichts, schon gar kein Mann. Er schon. Er sehnte sich so sehr nach ihr, ich konnte es mit jeder Faser fühlen.

Ich schrieb auch an sie, ich schrieb ihr und zerriss den Bogen wieder, dann lag ich im Bett und schloss die Augen und fühlte ihre Hände auf mir.

Schließlich rief ich Jan an, weil ich Drama wollte, weil ich mein eigenes Drama wollte, weil ich mit jemandem reden wollte, der wirklich Schmerzen hatte, wegen mir, nicht wegen Tama. Ich sagte ihm, es täte mir leid, dass ich gemein zu ihm gewesen war, sagte es einfach, weil ich seine Stimme hören wollte, seinen Vorwurf, seine Betäubung, seine Liebe. Aber er ließ sich nichts anmerken, der Idiot, machte nicht mit bei meinem Spiel, sondern er entschuldigte sich selbst, dass er mich missverstanden habe, dass wir doch bitte Freunde bleiben sollten, dass es okay sei, dass er nur betrunken gewesen sei. Lügner, Lügner, Lügner!

Am Mittwochabend ging ich zur Bühne hinunter, als der Ball mit den Statisten geprobt wurde. Unmittelbar vor dieser Szene standen natürlich einige heftige Wechsel an, bei der sowohl das gesamte Kostüm- als auch das gesamte Maskenteam in der Gasse bereitstehen musste. Die Statisten würden bereits lange vorher im Fließbandverfahren ausstaffiert werden, die mussten dann einfach eine ganze Weile lang hinter der Bühne in ihren Bärenfellen schwitzen oder ihre Hörnerhauben balancieren. Auch dem guten Jan klebte ich seinen Kellnermoustache schon lange vorher an, damit er dann zehn Sekunden lang einmal quer über die Bühne laufen und leere Gläser einsammeln konnte. Offenbar wurde gerade ernsthaft debattiert, ob er vielleicht spaßigerweise stolpern und sein Tablett in der Gegend herumwerfen sollte. Ich konnte nicht fassen, dass sie diesen Blödsinn wirklich überlegten. Warum nicht gleich *Dinner for One?!*

Sonst jedoch gab es keine Kontroversen: Milo wirbelte eine unbekannte Frau herum, die Szene quoll über vor Menschen und war doch seltsam geordnet. Der Zuschauerraum lag im Dunkeln, es roch nach Staub und Farbe, die erleuchtete Bühne war das Zentrum der Welt. Fast konnte man glauben, dass da wirklich eine rauschende Ballnacht vor sich ging. Dann entdeckte mich Milo. Die Frau, mit der er tanzte, war ich, war ich, war Tama, war Silvie. Wir sahen uns über die Menge hinweg an, ich im Dunkel, er im Licht. Die Hauptdarstellerin kam die Treppe hinunter, und der Regisseur beschäftigte sich eine ganze Weile lang mit ihr, sagte ihr, wie sie sich bewegen sollte, zuerst selbstbewusst und erwartungsvoll, dann entsetzt, wenn sie die Reaktion der Gäste bemerkte, die sie in den Kleidern der verstorbenen ersten Frau sahen. Eine schöne Verwirrgeschichte.

Milo kam zu mir herüber. Wir hatten uns nicht gesprochen seit der Party am Wochenende. Wenn er wüsste. Wenn er ahnte, wie ich die letzten Tage verbracht hatte.

»Kai.«

»Milo.«

»Du bist abgehauen.«

Ein Grinsen von mir, meine Stimme: »Ja, der flotte Dreier war mir zu heikel.«

Seltsamerweise lachte er nicht. »Du, da war nichts mit Silvie.«

Ich zuckte nur mit den Schultern, als könnte mir niemand etwas tun. »Das geht mich nichts an.«

Was war wohl beim Aufwachen gewesen? Er hatte sie doch bestimmt nicht einfach rausgeschmissen. Ich sah sie beim gemeinsamen Frühstück, ihr verkatertes Lächeln, Silvies Finger, die eine Kaffeetasse aus seinem Küchenschrank nahmen, ihre nackten Füße, die über die Kacheln in seinem Badezimmer tapsten.

Sekundenlang blickte Milo mich schweigend an, als suchte er etwas in meinem Gesichtsausdruck. Aber wahrscheinlich fand er es nicht, denn er nickte, lächelte. »Okay, dann ist ja alles in Ordnung.«

»Ja«, antwortete eine vollkommen fremde Spezies mit meiner Stimme.

Dann wurde er zurück auf die Bühne gerufen, und ich trat zurück in den Schatten. Wie konnte er denken, ich machte mir wegen Silvie Sorgen? Sie war ein Nichts. Aber Tama schmeckte ich auf meinen trockenen Lippen. Sie hatte ihm einen Text geschrieben.

Am nächsten Tag hatte ich frei. Schon morgens wartete ich vor Tamas Wohnhaus im Schneeregen, bis ich sie das Haus verlassen sah. Diesmal nicht in ihren blauen Stiefeln. Es war ein schiefergrauer Morgen, die Luft hing nass und schwer in den Bäumen und Häusern, die sich vollzusaugen schienen wie Schwämme. Ich folgte ihr bis zur Bushaltestelle ungefähr 300 Meter weiter am anderen Ende der Straße und wartete hinter einem Baum, bis sie in den Bus eingestiegen war, der sie zur Uni bringen würde. Dann marschierte ich zurück, wartete noch einmal zehn Minuten, bis ein weiterer Bewohner auf dem Weg zur Arbeit aus der Tür trat, und gelangte so ins Treppenhaus. Diesmal hatte ich kaum einen Blick für die schöne Eingangshalle, Nachdenken erlaubte ich mir gar nicht. Das Schloss konnte ich schnell mit einem Stück hartem, flachem Plastik aufstemmen, schlüpfte hinein und schlug die Tür hinter mir zu.

Einen Augenblick lang lauschte ich, aber alles war ruhig. Mein Herz klopfte wie wild. So schlimm einem das auch vorkommen mag, ich bin gar nicht so. Das hier war erst mein zweiter Einbruch. Ich lief Leuten gern hinterher, steckte ihnen Zettel zu, spielte ihnen was vor, lockte sie zu seltsamen Blind Dates, aber so weit war ich erst einmal vorher gegangen.

Und nun merkte ich, dass ich es öfter tun wollte, denn es war herrlich, in einer fremden Wohnung herumzulaufen. Wie am Tatort eines Verbrechens. Oder als hätte man es endlich gewagt, das gleißende Tor in eine andere Dimension zu durchschreiten.

Langsam setzte ich einen Fuß vor den anderen, bemühte mich, nicht den Boden knarzen zu lassen. Fast wollte ich barfuß gehen, ihren Boden an meinen nackten Sohlen fühlen, seine Geschichte in meine Haut aufsaugen. Einen Augenblick kniete ich mich hin und strich mit der Handfläche über die Dielen. Sie waren weich und wellig, als atmeten sie. Hier lief sie jeden Tag drüber. Du bist ich, ich bin du.

Die Wohnung schien nicht besonders groß, aber mit hohen Wänden. Gleich links vom Eingang blickte ich in eine kleine Küche, in der noch die Reste des Frühstücks herumstanden und schmutzige Teller sich im Spülbecken stapelten. Sollte sie sich als unordentlich herausstellen, diese beherrschte, perfekte Frau? Ich ging langsam einmal im Kreis. Den Rand der gebrauchten Kaffeetasse fuhr ich mit dem Zeigefinger nach, suchte eine Stelle, an der ihre Lippen gelegen haben könnten. Dann nahm ich den Kaffeelöffel in die Hand, auf dem ein paar Tropfen kalter Kaffee klebten. Ich steckte ihn mir in den Mund und schmeckte sie. Oder nicht. Vielleicht leckte sie ihren Kaffeelöffel gar nicht ab. Wahrscheinlich nicht. Warum sollte sie. Ich versuchte den Rand der Tasse. Bitter und süß. So schmeckte ihre Zunge in meinem Mund nach ihrem Morgenkaffee. Du bist ich, ich bin du.

Ihre Zunge in Milos Mund, meinte ich. Widerlich.

Durch eine große türlose Öffnung gelangte ich in ein helles Wohnzimmer. Auch das war klein, aber sehr interessant hergerichtet. Ein knallrotes Sofa, auf dem unordentlich eine blaue Wolldecke geknüllt lag, ein tiefer weißer Couchtisch mit Chipsbröseln. Es gab nur wenige Möbel und auch nicht viele Dekorationen. Hier und da mal ein abstraktes Bild an der Wand, aber keine Fotos. Kein Foto von Milo, danach hatten meine Augen zuerst gesucht. Aber auch sonst: niemand. Es wirkte seltsam kahl, aber nicht direkt ungemütlich. Trotzdem konnte ich nicht so recht glauben, dass sie nicht mehr Dinge besaß als diese hier. Nichts hatte sich angesammelt, im Bücherregal standen nur zwei Reihen, es gab keinen Kleinkram. Setz dich zu mir aufs Sofa, Milo.

Im Schlafzimmer blieb ich eine Weile an der Türschwelle stehen, bevor ich die Schränke und Schubladen durchsuchte. Ihr Geruch schlug mir entgegen wie ein Sturm. Ihr wirklicher Geruch. Diesmal war es keine Geschichte, kein Spiel. Und in diesem Bett da, in diesem Doppelbett, dort hatte sicher auch Milo gelegen. Natürlich. Tama war nicht wie ich. Sie ließ Freunde und Lover in ihre Wohnung. Ich würde das nie erlauben. Niemand durfte meine Sachen sehen. Aber sie hatte kein Problem damit. »Komm doch noch mit zu mir«, würde sie sagen. Mit ihrem selbstbewussten Lächeln, mit ihrem Körper, der Geheimnisse teilen wollte. »Trinken wir noch was bei mir oben.« Und: »Hier ist mein Schlafzimmer, ist nur klein, aber ich finde es ganz gemütlich.« Und wieder ein Lachen, diese Fröhlichkeit und Sorglosigkeit, die ihm so gefiel an ihr. Hatte er hier übernachtet und eine verheiratete Frau verführt? Oder sie ihn, egal.

Mit der Handfläche strich ich über die rote Bettdecke. Rot, natürlich. Sie hatte sie nicht geglättet, es sah aus, als wäre sie eben aufgestanden. Am Kopfkissen konnte man noch den Abdruck ihres Kopfes sehen. Ich beugte mich darüber, um sie zu riechen. Ihr Salz und ihre Süße strömten in mich hinein. Sie war da und nicht da. Überall gab es deutliche Zeichen von Leben, von unmittelbarem Leben, aber doch war es, als würde die Person gar nicht existieren.

Und plötzlich war mir klar, warum hier alles seltsam war: Es gab keine Spur von einem Ehemann. Nur ihre Kleider, nur ihre Sachen. Es war der Haushalt eines Singles. Gab es ihn gar nicht mehr? Lebten sie womöglich getrennt? Alles wirkte ein wenig, als wäre es noch nicht ganz fertig eingerichtet. Hier und da standen beschriftete Kartons an der Wand. War sie nur schrecklich langsam beim Auspacken, oder war sie wirklich erst vor Kurzem umgezogen?

In der Ecke des Schlafzimmers stand ein Schreibtisch. Ein einfaches Ding, das von IKEA sein konnte. Keine der Schubladen war abgeschlossen. Warum auch, Tama rechnete nicht mit Einbrechern. Dann hatte Milo vielleicht doch nicht hier gepennt. Wenn sie erst seit Kurzem hier wohnte? Sicher nicht. Wahrscheinlich war sie überhaupt erst hier eingezogen, als ihr Mann das mit der Affäre erfahren hatte.

Eine Weile kramte ich zwischen den Sachen, fast alles hatte mit der Arbeit zu tun. Aber dann hatte ich plötzlich einen kleinen dicken Lederband in der Hand – Jackpot, ihr Tagebuch. Am liebsten hätte ich es einfach mitgenommen, aber so beugte ich mich mit meinem Handy drüber und fotografierte die Seiten so sorgfältig ab, wie ich nur konnte. Es war noch nicht lange in Gebrauch, der erste Eintrag stammte von vor sechs Monaten, und sie schien es nicht oft zu benutzen. Laut Milo hatte sie vor fünf Monaten mit ihm Schluss gemacht. Ungefähr zehn Seiten waren beschrieben. Wahrscheinlich gab es irgendwo noch frühere Exemplare. Hier und da las ich ganz atemlos ein paar Zeilen.

Gestern hat er wieder eine Nachricht hinterlassen,

sprang mir ins Auge. Und:

Es ist ja nicht so, als ob ich keine Gefühle für ihn gehabt hätte, aber nach diesen ganzen Scheißsachen, da will ich einfach nicht mehr.

Was bitte für Scheißsachen?

Es ist so komisch, ihn manchmal in der Uni zu sehen, in der Mensa, umringt von seinen Kollegen und Freunden, lachend, als wäre nie was gewesen. Ich gehe nie zu ihm. Das hätte ich auch früher niemals getan, klar. Aber ich weiß, dass es ihm nicht gut geht. Viel schlechter als mir.

Dann ein paar Tage später, wild gekritzelt:

Gerade eben kann ich nicht aufhören, an ihn zu denken. Wahrscheinlich könnte ich ihn doch noch mal haben, wenn ich ihn jetzt anrufen würde. Aber dann wäre ich wohl das größte Arschloch aller Zeiten.

Als ich mich aufrichtete und mich im Spiegel sah, der gegenüber an der Wand hing, war mein Gesicht knallrot. Eine ganz und gar gewöhnliche Liebe, bei der ich nicht mitreden konnte.

Ich fotografierte weiter, blätterte durch die Seiten. Nach den Vorgängertagebüchern schaute ich nur ganz kurz, konnte sie aber nicht finden. Über mir knarzte ein Fußboden, ich sah zur Decke. Aus irgendeinem Grund stellte ich mir vor, über mir Fußspuren wie im Sand zu sehen. Jemand könnte jeden Moment durch die weiche Decke zu mir hinunterfallen. Fasziniert sah ich hinauf, dann nahm ich meine Jacke ab und legte mich ohne zu überlegen in ihr Bett. Jetzt, wo ich wusste, dass Milo nie hier gewesen war, gehörte es mir und ihr. Nur mir und ihr. Ich wollte sie fühlen. Niemand brauchte ihn, er existierte nicht. Er war die Fußspuren im Sand dort oben an der Decke, ein unsichtbarer, unbeteiligter Zuschauer.

Vorsichtig passte ich meinen Kopf dem Abdruck im Kissen an und zog die weiche Decke bis zu meinen Schultern. Der Geruch einer Frau, sie war ich, ich war sie, wir waren eins, meine Fingerspitzen berührten ihre Körperabsonderungen, ihre Schuppen, Haare, ihren Schweiß, ich suhlte mich darin, bestäubte meine Klamotten damit, sie war ich, und ich war sie, und wir waren eins.

Ich küsste sie, ihr Speichel in mir, meiner in ihr. Ihre DNA übernahm die meine, bemächtigte sich meiner Elemente, eine alchemische Vereinigung, ich wollte mich ausziehen, alles ausziehen und ihr meine Atome hinterlassen, oh, das war so wunderbar, so echt, so nah. Aber dann knarrte wieder etwas über mir, und der Zauber brach. Ich öffnete die Augen und rutschte von der Matratze auf den Fußboden, wo ich meine Jacke wieder anzog. Langsam, ganz langsam. Meine Knie waren weich. Was hatte ich da nur gedacht. Das wollte ich alles nicht wirklich. Ich wollte gar keine DNA, von niemandem, nicht mal meine eigene. Ich war ein Geist, ein kleiner Geist, ein Besucher.

Dann suchte ich weiter. Dafür war ich hier. Nicht leben, sondern erleben.

In einer Aktenhülle lagen ein paar offiziell aussehende Briefe. In einen sah ich kurz hinein. Von einem Rechtsanwalt, der ihren Mann vertrat. Scheidung? Bevor ich den Brief richtig auseinanderfalten konnte, hörte ich plötzlich ein Geräusch, das in der leeren Wohnung widerhallte: Ein Schlüssel drehte sich im Schloss. Meine Hände erstarrten in der Luft. Eine halbe Sekunde lang fühlte ich nur Verständnislosigkeit, dann Panik im Kopf. Ich warf den Brief zurück in die Aktenmappe, schloss sie und sprang dann, ohne zu überlegen, in den Kleiderschrank. In meinem Kopf dröhnte das Adrenalin: Der Schrank war kein gutes Versteck, wenn Tama wirklich zurückkam. Und wer sollte es sonst sein? Eine Putzfrau?

Im Schrank roch es nach Weichspüler und schöner Frau. Es war dunkel, obwohl ich einen winzigen Spalt offenhielt; ihre Kleider um mich herum boten einen seltsamen Schutzschild. Mein Herz schlug mir bis in die Fingerspitzen, ich atmete wie nach einem Hundertmetersprint.

Dann kam Tama. Es war wirklich sie selbst. Und sie kam direkt ins Zimmer. Sprach auf dem Handy. Mein Herz trommelte so laut, dass ich nur vereinzelte Worte verstehen konnte. Verdammt, verdammt, verdammt, was machte sie hier um diese Zeit? Die Klamotten um mich herum erstickten mich beinahe, ich saß halb auf einer Schachtel, mein linker Fuß war auf irgendeine scharfe Kante gedrückt. Ich wollte mein Gewicht verlagern, aber ich wagte nicht, mich auch nur einen Millimeter zu bewegen. Was, wenn sie sah, dass der Schrank einen Spalt offenstand? Was, wenn sie reinschaute oder – fast noch schlimmer – wenn sie zusperrte? Ich hörte sie am Telefon lachen. »Hör auf, das ist doch nicht lustig …« oder irgendetwas Ähnliches. Nein, das war es nicht. Und ich Idiot war nicht mal verkleidet. Wenn sie dem Schrank zu nahe kam, musste ich rausspringen, sie zur Seite schubsen und an ihr vorbei aus der Wohnung fliehen, so schnell ich nur konnte, solange sie noch unter Schock stand. Aber ohne Perücke würde sie mich jederzeit irgendwo wiedererkennen.

Da hörte ich sie sagen: »Okay, ich hab den Brief, mehr brauchst du nicht, oder? Dann hau ich gleich wieder ab, meine Vorlesung beginnt in 30 Minuten.« Dann war das Zimmer wieder ruhig.

Ich legte den schmerzenden Kopf in den Nacken, stöhnte lautlos, die Tür fiel ins Schloss. Ein paar Minuten lang wagte ich trotzdem noch nicht, mich zu rühren. Und hätte es auch gar nicht gekonnt. Ich war wie gelähmt vor Angst und vor Davonkommen.

Als ich schließlich auf allen Vieren zitternd aus dem Schrank herauskroch, merkte ich, dass ich absolut und komplett schweißgebadet war. Ich hatte gerade noch so viel Verstand, die Sachen wieder einigermaßen so einzuräumen, wie sie waren. Ich schluchzte laut, während ich räumte, ohne Tränen, einfach so, es brach aus mir heraus. Der Winterdreck an meinen Schuhen hatte Spuren hinterlassen, ich rubbelte am Teppich, meine Arme und mein Rücken verklebt vor Panik.

Dann sah ich auf der anderen Seite unten im Schrank die blauen Stiefel stehen. Die Stiefel. Mit den Fingern fuhr ich über das herrliche blaue Leder. Es fühlte sich weich und biegsam an, die Farbe schimmerte.

Im Bus dachte ich zum ersten Mal: Was, wenn sie die Polizei holt? Ich Amateureinbrecherin hatte natürlich überall Fingerabdrücke hinterlassen. Auch wenn ich mich in keinem Strafregister befand, konnte man sich sowas sicher nicht erlauben. Aber die blauen Stiefel an meinen Beinen glänzten und leuchteten wie das Meer. Was würde wohl Milo denken, wenn er sie an mir sah?

Bevor ich wusste, was ich tat, stand ich nicht zu Hause, sondern wieder auf dem Campus. Vor seinem Gebäude. Und diesmal schaffte ich es aufs Dach. Nahm den Aufzug bis in den siebten Stock und fand dann die Treppe. Die schwere Eisentür war natürlich abgeschlossen. Aber direkt daneben hing ein roter, verglaster Sicherheitskasten mit dem Schlüssel. Pff, lächerlich. Erwarteten sie, dass sich jemals jemand da hoch retten musste?

Ohne weitere Umstände schlug ich das Glas ein und holte mir den Schlüssel. Dann stand ich auf dem Dach. Es war weit wie ein seltsames Gefängnis. Ich konnte mir einbilden, dass es keine Tür gab, dass ich entweder springen oder für immer hierbleiben musste. Dann überlegte ich, ob es auf der Welt irgendwo wohl wirklich solche Gefängnisse gab. Ein amüsanter Gedanke. Die Welt zum Greifen nah und doch so weit weg. Wie in meinem Kopf.

Immer wieder sah ich auf meine blauen Stiefel. Es fing erneut zu schneien an – federleichter, pur glitzernder Staub, die radioaktiven Partikel des Urknalls auf der Suche nach einem Universum. Die Stiefel gingen mit mir zum Rand des Daches. Da war keine Mauer, keine Abgrenzung. Ich spürte den Abgrund in meinen Fingerspitzen, sie wurden ganz taub vor lauter Tiefe. Wie wäre es, wenn sie mich da unten finden würden, wenn die

Erzählerin einfach in die Geschichte fallen würde? In meinen blauen Stiefeln, blau wie arktisches Eis. Kay mit dem Teufelssplitter oder Major Tom aus den Weiten des Weltraums.

Aber der Glitzerstaub in der Luft war einfach zu schön, ich ließ mich berieseln und musste bleiben.

Lange blieb ich so stehen. Die Lichter der Stadt unter mir begannen sich schon durch die Straßen zu schlängeln, obwohl es noch gar nicht dunkel war. Wenn man lange genug hinauf in die wirbelnden Schneeflocken schaut, dann stehen diese plötzlich still und man selbst wirbelt herum.

Als Kind schon habe ich die Kälte geliebt, hatte Bilderbücher mit Schneeflöckchenelfen, die vom Himmel tanzten und barfuß im Schnee liefen. Das wollte ich auch immer, hatte es manchmal getan, war einfach rausgelaufen in meinem weißen Nachthemd, hatte mich unter schwergebogenen Haselsträuchern versteckt, war eins geworden mit dem satten Weiß der Wiese, meine Haut verbrannt vor Kälte. Ha, sie hatten es schwer gehabt, mich wieder einzufangen. Und jetzt stand ich hier oben auf dem höchsten Berg der Welt und ließ mich einwirbeln, fast hätte ich meine Stiefel ausgezogen.

Später setzte ich mich neben die Tür auf ein paar Granitblöcke, die dort lagerten, und klickte mich durch die Fotos, die ich von Tamas Tagebuch gemacht hatte. Sie sprach von ihrem Mann, der wohl wirklich die Scheidung wollte, sie wohl auch. Obwohl sie immer wieder schrieb, dass sie ihren Mann von sich aus nie verlassen hätte, dass sie bereute, dass es so weit kommen musste. Dann las ich einen langen Eintrag, der so gekritzelt war, dass ich ihn an verschiedenen Stellen kaum lesen konnte. Der erste Satz fing meine Aufmerksamkeit ein. Es war Mitte September dieses Jahres, also vor etwas mehr als zwei Monaten.

Hab mich eben mit M. getroffen. Ich weiß: Nicht gut. Gar nicht gut. Und doch sooo gut. Er hat mir heute früh geschrieben: »Du fehlst mir so, Bee!« Mehrere Stunden lang tat ich nichts, dann am frühen Nachmittag hab ich ihm geantwortet: »Dann triff mich heute um 18 Uhr zum Sushi-Essen.« Nicht mehr als das.

Er kam natürlich. Man sah ihm keinerlei Liebeskummer an, er war locker, entspannt, rückte mir überhaupt nicht auf die Pelle, fasste mich nicht an. Wir haben gegessen, es war gut, wir haben gelacht und uns nett unterhalten, nur ab und zu über früher gesprochen. War schön.

Hinterher wollten wir uns irgendwie noch nicht trennen, gingen zu ihm. Ja, ich weiß, das war unglaublich blöd von mir, aber ich wollte. Ich wollte in diesem Moment einfach.

Wir tranken Wein, standen auf dem kleinen Balkon rum, er erzählte mir von irgendeiner Studentin, die er vielleicht gut fand. Lässig. Keine Ahnung, ob er mich eifersüchtig machen wollte, aber eigentlich müsste er sich doch erinnern, dass ich von Eifersucht nichts halte. Wegen seiner Eifersucht ist unsere Beziehung kaputtgegangen. Außerdem mag er mich sowieso lieber, das weiß ich. Es war den ganzen Abend in seinen glasigen Augen zu sehen, seiner scheinbar lockeren Art, und warum sollte er mir sonst überhaupt von dem Mädchen erzählen, geht mich ja nichts an.

Dann hat mein Mann angerufen, wollte wissen, wo ich bin. Meine Güte, so viele Ex-Kerle wollen wissen, wo ich bin.

M. saß währenddessen scheinbar gleichgültig dabei, sah aus dem Fenster. Als ich fertig war, sagte er plötzlich: »Komm mal zu mir, Bee.« Und als ich mich umdrehte, hatte er schon meine Hand genommen. Unsere Hände verknoteten sich. Wir redeten irgendwas weiter. Dann zog er mich zu sich hin, ich legte meinen Kopf auf seine Schulter, aber so, dass mein Gesicht zu seinem hochsah. Wir redeten weiter in dieser Stellung, bestimmt noch drei Minuten, bevor er sich zu mir beugte und mich küsste. Er kann so gut küssen, es ist zum Weinen. Es wäre viel leichter, standhaft zu bleiben, wenn er einer dieser unbeholfenen Schaufelradbaggerküsser wäre.

Schließlich riss ich mich aber los und stand auf und wollte heimfahren. Er folgte mir, sagte gar nichts, ließ mich meine Jacke anziehen, aber dann war da wieder dieser Blick, dieser Bist-du-sicher-Blick, und ich war nicht sicher, und er zog mich wieder an sich, und ich konnte einfach nicht widerstehen. Er riss mir geradezu die Kleider vom Leib, und hinterher flüsterte er mir immer wieder zu, wie sehr er mich vermisse. »Du hast keine Ahnung, Bee.« Wie in einem superschlechten Kitschroman rutschte mir heraus: »Bitte sag so was nicht.« Kein Schriftsteller würde solche Sachen schreiben. Ich zog mich an und ging. Er muss mich hassen.

Ich saß da, mein Gesicht in die Handfläche gestützt. Der Schnee summte elektrisch. Scheiße, das ist erst zwei Monate her. Mein Herz klopfte. Erst zwei Monate. Acht Wochen. Was hatte ich vor acht Wochen getan? Was hatte ich genau an diesem Abend getan? ›Ich konnte einfach nicht widerstehen‹. Zwei Monate. Ich hatte mit Milo geredet, so oft hatte ich mit ihm geredet, ich hatte mit ihm Arm in Arm auf dem Boden gesessen bei seiner Party, er hatte mich küssen wollen, er hatte mich mit genau diesem Blick, diesem schmerzhaften Bist-du-sicher-Blick angesehen. Ich kannte den Blick, den Tama beschrieben hatte. Ich kannte ihn ganz genau. Es war dieser Blick, der ohne mich nicht leben konnte und der noch im September ohne Tama nicht hatte leben können. Und sie hatte ihn nicht abgewiesen, sie hatte ihn gelassen, genau wie ich ihn hätte lassen sollen, lassen können, er hätte mir die Kleider vom Leib reißen können. Sie hatte es erlebt, sie hatte ihn berührt, vor zwei Monaten, gerade eben erst. Sie hatte ihn geküsst, wild geküsst, so wie man sich küsste, wenn man erwachsen war und sinnlich war und Menschen mochte und eins mit jemandem sein wollte und Liebe aushalten konnte. Wow.

Er hatte mir so viel von ihr erzählt, aber dieser Tagebucheintrag machte mich fertig. Ich wusste nicht, warum. Sie waren doch bestimmt tausendmal miteinander durchs Bett gerollt, warum regte mich gerade dieses eine letzte Mal auf? War es das letzte Mal gewesen? Und hasste er sie wirklich? Sie wollte es jedenfalls. Irgendwie konnte ich es zwischen den Zeilen lesen. Sie wollte, dass er sie hasste. Oder? Es machte ihr Spaß, dass er sie hasste.

Ich versuchte, hinter ihre Motive zu schauen, aber es gelang mir nicht. Vielleicht waren da auch gar keine Motive. Vielleicht war da nur Tama.

Langsam stand ich auf, warf noch einen weiten Blick über das Dach und das Dahinter und verließ mein neues Versteck. Der Schlüssel hing wieder hinter der zerbrochenen Scheibe, als wäre nie etwas gewesen.

Ich fühlte mich klein, wie ich da wieder hinabstieg. Mein Leben war so banal in diesem Moment. Es stand nichts über mich in Liebesbriefen, nichts in Tagebucheinträgen. Niemand schrieb etwas über mein Leben, nicht einmal ich selbst. Und ich wollte niemanden küssen, ich hasste Küssen, warum hasste ich es so sehr?

Einen Augenblick lang überlegte ich, das alles zu ändern, damit in 100 Jahren jemand sehen konnte, dass es diese Kai gegeben hatte. Ein kurioser Gedanke. In 100 Jahren konnte es mir ja egal sein, wenn man meine Geheimnisse fand.

Es war Abend, als ich nach Hause kam. Aber ich fühlte mich unwohl, eingesperrt. Die Mauern rückten an mich heran, meine muffige kleine Bude kotzte mich an mit ihren Mainstream-Monstern an den Wänden. Schrecklich: Nicht mal Exzentrisch-Sein kriegte ich richtig hin. Schöne Schuhe musste ich erst klauen, die Inhalte meiner Bilderrahmen konnte man an jeder Posterbude an der Straße kaufen und meine Musik auf jeder verdammten Retroparty hören. Wie sollte sich da jemals jemand an mich erinnern, in 100 Jahren! Ich hielt es nicht mehr aus, setzte mir die schwarze Perücke auf, malte mich an und haute ab. In den neuen Stiefeln.

Eine Weile ließ ich mich durch die grellen Straßen fluten. Es war schön, überall trieben Menschen vorbei, die mich nicht bemerkten. Kurz belauschte ich zwei alte Damen an einer Bushaltestelle, die bizarrerweise darüber wetteiferten, wer das modernere Uralt-Schrotthandy besaß. In 100 Jahren, dachte ich, bin ich nicht einmal mehr so alt wie die, da gibt es mich nicht mehr.

Ich landete vor Milos Haus, natürlich, und betrachtete

das Licht im Eckfenster. Ich stellte mir vor, wie er im Wohnzimmer hin- und herlief – mich im Kopf und Tama im Bauch. Meine Gedanken waren übervoll, in den Beinen kribbelte es mir nicht nur wegen der wunderbaren Stiefel, die ich da gerade spazieren trug. Ich musste etwas erleben, ganz dringend etwas erleben, egal was, um das Kribbeln loszuwerden: Karaokesingen? Oh, das war ja mein schmutziges kleines Geheimnis.

Als ich im Bus zur Bar saß, fühlte ich mich ruhiger. Im Fenster war mein Gesicht, und es lullte mich ein mit seinem blauen Blick.

Gesungen habe ich schon immer gern, aber ich bin auf Karaoke gekommen, weil es immer bei den Premierenpartys stattfindet. Dort hatte ich selbst noch nie mitgemacht, denn vor meinen Arbeitskollegen konnte ich mich auf keinen Fall auf die Bühne stellen, unmöglich! Aber verkleidet und heimlich in einer kleinen Bar irgendwo in der Stadt – warum nicht?

An diesem Abend schrie ich *Bette Davis Eyes* ins Mikro, denn der Song ging mir natürlich nicht mehr aus dem Kopf, obwohl er mir nicht einmal besonders gut gefiel und auch höllisch schwierig zu singen war. Ich hängte mich derart rein, dass die Leute vor mir an ihren Tischen ganz still wurden und verdutzt ihre Münder aufsperrten. *She'll take a tumble on you, roll you like you were dice, until you come up blue …* Oh ja, ich nahm mich selbst ganz lächerlich ernst, und ich sang, als wäre es das Letzte, was ich in meinem Leben tun wollte. Und die Leute, die mir zuhörten, verstanden das.

Ich schloss die Augen und stellte mir vor, wie es wäre, dieses Lied für Milo und Tama zu singen. Stellte mir vor, wie die beiden hier zwischen den anderen Menschen saßen und überhaupt nicht realisierten, was eigentlich los war. Sie würden mich in meiner Verkleidung nicht erkennen, sie würden nur die warme Gänsehaut spüren, die ihnen der Song über den Rücken jagte. Und wie im Film würden sie sich wieder verlieben – nur wegen dieses Liedes. Ihr Happy End hätten sie der unbekannten Sängerin zu verdanken, die nur für sie sang, ganz allein für sie.

Ich öffnete die Augen. Mein verblüfftes Publikum klatschte und klatschte. Die Leute konnten ja gar nicht anders: Sie sahen, dass ich den Applaus brauchte, dass ich keine Witze machte. Außerdem ist meine Stimme auch Wahnsinn, das will ich nur mal gesagt haben.

Dann verschwand ich wieder in die Nacht. Es trieb mich weiter, und bald stand ich bei meiner Schwester unter dem Wohnzimmerfenster. Die Wohnung war noch hell erleuchtet, und ich stand so lange einfach da, dass die Kälte langsam sogar bis unter meine Perücke kroch, an den Strähnen zerrte. Eigentlich hatte ich ja klingeln wollen, aber nun ließ ich es. Es war spät. Und ich fragte mich, was die wohl machten. Sahen sie zusammen fern? Unterhielten sie sich? Machte jeder sein eigenes Ding? Ich hatte nicht die geringste Ahnung. Interessierte mich auch nicht wirklich.

Aber der Stift, den ich immer in der Tasche trug, der juckte mich in den Fingern: Nur mal sehen, was sie tun, wenn sie eine anonyme Nachricht bekommen. Nur mal ganz kurz sehen. Nichts Schlimmes. Aber ich wusste noch nicht, wie.

Milo suchte mich nicht mehr. Eine ganze Weile lang sah ich ihn nicht, hörte nichts von ihm. Und von Tama hörte ich auch nichts – über ihre Stiefel etwa. Nichts. Auch wenn sie die Dinger vielleicht nicht so oft trug, musste sie doch inzwischen sicherlich entdeckt haben, dass sie verschwunden waren. Aber selbst dann würde ich wohl nicht mitbekommen, ob sie vielleicht zur Polizei gegangen war. Und ganz abgesehen von den Stiefeln – hatte sie den Einbruch auch sonst bemerkt? Ich hatte doch aufgepasst. Vielleicht nasse Schuhabdrücke auf dem Teppich? Zweimal fuhr ich zu ihrer Wohnung, stellte mich auf die Straße und starrte hinauf, als ob sich die Situation dadurch erklären würde. Beim zweiten Mal trug ich die blauen Stiefel. Es war herrlich, mit meiner Beute an den Beinen an den Tatort zurückzukehren.

Ich dachte an ihren Besuch bei Milo im September. Immer und immer wieder dachte ich daran. Einmal textete ich ihr etwas, ich weiß nicht, *Ich denke so oft an September* oder so. Aber sie antwortete nicht, so sehr ich auch wartete, und ich sah sie auch nicht vor ihrer Wohnung. Scheiße, ich wollte sie sehen, ich hatte solchen Liebeskummer wegen ihr, für Milo. Ich fühlte, was er fühlte.

Zu Hause steckte ich neben meinem Bett eine perverse Collage an meine Pinnwand: die zwei Tamafotos aus Milos Nachttisch und eine der Handyaufnahmen von Milo und Silvie, schwarzweiß. Seltsamerweise sah das Foto wegen der schlechten Druckqualität irgendwie besonders geheimnisvoll aus, die Nuancen verschwunden, die beiden Figuren ein stilisiertes Artefakt. Auch ein paar Briefe hingen dazwischen. Der lange Tagebucheintrag von Tama über den Ausrutscher, den ich per Hand abgeschrieben und aufgehängt hatte wie ein Gedicht. … *du hast keine Ahnung, Bee.*

Manchmal starrte ich einfach minutenlang auf diesen wunderbaren Schrein. Es war schön. Ich fühlte keine Eifersucht, auf nichts und niemanden, ich sah alles von oben, objektiv, ohne Gefühl, eine Geschichtenschreiberin, die alles hatte, was sie wollte, und auch alles, was sie nicht wollte, und ihr Herz war bleischwer vor lauter Leichtigkeit. Nur manchmal spürte ich, was er spüren musste. Warum nannte er sie eigentlich Bee? Das hatte ich jetzt schon sowohl bei ihm als auch bei ihr gelesen. Keine Ahnung.

Und am Wochenende erzählte ich Su von Milo. Wie in einer idiotischen Seifenoper, wo alle sich immer gegenseitig ihr Herz ausschütten und sich gute Ratschläge geben. Ich hasse sowas.

Ich ging zu ihr in den Buchladen. Dachte noch daran, wie ich vor ein paar Tagen so creepy vor ihrem Haus gestanden hatte, mitten in der Nacht. Vielleicht wollte ich ihr, die offenbar so bequem glücklich in ihrer Ehe war, zeigen, dass ich es auch sein konnte, jedenfalls irgendwie.

Diesmal hatte sie wirklich am Samstagnachmittag Schicht. Sie räumte in einem Regal herum, das mitten im Raum stand, während ich mit Kapuze auf dem Kopf und den Händen in der Jackentasche neben ihr stand und herumdruckste.

»Und woher kennst du ihn?«

»Ach, er … er ist Statist bei uns. Daher. Aber eigentlich ist er an der Uni. Doktorand.«

»Na, klingt doch nett, wo ist der Haken?«

»Seine Ex.«

»Sie hat ihn sitzenlassen?«

»Mhm.«

Ich stellte mir vor, wie ich mit einem heftigen Stoß das Regal zum Umkippen bringen würde. Ganz ruhig, nicht aus Wut, sondern aus purer Wunderbarkeit, weil ich es konnte. Ich sah, wie das schwere Holzteil in sich zusammenkrachen und die Wandregale vor sich mitnehmen würde. Su würde mit offenem Mund starren. Und dann schreien. Vielleicht.

»Aber es klingt so, als ob er dich mag.«

Wenn das Regal Menschen unter sich begrub. Dann würde sie schreien. Es wäre interessant, sie mal schreien zu hören. Das machte sie nie.

Und von überallher würden Menschen laufen und schauen, oder wahrscheinlich würden sie panisch das Weite suchen. Chaos, zerfetzte tote Bücher überall. Ich lächelte vor mich hin.

Aber: Wir sind beide nicht gut im Vertraute-Schwestern-Plausch. Sie schaute mich nicht an, während sie redete, räumte weiter ihre Bücher ein, blickte sich verstohlen um, ob nicht ein Kunde sie retten könnte. Ich hingegen kriegte kaum die Lippen auseinander.

Aber irgendwie musste ich es jemandem sagen. Kippendes Bücherregal hin oder her. Weiß nicht, warum. Bisher hatte ich dieses Bedürfnis nach Erzählen noch nie gehabt. Alle Jubeljahre ließ ich mal einen wohlplatzierten Männerkommentar fallen, sodass Su nicht auf die Idee kam, ich würde gar keinen abkriegen. Aber nie auch nur ein einziges Detail.

Ich scharrte mit dem Fuß auf dem Teppich. »Weiß nicht. Su … seine Ex ist diese Tama Villmon, eure Autorin.«

Jetzt hatte ich ihre volle Aufmerksamkeit. »Was???«

Ich sagte schnell: »Nicht der Gehirnchirurg, nein, ich will nichts vom Gehirnchirurg.«

»Sie hatte eine Affäre?«

»Ja, mit Milo. Dann hat sie ihn abserviert, und ich glaube, er hat's nicht ganz verkraftet.«

Sie war ganz verdattert. »So … also … der Ex-Freund von Tama Villmon spielt rein zufällig bei euch im Theater als Statist. Und du stolperst noch zufälliger bei der Dichterlesung vorbei.«

»Nö, nicht rein zufällig, du hast mir doch gesagt, ich soll vorbeikommen.«

»Ja, genau, weil ich da schon plante, dich in eine Riesendreiecksaffäre zu verstricken.«

»So in etwa.« Ich grinste. War erleichtert über dieses patzige Schwesternexemplar.

»Aber was auch immer, illustre Ex-Freundin hin oder her: Du magst ihn?«

Ich zuckte mit den Schultern. Konnte ihr nicht erklären, wie das bei mir war. »Wird eh nichts.«

Sie schaute mich nicht an, aber ich merkte, wie ihre Gedanken mahlten. Es gab so vieles, was sie mir eigentlich sagen sollte. Das wusste ich. Dinge von früher und von heute. Ich lauerte darauf und fürchtete mich davor. Aber wir redeten nie darüber.

Sie räumte scheinbar seelenruhig ihre Bücher weiter ein, das Regal kippte nicht, alles blieb ruhig, und sie schimpfte freundlich: »Hinterher heulen ist immer noch besser, als gar nichts erleben.«

Das stimmte. Es war lächerlich.

Am Donnerstagabend beobachtete ich Milos Wohnung und folgte ihm um halb zehn ins *Kali Ma*. Warum hatte ein ernsthafter Doktorand eigentlich so viel Zeit zum Partymachen? Ich wusste nichts von der Uni. Aber sollte er nicht Abend für Abend bei Kerzenschein ganz fieberhaft über seinen mysteriösen Experimenten sitzen, die er dann zu weltverändernden Papern verarbeitete? Und morgens früh aufstehen? Nun, immerhin war Donnerstag – also praktisch bereits Wochenende.

Und was ging es mich an, ob er arbeitete oder nicht? Eigentlich interessierte mich sein Job gar nicht. Am Anfang hatte ich noch darüber nachgedacht, was er vielleicht so machte, hatte Fragen in meinem Kopf formuliert – aber das war vorbei. Er war einfach ein Typ, hinter dem ich in diesem Augenblick heimlich in den Bus stieg, sonst nichts. Eingehüllt in meinen fetten Wintermantel, den ich sonst nie trug, erkannte er mich hoffentlich nicht, und aus der letzten Reihe linste ich unter meiner Riesenkapuze hervor. Er checkte sein Handy, wirkte ganz entspannt, ohne eine Sorge in der Welt. Ein Mann, der nichts vermisste, an nichts Besonderes dachte, vor allem nicht an eine Frau.

Oder doch? Was las er für Nachrichten? Warum hatte er mich eigentlich nicht gefragt, ob ich mitkommen wollte? Wahrscheinlich hatte ich mir nur eingebildet, dass irgendetwas zwischen uns war. Oder sein konnte.

Im *Kali Ma* war 80er-Jahre-Nacht. Genau mein Ding, eigentlich. Aber dafür war ich nicht angezogen, kein bisschen. Unter meinem Mantelversteck fühlte ich mich splitternackt, sehnte mir eine Perücke herbei, wollte mich zukleistern wie eine Puppe. Ich traute mich nicht rein, beobachtete lieber den Eingang. Ein sonderbarer Typ mit wirren langen roten Haaren und einem seltsam metallisch schimmernden Mantel, fast eine Art abgefuckter Frack, und einer zylinderartigen Kopfbedeckung kam herausgestolpert – jetzt, um diese frühe Zeit schon völlig betrunken. Er torkelte an mir vorbei, wandte sich dann zu mir um, verneigte sich und rief: »Guten Abend, Eure Hoheit, die Südseekönigin.« Dann verschwand er schlitternd im Schneegestöber. Ohne nachzudenken ging ich dem Zylindermann hinterher. Er führte mich langsam und in Schlangenlinien durch das Stadtviertel, sprach immer wieder Leute an, hatte ein kurzes Wortgefecht mit einem Bettler. Ich verfolgte ihn, behielt ihn im Auge.

Es war eine sonderbare Nacht, die silbrige Luft machte mir wunderbar das Atmen schwer, die Hauswände neigten sich mir in gotischer Bedrohlichkeit zu.

Der Mann, den ich verfolgte, drehte seine Runden, und als ich ihm in eine kleine Gasse folgte, da stand er mit einem Mal direkt vor mir. Einfach so stand er da unter einer Straßenlaterne, in deren gelben Licht der Schneestaub wie ein Schwarm kleiner Insekten tanzte. Er stand da, als wartete er auf mich. Seine langen roten Zotteln bildeten die organische Deko zu seinem Steampunk-Mantel. Oh, ich war in einer hübschen Story gelandet.

Der Zylindermann fragte nach meinem Namen. Gleich würde er mich einladen, in sein von schweren öligen

Zahnrädern getriebenes Luftschiff zu steigen. Ich sagte nur: »Südseekönigin!« und wandte mich ab. Er merkte es gar nicht, torkelte weiter, sprach erneut andere Menschen an.

Bevor ich ging, wollte ich ihm noch etwas zum Aufwachen mit nach Hause geben. Schnell kritzelte ich Tamas Handynummer auf einen Notizzettel, schrieb darunter: »Die Südseekönigin wartet«, ging im Laufschritt an dem Betrunkenen vorbei und steckte ihm den gefalteten Zettel zu. Bevor er in seinem Zustand reagieren konnte, war ich schon wieder um die nächste Ecke verschwunden. Stellte mir vor, wie Tamas Telefon klingeln würde, womöglich noch heute Nacht. Wer weiß, vielleicht war sie sogar neugierig? Nein, niemals.

Dann sah ich Milo im *Kali Ma* vor mir, sah ihn vor mir, wie er mit einer anderen tanzte, wie er sich in all dem Lärm ganz nah an sie drücken musste, um mit ihr sprechen zu können. Er war verschwitzt von der Hitze, der Nähe, dem Tanzen, er amüsierte sich, das Leben war schön, er dachte an nichts und niemanden, brauchte niemanden.

In einer Seitenstraße malte ich mir die Lider gigantisch tiefblau an und zerzauste und bauschte mir die Haare mit dem Minihaarspray. Ein paar Utensilien hat die Frau Spionin immer in der Tasche. Dank meiner peinlichen Aufmachung kam ich am Türsteher vorbei, der sogar was Nettes sagte: Ich sähe sehr nach 80er aus.

Drinnen war eine andere Welt: flimmernde Trance, Falco, Nebelmaschine. Ich drängte mich durch die Leute, blickte mich nur aus den Augenwinkeln um, betrachtete die Hydra, die sich hypnotisiert zu *Amadeus* über die Tanzfläche wälzte. Dann sah ich ihn. Er stand da in seiner Gruppe von Leuten neben der Tanzfläche, rotgrünblau wie ein Drogentraum.

Ich ging nicht zu ihm, machte mich nicht bemerkbar. Lief ziellos umher, die Musik in allen Poren. Ein schönes Gefühl, sich durch die Masse zu drängen und genau zu wissen, wo er war, aber nicht zu ihm zu gehen. Ich fühlte mich frei, unsichtbar unterwegs in der Unterwelt. Spürte seine Anwesenheit, zwang mich, nicht zu ihm zu gehen, nicht hinzusehen, hatte alle Zeit der Welt.

Ich ging zu einer jungen Frau, die allein neben einer Säule stand, und tippte ihr auf die Schulter. Sie wandte sich langsam um. Wunderbar, mein Drehbuch verlangte glasige Augen. Ich erzählte ihr eine Geschichte über einen Typen, der mich in verzweifelter Anbetung zu ihr geschickt hatte und zu dem sie an die Bar kommen sollte. Sie zeigte keinerlei Emotion. Natürlich nicht. Man lässt sich nichts anmerken. Aber da züngelten kleine Flammen in ihrem Blick. Und dann drehte ich mich um, ließ sie zur Bar gehen und mich von Milo finden. Das tat er nämlich gerade. Als ich ihn durch die Menge auf mich zukommen sah, sagte ich »bis später« zu zwei willkürlichen Typen, die neben mir standen, und winkte ihnen zu. Deutlich. Sodass Milo es mit Sicherheit sehen konnte. Er sollte ja nicht denken, ich hätte niemanden. Dann marschierte ich los, in die andere Richtung, ließ ihn mich einholen. Ich wand mich durch die Massen, Lampenfieber und Haarspray in der Luft.

Es war so herrlich, zu wissen, dass er sich hinter mir durch die Menge drängte und versuchte, mich nicht aus den Augen zu verlieren. Jetzt spielten sie *Big in Japan*, seltsam passend, *neon on my naked skin, strange illuminated mannequins*, und ich beachtete Milo erst, als er wirklich direkt neben mir stand. Fühlte seine Hand auf meiner Schulter und wandte mich zu ihm um, oh, er war so schön im blauen Licht, ein Phantom. Er musste hören, wie das Blut in meinem Kopf wütete.

»Kai, du bist hier.«

Ich sah ihn ganz und gar überrascht an. »Ja, ich mag 80er-Musik. Du auch?«

»Nein, nicht wirklich. Aber ich bin trotzdem da, wie du siehst. Mit ein paar Freunden. Du?«

Ich machte eine Geste in irgendeine Richtung. »Ich auch.«

Er sah mich seltsam an, als glaubte er mir nicht. Dann berührte er flüchtig mein toupiertes Haar. »Und wer bist du heute Abend?«

»Mandy.«

»Mandy. Die aus ›Sinnliche Erbschleicherinnen‹?«

»Nein, das ist Madeleine. Mandy ist extra aus dem Jahr 1985 angereist. Sieht man doch.«

»Na ja, die Schulterpolster sind noch etwas mickrig, aber sonst …«

»Weißt du, dass es in diesem Lied um Drogensüchtige am Bahnhof Zoo geht?«

Er lachte mich aus. »Okay, krasser Themenwechsel, wie immer. Drogensüchtige am Bahnhof Zoo. Nein, das wusste ich nicht.«

»Es geht um ein drogensüchtiges Paar, das sich in seine

Traumwelt flüchtet und sich vorstellt, sie wären in Japan Superstars.«

»Wirklich. Was du alles weißt. Sag mal, willst du was trinken?«

»Wollte mir gerade was holen.« Ich setzte mich in Bewegung, er folgte mir.

»Ich lad dich ein, du.«

»Ich verdiene schon mein eigenes Geld.«

»Schon klar, wahrscheinlich mehr als ich.«

Wir standen an der Bar, und er lächelte mich an mit seinen anstrengenden blauen Augen und seinem ironischen Halbgrinsen. Lange lächelte er mich an, als wollte er mich prüfen. »Du kannst auch mal andere was für dich tun lassen, Major Tom, das ist schon in Ordnung.«

»Aber warum solltest du mir einen Drink bezahlen, wenn ich selbst Geld hab?«

»Hm, lass mal überlegen. Vielleicht, weil wir Freunde sind und ich Lust hab, dich einzuladen? Das machen andere auch, weißt du. Ist nicht viel dabei.«

»Okay, dann könnte ja stattdessen auch ich dich zu einem Drink einladen?«

Er rollte mit den Augen. »Muss man mit dir eigentlich über jede Kleinigkeit diskutieren? Okay, dann kauf mir halt meinen verdammten Drink.«

Lachend sang er den Song mit, mir direkt ins Ohr: *»Alright, Pay – then I'll sleep by your side.«* Wir sahen uns eine Sekunde lang an, dann brachen wir gleichzeitig in wildes Lachen aus.

»Schlampe«, grinste ich ihn an und kaufte ihm seinen verdammten Drink.

Später standen wir sogar zusammen bei seinen Freunden. Die mochte ich nicht, und Silvie war dabei. Es ärgerte mich, dass sie eingeladen worden war und ich nicht. Man könnte ihr etwas Exquisites antun, irgendjemand könnte ihr vielleicht etwas antun. Aber wahrscheinlich gehörte sie ganz einfach von jeher zu seinem Freundeskreis. Dann waren da einige Jungs, deren Namen ich vergessen hatte, aber auch dieser Robert, dem ich auf Milos Party das Treppenhausdate suggeriert hatte. Ich betrachtete ihn lässig. Ob er wohl noch daran dachte? Solche Nachrichten bekam man ja nicht alle Tage.

Ich sprach ihn an, wollte einfach seine Stimme hören, redete davon, wie cool die Party gewesen war, versuchte, irgendeine Aussage zu provozieren. Aber warum hätte er mir von der »Abenteurerin« erzählen sollen, mir, die er bisher erst einmal in seinem Leben gesehen hatte? Ich klimperte sanft mit den Wimpern. Vielleicht dachte er ja, ich könnte die mysteriöse Verehrerin sein.

Aber dann wurde ich wieder abgelenkt, denn eine üppige dunkle Schönheit mit langen roten Plastikfingernägeln klopfte Milo auf die Schulter. Er wandte sich um, umarmte sie ganz kurz und quatschte eine Minute mit ihr, bevor sie weiterzog. Er sah ihr nach. Sah er ihr nach? Ja, er sah ihr nach. Eine wilde Eifersucht kreiste wonnig in meinem Blut. Silvie hingegen war einfach nett, auch zu mir, ein harmloses, hübsches, viel zu freundliches Mädchen, auf das ich einfach nicht so richtig neidisch sein konnte, so sehr ich mich auch bemühte.

Ich sah inzwischen auch, dass sie ihn nicht die Bohne interessierte, so sehr *er* sich vielleicht auch bemühte. Mit ihr gab es ja keine Probleme, und ich glaube, er wollte es kompliziert. Weiß nicht genau, warum ich das dachte, aber mit Tama war es ja sicher so gewesen. Jedenfalls las ich das aus all den fingernägelaufrollenden Briefen und Tagebucheinträgen heraus, die in dieser Story herumschwirrten. Und mich behandelte er wie ein fast ausgestorbenes kleines Reptil. Silvie hing an Milos Arm und tanzte auf der Stelle herum wie eine Idiotin. Ihre 80er-Jahre-Verkleidung waren ein neonpinkfarbener Lippenstift und ein neongrünes enges T-Shirt mit großer roter Gürtelschnalle. Ja, okay, sie sah cool aus, besser als ich. Aber sie nervte Milo. Das entzückte und ärgerte mich bis zum Wahnsinn. Milo kannte offenbar den DJ, und Silvie fragte ihn immer und immer und immer wieder, ob er sich für sie ein Lied wünschen könnte. Sie tat, als wäre es nur ein Spaß, aber ich merkte, dass es ihr wichtig war. Als ob man sich selbst ein Lebkuchenherz kauft.

»*Ohne dich*, bitte, das hört man nie im Radio.«

»Aus gutem Grund, wir sind nämlich im 21. Jahrhundert, und kein Schwein erinnert sich an den Song.«

»Ich find' das sooo schön, komm, bitte wünsch es dir für mich.«

»Ich wünsch mir doch nicht so einen Blödsinn.«

»Hier sind alle Lieder Blödsinn – das ist doch der ganze Sinn dieser Party, oder?«

»Da hat sie recht, Milo.« Ich wippte auf meinen Fußsohlen. »Komm, wünsch es dir für Silvie, dieses mysteriöse Liebeslied.«

Ich sah ihn an und er mich und Silvie uns. Sie kriegte nichts mit, es war wunderbar.

Nach einer ganzen Weile sagte Milo bedächtig: »Gut, ich schau mal, was sich machen lässt.«

Drei oder vier Lieder später legte der DJ aber nicht den geforderten Herzschmerz auf, sondern – *Major Tom*. Oh, wie ich lachte, Milo auch. Und Silvie war so köstlich angepisst! Die offizielle Erklärung lautete, der DJ hätte Silvies Wunsch als nicht tanzbar zurückgewiesen. Aber das stimmte nicht, Milo konnte mir irgendwie nicht in die Augen sehen, zum ersten Mal nicht, als hätte er etwas Dummes angestellt. Es war, als müsste ich mich räumlich entfernen, damit wir uns ansehen konnten, als müsste ich mich wild bewegen. Da stürzte sich Mandy mit ihren hemmungslos toupierten Haaren und den schweren blauen Lidern in die wogende Masse und tanzte auf den Song, den Milo sich für irgendeine Kai in der fernen Zukunft gewünscht hatte. Und es war so schön, so unfassbar schön, dass er sich kein dämliches Anmachlied für sie wünschte, dass sie ein kalter und ferner Major Tom für ihn war, dass er verstand, dass er wusste, dass er sie mochte, so kalt und heiß und glücklich und wunderbar. Er, der dort hinten an einer Säule lehnte und ihr beim Tanzen zusah. Die Menge trennte sie, aber die Musik rauschte über alle Köpfe hinweg. Sie tut, als tanze sie nur für sich selbst, als wäre sie völlig selbstvergessen, aber sie spürt seinen Blick und eine Sekunde lang ist es, als hätte sie die verdammte Liebe ihres Lebens getroffen, als wäre sie völlig losgelöst von der Erde. Sie fühlt, dass sich alles ändert, dass sie Milo nicht umsonst getroffen hat, dass er sie durch und durch kennt, dass er ihr schöner Schmerz ist, dass sie endlich etwas fühlen kann, endlich, endlich. Und die Euphorie schießt ihr wie eine heiße Panikattacke durchs Blut.

Aber dann ist der Song zu Ende, und als Mandy drei

Sekunden später den Kopf wieder wendet, ist der Typ verschwunden. Das Glücksgefühl sackt ihr in die Füße, aber sie tanzt weiter, jetzt erst recht. Sie hebt die Arme im elektrischen Rhythmus, sie braucht ihre Filmmusik, die Erde schimmert blau, sie denkt an nichts, tanzt einfach, sieht nichts.

Aber dann, irgendwann, zwischen den bleichen Außerirdischengesichtern jenseits der Tanzfläche, erhascht sie doch wieder einen Blick auf diesen Kerl. Eine Vision aus der Zukunft. Er steht jetzt ganz woanders und spricht mit einer Frau. Eine kalte Hand mit grellrot lackierten langen Plastikkrallen greift nach Mandys Herz und wringt es aus.

Sie sieht weg, tanzt weiter, sieht wieder hin, sie lachen, Mandy lacht auch, die Luft bleibt ihr weg vor lauter Falschheit, aber was schert sie sich eigentlich um diese Leute, oh nein, sie setzen sich, sie setzen sich auf eine der Polsterbänke, nebeneinander, lehnen sich einander zu, kommunizieren mit den Händen, schreien sich ins Ohr. Die Frau nippt an einem Glas buntem Gift, seine Hände sind vielleicht auf ihrem Bein, wer weiß das schon.

Mandy schnappt nach Luft, der Schweiß rinnt ihr am ganzen Körper herunter. Aus dem riesigen tanzenden Kraken löst sich ein langer Fangarm und greift nach ihrer Hand. Sie reißt ihren Kopf herum, dockt ihren Blick ab von dem Paar, sucht die Augen des Kraken, eines gar nicht so uncool aussehenden Jungen, weißes T-Shirt, groß, blond. Verdutzt merkt Mandy, dass sie sich von ihm mitziehen lässt. Er sieht nett aus, sie haben Spaß, umso mehr, als *Dead or Alive* nun ihr Schallplattenkarussell anwerfen. Das ist ein Song für Mandy! *You look like you're lots of fun, you spin me right round right round like a record, baby, right round …* und Mandy flippt aus, flippt total aus, aus ihren Armen sprießen Flügel, so federleicht tippt sie vom Boden ab, ihre schrecklichen Haare sind verklebt wie Zuckerwatte. Aber sie lacht, der Typ lacht noch mehr und zeigt grinsend auf sein riesiges goldenes Brustkettchen, sein 80er-Jahre-Attribut.

Blondie zieht Mandy an die Bar, lädt sie auf etwas ein. Mandy dreht sich der Kopf, sie weiß nicht ein noch aus, lacht, kichert, ist gar nicht betrunken, aber ihr Kopf rauscht, sie lässt sich einladen, weiß nicht, was sie trinkt, ihr Strohhalm färbt sich blutrot, wenn sie daran zieht, sie leckt sich die Lippen, klebrig und bitter.

Mandy wendet den Kopf zur Seite, nur ganz kurz will sie mal schauen. Milo ist nicht mehr da. Und die Frau auch nicht. Wie lange hat sie getanzt? Jahrelang? Wo sind die? Ihr wird ganz schlecht, sie murmelt etwas und macht sich los, geht hoch zu den Sitzen, die voll von Menschen sind. Ihre Hände teilen die Menge, und als sie an einer Säule vorbeigeht, sitzt Milo da auf einem hohen Barstuhl, der direkt davor steht. Einfach so, allein. Seine Augen wissen alles. Er streckt die Hand aus und zieht sie ohne ein Wort zu sich.

Sie ist nicht mehr Mandy. Sein Blick ist spöttisch, er sieht genau, dass sie ihn panisch gesucht hat. Die versprayten Haare kleben ihr feucht und zottelig an der Kopfhaut, aber ihn stört es nicht, ihn stört nie etwas, so sehr sie sich auch bemüht, ihn zu stören, ihn stört verdammt noch mal nie etwas.

»Genug getanzt?«, ruft er ihr ins Ohr. Und dann: »War er nett?« Er hat sie mit dem anderen gesehen.

Wortlos nimmt sie seine Bierflasche und genehmigt sich einen Schluck, sagt immer noch nichts, es ist viel zu laut, sie kann den Mann vor sich nicht ansehen, ist verlegen, verschwitzt, euphorisch, der rote Cocktail schreit in ihrem Kopf. Sekundenlang albern sie ohne Worte herum, aber dann sind seine Arme fest um sie. Er spielt nicht mehr. Seine Augen sehen sie an, denken vielleicht an vollgekritzelte Haut in einem fernen Hotelzimmer, aber sehen Kai an. Sie weiß, was passieren wird, sie will sich abstellen, so, wie sie es sonst immer macht, aber sie läuft ohnehin auf herrlichem Notaggregat. Sein Mund ist an ihrer Wange, er riecht salzig und wild, sagt etwas, das sie nicht hört, vielleicht ihren Namen, Tama, Tama ... Seine Haut geht ihr direkt ins Blut.

Dann sind ihre Lippen an seinen, wahrscheinlich hat sie ihn sogar zuerst geküsst. Milo reagiert sofort, küsst sie zurück, rasend, rasend langsam. Das Gefühl ist so körperlich, als hätte sie vorher niemals einen Körper gehabt. Aber jetzt hat sie einen, jetzt hat sie verdammt noch mal endlich einen.

Und dann ist es plötzlich kein Probierkuss mehr, sondern einer, den niemand sehen darf, niemand, niemand, *niemand*, auch er selbst nicht.

Noch einen Herzschlag lang erträgt sie diese absolut widerliche Leichtigkeit in ihrem Kopf, dann reißt sie sich los und rennt. Weg, weg, peinlich, peinlich, peinlich, ihr verdammtes Innerstes so bloßzulegen, nur weil er so verdammt gut riecht und schmeckt und sie so verdammt süchtig nach diesem Geruch ist und ihn am liebsten in den verfluchten Hals beißen und sein verfluchtes Blut trinken will, aber warum soll sie sich so lächerlich gehen lassen, nur weil er die Andere nicht mehr haben kann?

Ja, ich rannte weg, und im Rennen spürte ich, wie ich in Sekundenbruchteilen mein eigenes Drehbuch durchquerte. Ich war eine grob skizzierte Figur, sah mich selbst von oben, wie ich mich durch all die Menschen drängte, meinen Mantel von der Garderobe herunterriss und draußen vor der Tür landete. Frische Luft. Kalte Luft. Kein Regen, falsches Drehbuch. Wenn es im Film regnen würde, dann müsste der Held der weinenden Heldin hinterherstürzen und sie im strömenden Unwetter in die Arme schließen. Aber es regnete nicht. Und die Heldin würde nie weinen, niemals!

Es war eine Winternacht. Ein Schock auf meinem flammenden Körper. Schneeflocken zischten und verglühten auf meinem Gesicht. Ich wandte mich um, aber Milo kam nicht. Ich ging dreimal auf und ab, aber er kam nicht. Lehnte mich gegen die Mauer, aber er kam nicht. Verdammt, verdammt, *verdammt!*

Die Hitze verdunstete aus mir, ich schlang meine Arme um meinen zentnerschweren Mantel und schleppte mich in Zeitlupe nach Hause. Sein Geschmack saß mir in allen Poren. Scheiße, wie war Liebeskummer schrecklich und herrlich. Man fühlte jede Stelle auf der Haut, als hätte man sich überall grün und blau geschlagen und wäre nun in einem perversen Schmerzmittelrausch. Sonst merke ich manchmal den ganzen Tag nicht, dass ich da bin. Aber so konnte ich ins Bett fallen, alle Gliedmaßen von mir strecken wie ein sterbenskranker Hund und mich in Pein und Vergnügen in meiner Sehnsucht suhlen.

Am nächsten Morgen war das perverse Wohlgefühl weg. Fuck, was war ich für ein elender Loser! In meinem vergilbten Spiegel hing eine blasse Gestalt mit graublonden Strohhaaren, ausdruckslosen Augen, knochigen Schultern. Niemals könnte man sich in diese Vogelscheuche verlieben. Jedes Mal, wenn ich an Milos Gesicht dicht an meinem dachte, fühlte ich eine Faust in meinem Magen.

Aber dann, ein Geräusch meines Handys: Tama? Tama! Ich war hellwach.

```
Hat dieser Verrückte
meine Nummer von dir?
```

Ich brauchte einen Moment, um zu verstehen.

```
                              Was meinst du?
Irgendein Idiot hat
mich um 7 Uhr morgens
angerufen.
                         Du bist aber populär.
```

Mir standen die Haare zu Berge. Ich fühlte noch ihren tiefen Kuss.

```
Er nannte mich die
Dschungelkönigin oder
sowas.
                                      Crazy!
```

Nein, Moment, das war Milos Kuss gewesen, nicht ihrer.

Das ist keine idiotische
Racheaktion von dir?

Warum sollte ich mich
rächen?

Was weiß ich.

Danke, dass du so was
von mir denkst.

Tu ich ja eigentlich
nicht, aber vielleicht
war es ja ein Spaß.

Ich bin frisch verliebt.

Also tatsächlich?

Ja, hab anderes im Kopf.

Jemand von der Uni?
Doktorandin?

Eine Maskenbildnerin.

Ah, weil du ja jetzt
Statist bist.

Ja, im Theater trifft
man nette Leute.

Witzig.

Warum?

Weil halt. Ist sie nett?

Netter.

Am nettesten?

Absolut.

Schön, dann bist du über
mich hinweg.

Daraufhin antwortete ich nicht, hatte keinen Atem

mehr. Das Gespräch war so schnell wieder vorbei, wie es gekommen war, ein Gewitter. Über sie hinweg?

Dann tippte ich *Klar, und wie,* schickte den Text aber nicht ab. Stattdessen probierte ich: *Über dich bin ich niemals hinweg.* Es sah richtiger aus. Es fühlte sich richtiger an. Aber auch jetzt drückte ich nicht auf Senden.

Dann lag ich eine Ewigkeit einfach im Bett neben meinem Spiegel. Die dunkle Kai ruhte darin, direkt neben mir, nur der Rahmen zwischen uns, und sah mich an. Ich konnte plötzlich nicht mehr einschätzen, ob sie mir wohlgesonnen war. Aber ich blieb ausgestreckt und rührte mich nicht.

Am Nachmittag rief jemand vom Theater an, weil ich nicht aufgetaucht war, ich meldete mich krank. Blieb liegen. Theater, lachhaft!

Auch als es Nacht wurde, hing die dunkle Kai immer noch lauernd im Spiegel. Die leeren schwarzen Augenhöhlen schimmerten eiskalt, triumphierend. Da bekam ich Angst, mein Herz raste, ich konnte nicht mehr atmen, es fühlte sich an, als säße in mir etwas. Etwas Stummes und Großes. Und so rief ich Su an. Erzählte ihr nicht, was los war, wollte nur mit jemandem ein normales Gespräch führen.

Irgendwie merkte sie wohl, dass ich nicht allein sein wollte, und lud mich zum Abendessen zu sich ein. Die Lichter ihrer gemütlichen Wohnung, das überall verstreute Spielzeug, das Summen des Schwagers beim Tischdecken – das alles jagte mir einen Schauer über den Rücken an diesem kalten Abend, an dem ich mich so fern von allem fühlte. Su erzählte mir von ihrem neuesten Roman – tatsächlich nun irgendeine Vampirromanze. Ich nickte, ohne wirklich zuzuhören, stopfte die panierten Schnitzel des Hausherrn in mich hinein, lachte, strahlte, ließ es mir schmecken. Seltsam, einen Moment lang hätte ich gar nicht sagen können, was ich eigentlich selbst immer so kochte und aß, wenn ich allein war. Gar nichts? Im Küchenfenster saß mein Spiegelbild und wunderte sich.

Ich ging ins Wohnzimmer, spielte Rakete mit dem schrecklichen Neffen, machte Smalltalk mit dem langweiligen Schwager, aber die dunkle Kai ließ mich einfach nicht in Ruhe. Ich saß auf dem Teppich vor der Balkontür, hinter der sich die Nacht eisblau mit dem hellen Zimmer vermischte, und die Spiegelgestalt dort lachte über das traute Heim, das ich hier vortäuschte. Aber verstehst du denn nicht, dunkle Kai: Sie sind alle so teuflisch happy in ihrem Alltagstrott, haben alles, was sie brauchen, nicht mehr und nicht weniger. Warum sollte ich so etwas nicht auch haben? Oder wollen. Und warum sollte ich nicht auch einfach eine stinknormale Beziehung führen?

Wie soll das gehen, antwortete mir das Spiegelbild, wenn er noch immer an Tama denkt?

Su versuchte halbherzig, mit mir über Milo zu sprechen, weil sie dachte, sie hätte nun die Pflicht, sich auf dem Laufenden zu halten. Warum nicht, dachte ich. Ihre Augen waren so großeschwesternhaft. Halb neugierig, halb besorgt, halb peinlich berührt. Sie versuchte ein vertrautes Gespräch, und ich tat mein Bestes. »Hab mit ihm rumgemacht. In der Disco.« Anschauen konnte ich sie dabei nicht. Meine Augen fixierten die Rakete und andere Spielsachen auf dem Boden. Ich fühlte ihren Blick.

»In der Disco? Ich wusste gar nicht, dass du in Discos gehst.«

»Es war 80s-Party.«

»Und?«

»Ich mag doch 80er-Sachen.«

»Ah, keine Ahnung. Aber erzähl weiter!«

Ich zögerte, sah sie immer noch nicht an. Der Neffe steckte Astronautenfiguren in die Rakete. »Ist nicht viel passiert. Bin abgehauen.«

Es war ihr unangenehm. Mir auch. Die Peinlichkeit war wie eine klebrige Hitze zwischen uns, meine Haut prickelte. Aber Su war toll, das sehe ich jetzt, wenn ich zurückdenke. Sie verdrehte die Augen, wie ich es von ihr erwartete. Ihr Sarkasmus machte es besser. »Du weißt, dass du nicht mehr in der achten Klasse bist«, fragte sie grinsend. »Du darfst auch gleich beim ersten Mal mit ihm heimgehen, wenn du willst. Ist kein Problem.«

Ich grinste mit. Puh! »Deine Protagonistinnen würden das auch nie tun.«

»Wie kommst du auf diese putzige Idee? Die ergeben sich ihrer Leidenschaft, wann immer sie ruft. Na gut, kein Hauptfiguren-Sex vor Seite 45 ist die Regel im Verlag, sonst verlieren die Leserinnen das Interesse.«

Ich witzelte: »Ich war wohl noch nicht auf Seite 45.«

Sie sah mich immer noch nicht an. »Und vielleicht bist du keine Kitschromanfigur, schon mal dran gedacht?«

»Ist nicht deine Sache.«

»Dann erzähl's mir doch erst gar nicht. Man muss auch mal machen, Kai, einfach mal machen. Oder sich nicht beschweren.«

Aber ich wollte mich beschweren. Mein Kopf verlangte alle zwei Minuten etwas anderes.

Am nächsten späten Nachmittag rief Milo einfach im Theater an und ließ sich zu mir durchstellen. Die Kollegin reichte mir das Telefon, ich sah meine Finger zittern, fühlte unsere Gesichter dicht aneinander.

Er klang fröhlich, als wäre nichts gewesen. »Major Tom, wo ist dein Raumschiff?«

Ich lachte. Mein Körper war schwer, fern, atemberaubend. Ich war eine Zauberin, kannte all seine Geheimnisse. Und er kannte keines von meinen.

»Irgendwo im Andromedanebel.«

»So ein Zufall, meines auch. Da könnten wir uns ja treffen.«

Schön, dann bist du über mich hinweg.

»Weiß nicht, muss jetzt arbeiten.«

»Fängst du erst an oder hast du bald aus?«

»Bin eben erst gekommen und hab Abendschicht.«

»Du fängst an, wenn wir anderen aufhören.«

»Ja, ich bin sozusagen ein Vampir.«

Lachen. Dann Pause. »Ich hab an dich gedacht, Kai.«

»Das ist schön.« Eine spektakulär unverliebte Antwort. Aber ich fügte nichts hinzu.

»Das ist schön?«, lachte er. Wann verlor er endlich mal die Fassung, verdammt? »Noch schöner wäre es, wenn du auch an mich gedacht hättest.«

»Hab ich doch.« Ich murmelte es vor mich hin.

»Irgendwie bezweifle ich das nach dem letzten Mal.«

»Wieso, was war denn?«

Er lachte. »Nichts. Nur ein langer eisiger einsamer Nachhauseweg.«

»Ach, immer diese eisigen einsamen Nachhausewege …«

»Ich glaube, du weißt, dass du es auch anders hättest haben können.«

»Kalte Winternächte werden ja wohl nicht wärmer, nur weil man zu zweit geht.« Meine Worte stießen mir wie eine Faust in den Magen. Es fühlte sich schön an, wie er mich wollte und ich ihn so ganz und gar und überhaupt nicht wollte, nur irgendwo ganz hinten, ganz hinten, da wollte ich vielleicht, aber ich ließ das Ding nicht zu Wort kommen, das da hinten saß, hör auf, hör auf, hör auf, hör, auf, hör auf, hör auf!

»Ach? Dann sitzen wir wohl doch auf völlig anderen Planeten.« Endlich.

»Mhm …« Meine Stimme zitterte, aber ich fühlte nichts.

»Kai«, lachte er. »Komm, sag was.«

»Ich sagte schon, ich bin jetzt im Theater.«

»Bin ich wirklich so ein Idiot?«, hörte ich seine Stimme, jetzt bitter. »Weil ich so sicher war, dass da was mit uns ist?«

»Nein«, brachte ich heraus. »Natürlich nicht.« Pause. Er wartete. Was dachte er sich eigentlich, ich konnte doch hier nicht frei sprechen. »Es war … es war ja auch was«, presste ich heraus. Lachte dabei, wollte locker und unbekümmert klingen. Merkte aber selbst, wie ich buchstäblich mit den Zähnen knirschte.

»Aber jetzt nicht mehr?«, schloss er sofort. Und als ich nichts mehr sagte: »Kai?« Wütend sagte er meinen Namen, ich sah seine Augen vor mir, die alles und nichts wussten, für die ich Kay und Major Tom und Auftragskillerin in einem war, die Augen, die sich nicht für eine einzige Persönlichkeit entscheiden konnten. Vielleicht auch, weil sie mich doch nicht kannten?

Ich musste mich hinsetzen, meine Knie waren Matsch. Geh nicht fort, bleib hier, bleib hier, mach mir Angst, verschling mich, schluck mich am Stück runter.

Ich stellte mir vor, wie er gerade in seinem Büro in der Uni saß, vor seiner Spätvorlesung. Seine Erstsemester warteten im Übungssaal, ein ganz normaler Spätnachmittag. Er hätte nicht an mich denken müssen, er war in der Arbeit. Und doch hatte er sein Handy rausgeholt und die Nummer vom Theater eingetippt, weil er unbedingt wissen musste, was mit mir war, ob wir uns sehen konnten. Oooh, er schmerzte in mir, dieser Tanz am Rande der Wirklichkeit, und das war schön.

»Komm nach der Arbeit zu mir«, drängte er. »Ich will dir was sagen.«

»Wird sehr spät heute.«

»Egal, komm danach. Du musst. Lauf nicht wieder weg.«

Aber da flippte ich aus: »Ich kann machen, was ich will! Und reg dich nicht so auf.« Mein ganzer Körper ging auf Verteidigungsposition. In meinem Kopf pochte eine böse Stelle.

Einen Augenblick war es still. Jetzt legt er auf, dachte ich, und lässt mich endlich bleiben. Mein Kopf war glasklar.

Diesmal hatte ich recht. »Okay, dann weiß ich ja Bescheid.« Und er legte auf.

Ich erhob mich. Meine Kollegin sah kurz auf, als ich das Telefon stumm weglegte, kommentierte aber nicht. Ich atmete tief durch. Gut so, es war vorbei. Ich konnte niemanden brauchen, der mir so auf die Pelle rückte. Was sollte ich denn mit ihm? Idiot! Selbst schuld, wenn er sich wie eine Klette an mich hängte, mir nachtelefonierte, mich zwingen wollte, Sachen zu sagen, nur damit er sich gut fühlte. Was erwartete er denn? Was dachte er sich eigentlich? Dass ich ihm all meine Gedanken anvertraute und ihm genau erzählte, was in meinem Kopf vorging, nur weil er mich zehn Sekunden lang in einer verschimmelten Discoecke geküsst hatte, als ich nur noch Nebel im Kopf hatte?

Ich setzte mich zitternd hin. Dann lag das Handy in meinen Fingern, und ich schickte den Text ab:

`Über dich bin ich`
`niemals hinweg.`

Sehnsüchtig befühlte ich das Gerät in der Jackentasche, ob vielleicht eine Antwort vibrierte. Nichts.

Am Abend schleppte ich mich heim, der Nachbar schickte wiederum einen Text an mich, den ich sofort angewidert löschte. Konnte mein eigenes Gewicht kaum tragen, meine Stiefel waren aus Blei. Milo war so wunderbar, so schön, so offen, so perfekt. Und meiner Schwester ging es doch auch gut, sie hatte einen Mann, der immer da war. Und Tama? Er hatte ihr eben erzählt, dass er nie über sie hinwegkommen würde. Was war mit ihr? Wollte sie das hören? Oder lachte sie nur heimlich über ihn?

Ich warf mich vor den Computer und suchte Milo wieder online. Da war natürlich immer noch das gleiche Foto.

Inzwischen wusste ich auch, dass es aus der kitschglücklichen Urlaubsserie mit Tama stammte, von der ich ein paar aus seiner Schublade geklaut hatte. Auf diesem war er jedoch allein zu sehen. Das hieß, Tama hatte das Foto geschossen.

Unschlüssig scrollte ich auf und ab. Diesen Mann hätte ich haben können. Vielleicht konnte ich ihn immer noch haben? Zögernd schob ich den Pfeil auf dem Bildschirm über den Button, mit dem ich sein Kontakt werden konnte. Aber ich traute mich nicht. Denn: Wie schrecklich peinlich, wenn er auf meine Anfrage gar nicht reagierte. Und selbst wenn, dann würde er sehen, dass ich kaum Freunde hatte, dass ich eine Loserin war, die nichts mit Leuten zu tun haben wollte. Oder vielleicht waren meine vielen tollen Freunde einfach nicht angemeldet?

Ich stand auf, machte etwas anderes, räumte auf, schoss dann unglaublich schlechte Selfies, weil ich mein Profilbild erneuern und verschönern wollte, bevor ich ihn kontaktierte. Schminkte mich, kämmte mich, zog mir ein Oberteil mit tiefem Ausschnitt an. Dann hatte ich die Idee, im Hintergrund eine künstliche Party zu arrangieren. Aber wie, ohne Leute? Ich wollte sozial aussehen, er durfte nicht wissen, wie allein ich war. Vielleicht, wenn ich meinen Kopf so groß fotografierte, dass man im Hintergrund nur schummerige Festbeleuchtung und viele benutzte Gläser sah? Ich goss bunten Saft, der auch ein Cocktail sein konnte, in Gläser. Ich machte sie verschieden voll, stellte ein paar Biergläser dazwischen, eine Schale mit Chips, ein paar davon bröselte ich in Krümeln auf dem Tisch. Dann Kerzen, Teelichter, schummriges Licht, und die Schaufensterpuppe saß mit schwarzer Perücke und hochgeschlossenem Kleid mit dem Rücken zur Kamera auf einem Stuhl. Meiner Kleiderpuppe setzte ich die lange blonde Perücke auf, die ich innen mit Plastiktüten ausstopfte, um zu vertuschen, dass ihr Kopf nur eine Holzkugel von vier Zentimetern Durchmesser war. Beide Damen von hinten, im Schummerlicht … das ging schon. Ich schoss das Foto so, dass die beiden am Bildrand platziert waren – andere Gäste, die sich gerade mit ihnen unterhielten, wurden abgeschnitten. Ich stand strahlend im Vordergrund, den Arm um eine schemenhafte Gestalt gelegt, die ebenfalls abgeschnitten sein würde. Das Foto war kein Selfie, nein, ein Gast hatte mich fotografiert, mit dem Selfie-Stick geht alles.

Ich knipste Hunderte von Fotos in allen möglichen Kombinationen und Dunkelheitsgraden. Zwei waren brauchbar. Ich schnitt das Verschwommene von beiden noch zu, postete es als neues Bild und schrieb als Kommentar nur dazu: *spät!* Dann loggte ich mich unter meinen fünf anderen Namen ein und verschaffte mir auf diese Weise diverse Likes und Kommentare. Aber selbst dann wagte ich es noch immer nicht, Milo zu folgen.

Gerade als ich mich ausloggen wollte, freute sich dieser dumme Jan über mein neues Bild und schrieb frech: *He, warum war ich nicht eingeladen?* Er nervte, alle nervten, lasst mich zum Teufel noch mal in Ruhe, ihr nervt, alle, alle. Wütend löschte ich Jans Kommentar und löschte ihn dann sogar ganz als Kontakt. Oh ja, hey, das fühlte sich so geil an. Ich wollte ihm wehtun.

Dann bestellte ich Lasagne und öffnete dem Lieferanten die Tür im Abendkleid mit Wasserwellenperücke. Die ganze Zeit über dachte ich an meine Partyfotos, vielleicht würde Milo mich ja selbst finden und befreunden. Das wäre das Beste. Seine Blöße, nicht meine.

Als ich die Lasagne aß, im langen silbernen Paillettenkleid, dachte ich an Jan und freute mich immer noch, dass ich ihn entfreundet hatte. Hatte er es wohl schon bemerkt, fragte er sich, was er mir denn angetan hatte? Es war so einfach mit ihm, er wollte mich, ich wollte ihn nicht, ich musste nichts tun, einfach fühlen, wie sich das Nichts in mir breitmachte. Einfach da sein, existieren, ihm gefallen, ihn in einem Lächeln baden, drei Schritte neben ihm laufen, meinen Heiligenschein über ihn legen, glänzen, glitzern, schweben, dann wieder in der Nacht verschwinden.

Ich schoss noch mehr Fotos von mir, aufgebrezelt wie ich war, mit Lasagneflecken um den Mund. Dutzende von Bildern mit verschmiertem Gesicht. Klickte mich dann durch die Serie, ich war so schön: Lippenstift und Tomatensoße. Weiß nicht, warum gerade das so schön war. Als ob Farbe aus mir herauskäme.

Dann wollte ich weg. Menschen sehen. Musik hören. Milo sehen. Oh, ich wollte Milo sehen. Er war mit Sicherheit irgendwo. Amüsierte sich. Mit Silvie vielleicht. Dachte nicht mehr an mich. Warum auch.

Doch, er dachte an mich. Ich wusste es. Er musste. Niemand war so wie ich. Er musste. Keine Frau war wie ich.

In meiner Aufmachung und Tamas Stiefeln wanderte ich durch die Dunkelheit. Wegen der Perücke brauchte ich keine Mütze, die falschen Haarwellen glitzerten in der

Eisnacht, meine Arme prickelten, mein Atem schmerzte. Ich war Musik und Schnee. Ich konnte es fühlen. Ich fühlte, dass ich Musik war, wie die supersonischen Wellen aus mir herausquollen, kalte Wellen, kalte, unsichtbare Wellen, wie Gelee, sie waren wirklich da, und Leute blieben stehen und sahen mir nach, wenn ich an ihnen vorbeischwebte.

Mein Weg führte mich am dunklen Stadttheater vorbei: keine Vorstellung heute. Oder nie. Vielleicht gab es meinen Job gar nicht. Menschen stiegen in Busse ein, und ich fragte mich kurz, ob ich es wohl in die Nachrichten schaffen würde, wenn ich mich jetzt vor das Fahrzeug warf. Ich war allein hier, ich würde allein sterben. Aber man würde über mich sprechen. Über die wunderschöne Leiche in Perücke und fließend silbernem Gewand. Und dann auch über das echte Mich.

Nein, dann nicht. Menschen würden in meine Wohnung kommen und mich entdecken. Nur der Spiegel wäre dann für immer leer. Als ich in der Karaokebar angekommen war, merkte ich verwundert, dass ich gar keinen Mantel anhatte. Meine Arme waren so taub vor Kälte, dass sie körperlos neben mir schwebten. Wieder sang ich *Bette Davis Eyes*. Die Melodie ist ein Albtraum, und Tama und Milo saßen an einem der Tische und verliebten sich nur wegen des Songs wieder ineinander. Später sang ich noch *Space Oddity*, ebenfalls eine Bitch zum Nachsingen, aber nach dem Liebeslied für Tama wollte ich noch meinen Song hören und fühlen, wie sehr Milo ihn längst wieder vergessen hatte.

Dann ließ ich mich an der Theke von einem Mann ansprechen, dem mein Gesang wohl gefallen hatte. Ich antwortete, ohne groß nachzudenken, mit spanischem Akzent und erzählte ihm, dass ich Schauspielerin sei, die gerade Charakterstudien für ihre Rolle mache. Hatte er denn noch nie von der international bekannten argentinischen Schauspielerin Tamara Villmon gehört? Er fummelte sein Handy aus der Tasche und wollte mich tatsächlich vor meinen Augen googeln. Nicht, weil er mir nicht glaubte, er fraß meinen Charakter mit Haut und Haaren, aber Dinge sind erst wirklich, wenn man sie nachlesen kann. Man war ja auch nur dann tatsächlich im Urlaub, wenn man Beweisfotos mitbrachte.

Mit einem Lachen fegte ich ihm das Handy aus der Hand, hob den Zeigefinger: Böser Junge, wie unhöflich, warum sind die Deutschen immer so plump, hm? Und überhaupt, er solle bitte nichts weitersagen, ich sei inkognito hier. Er fragte noch, ob es in Argentinien gute Gesangslehrer gäbe, was ich nicht ganz verstand. Dann sprachen wir mindestens eine Stunde über mein wildes Leben und über sein langweiliges, dann brachte er mich zu meinem Hotel zurück, dem *Vier Jahreszeiten*. Wie herrlich, was die Leute in einer blauen Winternacht alles glauben. Natürlich deutete er an, er würde sich über einen Blick auf meine argentinische Briefmarkensammlung freuen. Ich speiste ihn mit einem flüchtigen Kuss auf die Bartstoppeln ab und sagte ihm, meine persönliche Assistentin schliefe leider direkt bei mir in der Suite. Gute Nacht, *mi corazón*.

Hinterher war ich dann plötzlich wieder zu Hause und erinnerte mich überhaupt nicht, wie ich heimgekommen war. Das Ende einer rauschenden Nacht. Aber jetzt fühlte ich mich leer. Einsam. Das kam selten vor, sehr selten.

Da ging ich online und befreundete Jan so schnell wie möglich wieder, schrieb ihm eine Nachricht, dass ich ihn unabsichtlich gelöscht hatte. Er antwortete sofort, und ich chattete über drei Stunden mit ihm, lag in meinem Bett und redete mit ihm, schmeichelte ihm, ließ mich von ihm einlullen, es war so schön, ich machte ihm Komplimente, *eigentlich mag ich niemanden wie dich, Jan, du bist der Einzige, der mich wirklich kennt*, und ich fühlte seinen Rausch, sein Rausch war mein Rausch, fast, als wäre es wahr, es tat so gut, gewollt zu werden. Bevor ich den Laptop zuklappte, tat ich es dann: Ich tippte auf einen Button und folgte Milo. Eine Sekundenentscheidung – manchmal ist es besser, man denkt nicht nach.

Danach konnte ich aber nicht schlafen. Ging alle Möglichkeiten wieder und wieder durch, sah ihn vor mir, wie er mich als neue Onlineeroberung entdeckte und auf mein Profil klickte. Fragte mich, was er sich wohl denken würde. Mein Bett war zu heiß, meine Haut zu eng für meine Gedanken. Aber als ich am anderen Morgen nachsah, folgte Milo mir natürlich auch. Und er hatte mir eine simple Nachricht geschrieben:

```
Major Tom?
```

Ich antwortete nonchalant:

```
                      Wusste gar nicht, dass
                      du auch hier bist.
```

Er schrieb zurück:

`Du hast einen Computer?`

`Wie du siehst.`

`Aber ein Handy hast du nicht.`

`Nein, hab ich nicht.`

`Und auch kein Festnetz.`

`Nö.`

`Kommst du heute Abend ins Theater?`

`Natürlich.`

`Leg dir ein Handy zu.`

`Nein.`

`Du bist komisch.`

`Du auch.`

`Warum mag ich dich eigentlich?`

`Keine Ahnung.`

`Ich auch nicht.`

`Man sieht sich.`

Am Nachmittag wusch ich mir die Haare und duschte so lange, bis mir die Haut abging. Dachte viel mehr an den blöden Text an Tama als an das Projekt meiner Begierde. Tama hatte mir nicht geantwortet. Aber die Nachricht musste ihr gefallen haben. Oh, ich wollte von ihr hören, ich wollte, dass sie mich mochte, ich wollte, dass sie mich kannte.

Ich durchwühlte meine Schubladen nach zueinander

passender Unterwäsche, fand aber keine. Und schöne Sachen hatte ich sowieso nicht. Egal. Stattdessen schminkte ich mich, aber ganz normal, nicht für eine Verkleidung, und zog ein enges T-Shirt und einen Rock an. Es wäre mir nie im Leben eingefallen, mich für den Heizungsraum auch nur im Geringsten schön zu machen. Der Gedanke war absurd. Und sonst, wenn ich verrückte Abendkleider und so anzog – das war ja dann nicht Kai. Aber ja, ich wollte Milo gefallen. Durfte ich das nicht wollen? Ich wollte atemberaubend sein. Wild, schön, aufregend, laut, Ekstase, Adrenalin, Weltuntergang, Supernova.

Es war anstrengend, so zu sein, aber es klappte. Mein Spiegelbild war schön. Und warum sollte er den Weltuntergang nicht mögen?

Auf dem Probenplan sah ich, dass um Viertel nach sechs die Ballszene mit den Statisten geprobt wurde. Daher ging ich um sechs nach unten, um Jan Hallo zu sagen. Er küsste mich auf die Wange. Sein Blick flackerte. Er dachte an gestern. An unseren Chat. Baby, slow down. Er erwartete, dass es weiterging. Irgendwie. Diese Wachträume.

Manchmal frage ich mich, was Liebe ist. Etwas Egoistisches auf jeden Fall. Nicht wahr? Will man den Anderen haben oder will man der Andere sein? Oder ist es die Angst vor einem bedeutungslosen Leben?

Jan stand da vor mir, sein Körper wollte in meinen Kopf, wollte meinen Kopf besitzen. Allein für sich war er nur ein Gesicht unter Millionen. Ich lächelte ihn an. Diese weichen Hundeaugen verursachten mir Übelkeit. Er war nur ein Gesicht unter Millionen.

Vielleicht spürte er meine Kühle. Jedenfalls blickte er mich einfach von oben bis unten an und fragte mit gespielter Gleichgültigkeit: »Was hast du heute noch vor?«

»Nichts. Ich hab nur mal zur Abwechslung einen Rock an.«

»Sieht gut aus.«

»Ach, und sonst bin ich wohl immer eine katastrophale Erscheinung, wenn ein einziger langweiliger Rock mich so aufpimpt«, ätzte ich.

Jan ließ sich nicht in die Defensive treiben, gut für ihn. Die peinlichen Hundeaugen verschwanden. Er zuckte lediglich mit den Schultern und sagte freundlich: »Ich darf wohl nicht hoffen, dass du dich für mich aufbrezelst?« Er nannte es wirklich Aufbrezeln, wenn ich einen knielangen Glockenrock und Wimperntusche trug. Na ja, und schwarze Baumwollundies statt ausgeleierte gelbe mit grünen Mickey-Mäusen drauf. Aber einen Röntgenblick hatte er sich hoffentlich noch nicht zugelegt.

»Nein«, sagte ich. »Nur für mich selbst.«

In diesem Moment sah ich Milo, der auf der anderen Seite der Bühne an einem Balken lehnte und mit jemandem sprach. Lässig, die Hände in den Hosentaschen, als hätte er keine Sorgen auf der Welt. Und das war ja wahrscheinlich auch so. Er hatte keine. Kannte nur Vergnügen, bekam alles, was er wollte. Und wenn er es einmal doch nicht bekam, wie Tama, dann lebte er wild und gelassen weiter, weil er wusste, dass sie eines Tages zu ihm zurückkommen würde. Und zwischendrin, während er darauf wartete, war sogar ich noch zurückgekommen.

In diesem Moment, in dem ich ihn da von fern betrachtete, da waren meine Gedanken kristallklar. Die Welt bewegte sich genau im richtigen Tempo, nicht schneller oder langsamer, wie sie es sonst immer tat. Oh, das tat gut. Es war mir egal, warum er mich mochte, ich wusste nur, dass ich ihn haben musste. Das machte mich ruhig.

Milo sah sich nicht um, es kümmerte ihn nicht, ob ich vielleicht in der Nähe war. Er lachte, gestikulierte. Jetzt kam eine weitere Person dazu. Schulterklatschen, noch mehr Lachen. Eine Show. Und plötzlich wandte Milo doch den Kopf in meine Richtung und sah mich an. Überall waren Zuschauer, Beobachter im Dunkeln, die Scheinwerfer warteten auf unsere nächste Bewegung. Die Bühne war ein atmendes Tier unter meinen Füßen.

Dann haute Milo einfach ab, drehte sich um und verschwand im Hintergrund der Bühne, wo die Kulissen hausten. Idiot. Oder Experte? Aber ich ließ mich locken, folgte ihm durch die Innereien der Bühne. Die Kulissen waren ein kleines Labyrinth aus Seil, Farbe, Stoff, Holz, meine Schritte raschelten. Milo lehnte an einem Holzbalken und sah mir entgegen.

»Frau Auftragskillerin«, begrüßte er mich lässig und richtete sich auf. »Jetzt bin ich dir auch mal weggelaufen.«

Ich machte einen Schritt auf ihn zu. »Geiles Gefühl, oder?«

Sein Blick war arrogant und verletzlich zugleich. »Ja, sollte ich öfter mal machen.« Ganz en passant zog er mich an sich heran, wir schwiegen, unsere Finger verstrickten sich ineinander, mein Rock schwang, seine Hände waren kühl. Wir spielten umeinander herum, bekamen uns nicht zu fassen.

Dann flüsterte er: »Magst du mich denn wirklich nicht, Kai?«

»Was glaubst du?« Verärgert, als wäre es seine Schuld, und das war es ja auch. Er lachte, schlang seine Arme um mich, vergrub sich in mir. Es brauchte nicht viel, um mich umzuhauen. Fast nichts. Es war wie mein allererster Kuss, und er zerriss mir schier den Kopf. Ich weiß einfach nicht, wie man es spielt, dieses abscheuliche Spiel mit der Leidenschaft. Aber ich rannte nicht weg. Nein, ich rannte nicht weg. Diesmal hielt ich es aus. Und es war schön.

Als der Aufruf von irgendwoher kam, alle Leute aus der Szene sollten sich jetzt gefälligst sofort auf der Bühne einfinden, taumelten wir auseinander, sein Blick war ganz glasig. »Oh shit, wie soll ich denn jetzt diese Probe durchstehen, Kai?«

»Du wolltest ja unbedingt Statist sein …«

»Doch nur wegen dir«, flüsterte er, und dann: »Kommst du nachher mit mir heim? Bitte!«

In einem Flash sah ich sein zerwühltes Bett vor mir und kein bisschen Luft zwischen uns. Das konnte ich doch nicht ausstehen. Aber ich nickte in seine Schulter. Wir lösten uns voneinander, atemlos, lachend, er war so schön, ich konnte ihn gar nicht ansehen, so schön war er.

Als mein schillernder Körper durch den Irrgarten der Requisiten zurückging, sah ich Jan da stehen. Nicht wirklich ganz dort, wo er uns hätte sehen können, aber definitiv nicht da, wo er im Augenblick hingehörte. Ich blieb stehen, blickte ihn an. Er war blass, aber vielleicht bildete ich mir das auch nur ein. Wollte es mir einbilden. Dann wandte er sich ab und ging in Richtung Bühne. Ich wanderte zurück durch den Flur in mein Arbeitszimmer. Vielleicht hatte Jan beobachtet, wie Milo und ich da hinten peinliche Trockenübungen veranstaltet hatten, aber dafür hatte ich in den letzten zehn Minuten nicht ein einziges Mal an Tama gedacht.

Wo soll ich anfangen? Mit der wilden Nacht? Die Geschichte beginnt jetzt, oder? Nun ist es so weit: Ich bin auf Seite 45 angelangt, und ich bin eine Hauptperson. Aber jetzt will ich auf einmal nicht mehr erzählen. Die ganze Sache geht niemanden etwas an, nicht einmal mich selbst – und Milo schon gleich gar nicht. Ich kann so etwas nicht zu Papier bringen und auch nicht lesen.

Normalerweise mach ich diesen Blödsinn, weil ich mich über die Typen amüsieren will. Weil sie sich so lächerlich machen, allesamt, weil sie jeden erniedrigenden Scheiß mitmachen, nur um zu vögeln, verdammt, ist das alles peinlich. Und nein, eigentlich war die Nacht nicht wild. Gar nicht. Das habe ich eben nur geschrieben, weil ich es mir vielleicht wünschte. Ich will wild sein. Wie Tama, wie andere Leute. Die sind doch auch immer wild. Mein Kopf ist wild, aber sonst nichts.

Und doch war ich diesmal wie betrunken, happy, verrückt nach diesem Kerl. Es stimmt, ich schwöre es, es ist wahr: Milo war nicht lächerlich oder peinlich, er war wunderbar.

Die Zeit bis zum Arbeitsende verging in einem Nebel, ich sah meine Hände etwas tun, ohne dass mein Hirn registrierte, was es war. Die Uhr tickte rückwärts. Irgendwann wartete Milo dann wirklich draußen auf mich, nahm meine Hände, und allein das schon fühlte sich an, als wären wir verdammt noch mal ein- und dieselbe Person: Sein Blick war ich, meine Lippen waren er. Wir küssten uns, ganz kurz nur, ich grinste, war so euphorisch, dass ich fast überschnappte, dass ich kaum noch Luft kriegte. Wir stiegen in den Bus, redeten ganz normal, berührten uns, aber nicht viel, ich wusste nicht ein noch aus, wusste nicht, wohin mit meinen Armen, meinen Fingern, meinen Füßen, ich war der allererste Mensch, niemand hatte vor mir überhaupt jemals irgendetwas gefühlt.

Milo erzählte mir von der Probe und dass Mrs. de Winter beinahe die Treppe heruntergefallen wäre. Sollte ich lachen?

Wir rauschten in einem Neonwirbel aus Menschen durch die Winternacht; ich erzählte einen Witz über ein Missgeschick mit einer Perücke, vielleicht erfand ich die Story auch nur.

Seine Wohnung war still, so ganz ohne Party, aber wen hatte er wohl gestern Abend hier gehabt? Ich wollte mit ihm allein sein, niemand sollte uns sehen, niemand sollte von uns wissen, es war ein Spiel, ein schönes Spiel, es sollte nie wieder morgen werden. Aber vor ihm war ich cool, war ich weich, war ich eine Frau, die wusste, was sie tat, eine Frau, die wollte, wollte, wollte. Musste ich sein. Die Euphorie stand mir gut, Wildheit stand mir gut, Kai stand mir gut.

Die Tür fiel zu, er murmelte etwas darüber, dass er nun mit einer notorischen Auftragskillerin allein sei, ich lachte, glaube ich. Vielleicht auch nicht, doch, bestimmt, sicher: Ich lachte. Meine Fingerspitzen schnappten irgendwie nach Luft, während ich lachte und seine Haut berührte, und sein Bett roch immer noch so gut wie auf der Party, besser, wilder. Milo war der freie Fall, so schön, so perfekt, sein Körper, seine Augen, seine Hände, und er hatte Tama gehabt, Tama, die ebenso schön und perfekt war wie er, zierlich und dunkel – und normal, normal, normal. Sie hatte genau gewusst, was sie mit ihm machen musste. Ich hingegen stellte mich an wie eine Spätzünderin auf der Jungfernfahrt. Es war ja auch nie so wie jetzt gewesen.

Aber Milo kannte mich. Es war alles egal. Ich wusste nicht, woher er mich kannte, aber er kannte mich. Er sagte nichts, fragte nichts, lachte nicht, schaute nicht zu viel hin. Es war immer so mit ihm. Wie soll ich es erklären? Er war so viel stärker als ich, machte fast immer den Anfang, warf mich ganz machohaft ins Bett oder aufs Sofa oder sonstwohin. Aber er sah mich nie so an, so … so … wie Männer Frauen ansehen. Ich dokumentierte seine Ekstase, aber er niemals meine. Ich hatte ja auch nie eine. Wie auch, Tama lag immer mit uns im Bett. Sie lag da währenddessen, sie lag da vorher und hinterher, auch wenn er mich anlächelte und nur für mich zu existieren schien. Aber das war mir egal. Ja, es war mir egal. An diesem ersten Abend war mir das egal. Die Story existierte doch ohnehin nur in meiner Fantasie. Ich konnte mit ihm herumalbern, seine Haut klebte an meiner, sein Geruch kreiste in meiner Blutbahn, mein Kopf war schwerelos vor lauter Dasein und Atmen. So musste es auch mit Tama gewesen sein.

Am liebsten wollte ich jetzt gar nicht sprechen. Da war ein Gefühl, wie ich es noch nie, nie, nie gehabt hatte, und das würde kaputtgehen, wenn er jetzt trivial wurde. Aber: »Hast du Hunger?«, lachte er, den Kopf in meiner Halsmulde versteckt. »Ich bin ein phänomenaler Brotschmierer.« Er war so glücklich, so glücklich.

Was redete man, wenn man mit einem Kerl im Bett lag und sich ekelte und wohlfühlte gleichermaßen und eigentlich nur noch weg wollte?

»Nein, ich hab gar keinen Hunger.«

»Auch nicht auf mich?«

»An dir hab ich mich doch gerade eben schon vollgefressen.« Sagte man das so? Sprach man so mit seinem glücklichen Lover? Es war peinlich.

Aber er lachte. »Ach komm, beiß noch ein kleines Stück von mir ab.«

Wir waren in einem billigen Drehbuch. »Haha«, hörte ich mich, und ich knabberte tatsächlich an ihm herum wie eine Idiotin. Ich übte. Seine Haut schien feuchtkalt und klebrig unter meinen Lippen. Und ich konnte nicht anders. »Irgendwie fühle ich mich wie in einer dieser schlechten Teenie-Fotostorys.«

Er freute sich. »Wie in einer richtig guten Fotostory, meinst du.« Da fiel ihm etwas ein: »Apropos gute Story: Warum bist du letztens im *Kali Ma* eigentlich weggelaufen?«

Ich sah seinen Augen an, dass er es jetzt ernst meinte, unser Spaß hatte ihn daran erinnert, dass da was war. Mehr als ein Ding.

Aber ich ließ mich nicht einfangen, ich spielte den Witzbold, wo ich nun schon mal in einem kindischen Skript gelandet war. »Schadet der Story gar nicht, wenn der Hauptdarsteller mal stehen gelassen wird.«

»Der Hauptdarsteller muss schon richtig schlecht küssen, wenn sich die Frau buchstäblich aus seinen Armen boxt.« Er lachte dabei, aber, ja, er suchte Antworten in meinem Blick.

Leider bin ich nun mal keine Drüberrederin. »Das ist dir wohl noch nie passiert, du Herzensbrecher.«

»Mit 13 zum letzten Mal. Aber da konnte ich es wohl wirklich noch nicht.«

»Du hast also, seit du 13 warst, absolut jede Frau gekriegt, die du wolltest?«

»Nein, Blödsinn, aber wenn man schon mal beim Küssen angekommen ist, will es der andere ja meistens auch. Außer, man heißt Kai.«

»Ich wollte ja.«

»Aber du stehst zu hoch über der menschlichen Spezies?«

»Nimm doch nicht alles so ernst. Es war nichts.« Oh, ich hasse solche Gespräche.

Milo strich mir nachdenklich über die Wange. »Du weißt, dass ich verrückt nach dir bin?« Es war wirklich eine Frage. »Oder? Weißt du das nicht schon lange?«

»Und warum bist du verrückt nach mir?«

»Keine Ahnung. Bist so anders als die anderen.«

Ich liebte seine Augen. Diesen Blick. Etwas in seinem Blick machte, dass ich nicht ohne ihn sein konnte. Diese empfindsamen Augenbrauen, seine hellen Augen, die alles wussten und mich durch und durch kannten. Er schmerzte immer so schön, dieser Blick.

»Wie anders?«, fragte ich.

»Weiß nicht ... so fern von allem.«

»Das klingt nicht nach einem Kompliment.«

»Es ist aber eins. Du brauchst nur dich selbst.«

Ich sah weg. »Und das ist gut?«

»Ja. Du versuchst nicht, andere zu beeindrucken.«

Nein, das versuchte ich nicht. Oder doch, das versuchte

ich schon, wenn ich mich denn mit ihnen abgab: Dann wollte ich zeigen, dass ich besser war. Und das war ich ja auch. Aber viel lieber wollte ich anderen gar nicht erst in einer Situation begegnen, in der sie mich wahrnahmen.

Da war jedoch noch etwas anderes. Sehr genau erinnerte ich mich daran, dass Milo mir Tama auf seiner Party fast genauso beschrieben hatte, wie er jetzt mich beschrieb: Sie brauchte ihn nicht. Darauf war er auf verdrehte Weise abgefahren.

»Ich weiß nicht«, sagte ich und sah an seiner Schulter vorbei. »Vielleicht gibt es mich auch gar nicht so, wie du denkst?«

Milo strich mir die Haare aus der Stirn. Liebevoll. Er suchte meine Augen. »Das weiß ich schon«, antwortete er leise. »Was denkst du? Man hat immer eine Geschichte im Kopf.« Dann sagte er: »Vielleicht sprichst du einfach eine ganz andere Sprache als die anderen.«

Ich hörte nur ›Sprache‹. Jetzt dachte er an Tama. An all die Sprachen, die sie beherrschte und über die sie forschte. An ihre Intelligenz, ihre Klugheit, ihre Schönheit, ihre Überlegenheit. Da hörte ich mich plötzlich sagen: »Apropos Sprache. Was ist denn jetzt eigentlich genetische Linguistik?«

Es rutschte mir heraus. Und ja, ich weiß: Ich verstehe romantische Gesten immer erst hinterher. Er hatte es verliebt gemeint. Er wollte mir sagen, wie besonders ich bin, nicht wahr? So besonders, dass ich eine andere Sprache spreche. Ich hätte ihn küssen sollen und ihm etwas Niedliches antworten. Zum Beispiel etwas darüber, dass er und ich auf jeden Fall die gleiche Sprache sprächen. So hätte es Tama gemacht.

Und natürlich war Milo vor den Kopf gestoßen. Er grinste und schubste mich. »Du immer mit deinen krassen Themenwechseln. Genetische Linguistik? Noch nie gehört.«

Doch, dachte ich, auf deiner Party hast du es von mir gehört und mir den Eindruck gegeben, dass du etwas darüber weißt. Aber damals warst du wohl zu betrunken, um mir zu antworten.

»Aber ich hab das mal irgendwo gelesen oder gehört.«

»Meinst du genetische oder genealogische Verwandtschaft von Sprachen? Damit hat sich meine liebe Ex ja beschäftigt.« Milo klang sarkastisch, er nahm seine Hand von mir. »Und das weißt du natürlich. Sonst hättest du jetzt nicht gefragt. Das weißt du einfach so, obwohl du sie angeblich gar nicht kennst.«

Ich beachtete seinen Einwand nicht. »Machst du auch was zu diesem Thema?«

»Nein. Aber ich bin eben in der Evolutionsbiologie, und ein paar von uns unterstützen die Linguistik mit Modellierungssystemen, weil diese Methodik wohl eher bei uns angesiedelt ist.«

»Aber Sprachen sind doch nicht wirklich verwandt, also nicht … körperlich.«

»Nö, klar, ist eine reine Metapher. Genetisch verwandt sind wohl Sprachen, die viele Gemeinsamkeiten haben und sicher noch einige andere Bedingungen erfüllen. Aber, Baby …«

»Genau, Französisch und Italienisch stammen vom Latein ab und solche Sachen. Gibt es zu solchen trivialen Dingen wirklich Forschung?«

»Können wir über etwas anderes reden?«

»Interessierst du dich nicht für Sprachen?«

»Nein, nicht besonders. Und gerade jetzt nur für deine.«

Schon wieder. Es war mir unmöglich, über solche Plattitüden hinwegzusehen.

Ich schaffe ein Lächeln. »Oder wir sagen einfach mal gar nichts.«

Jetzt legte er ganz unschuldig sein Gesicht an meins und küsste mich.

»Liebe Kay mit dem Teufelssplitter, wie ist es nur passiert, dass wir uns kennengelernt haben?«

»Das ist wirklich unerklärlich, da ich doch angeblich so ›fern‹ bin.«

Und dann kriegten wir schon wieder keine Luft mehr vor lauter Zusammensein.

Aber dann später, als er kurz irgendwo in der Küche oder im Bad war, surrte sein Handy. Wie der Blitz und ohne zu überlegen kroch ich zwischen den Laken hervor, auf den Boden zu seiner Jeans, die zerknautscht neben dem Bett lag – und zog es aus seiner Hosentasche. Die Nachricht leuchtete beißend auf dem Display, ringsum war es dunkel:

```
Okay, morgen um 2 im
Venezia.
```

Sie war von Silvie.

Als er zurückkam, war ich dabei, mich anzuziehen. Wegen der Nachricht sagte ich nichts, das Handy befand sich wieder an seinem Platz, als wäre nichts geschehen. Ich konnte nicht morgens neben ihm aufwachen und mich mit ihm beim Frühstück über banale Sachen unterhalten. Das hatte nichts mit dieser dummen Silvie zu tun, gar nichts. Das war mir so was von egal, mit wem er sich sonst noch verabredete.

Er tat schockiert. »Blödsinn, bleib doch hier.«

»Nein, ich will lieber heim.«

»Es ist mitten in der Nacht, wie willst du überhaupt nach Hause kommen?«

»Taxi oder zu Fuß.«

Er sah mich verwirrt an. »Bist du dir sicher? Du kannst echt gern hierbleiben.«

»Nein, ich will heim.«

»Okay.«

Und ich zog mich weiter an. Nervös, linkisch sammelte ich meine Sachen zusammen, zog mich an und ging. Milo kam mit bis an die Wohnungstür, küsste mich, aber zaghaft. Sah er gleichgültig aus? War es ihm egal? Im Grunde war er froh, mich loszuhaben, ich konnte es ihm ansehen. Es war richtig, zu gehen.

Der Morgen legte sich auf mein Gesicht wie ein Schleier, und ich fühlte gar nichts mehr. Wie wäre es wohl, zu erfrieren? Sicher gar nicht so schlimm.

Wann er Silvie wohl die Nachricht geschickt hatte, auf die ihre Antwort gekommen war? Bevor er wusste, dass er mich an diesem Abend abschleppen würde? Aber warum sollte Silvie dann erst um halb fünf Uhr morgens reagieren?

Das viele Anfassen hatte mich taub gemacht, und bei jedem Schritt staubte Eis unter meinen Stiefeln. Aber es war gut. Ja, wirklich. Ich wollte immer nur taub sein.

Ich schlief lange aus, sehr lange, träumte wirre Liebesgeschichten, sodass mir alles wehtat, als ich gegen Mittag endlich aufwachte. Was hätte er wohl getan, wenn ich geblieben wäre, war mein erster Gedanke. Er hätte ja kaum Zeit gehabt, mich rauszuschmeißen, bevor er sich für sein zweites Date aufmachen musste.

Ich stellte mich ans offene Fenster, und die liebesverkaterte Schneekönigin betrachtete die Stadt von oben, versuchte, den Blick auf ihre eindimensionale Welt zu genießen. Der Schnee glitzerte, die kalte Luft am Fenster beruhigte mich. Ich zwang mich, mit spitzen Fingern etwas zu essen, und das Foto von Milo und Silvie im Bett, damals auf der Party, hielt ich in meiner anderen Hand. Der Wind zerrte daran, fast hätte ich es nie wieder ansehen müssen.

Um halb zwei ging ich raus in diesen sonnigen Wintertag, versteckt unter meinem Wintermantel, den Milo immer noch nicht kannte, meine schwarze Perücke auf dem Kopf. Und die blauen Stiefel. Ich konnte nicht anders. Auf seltsame Weise waren sie mein Talisman, und die Gefahr löste ein wohliges Gefühl in mir aus. Eigentlich fühlte ich mich gut, mein Magen kribbelte wie vor einem großen Auftritt.

Das Venezia war ein kleines Café, eigentlich eine Eisdiele, die jetzt im Dezember etwas verloren lag und nur einigen wenigen Gästen heiße Schokolade servierte. Es war kurz vor zwei, ich spähte durch das Fenster und sah Silvie dort sitzen. Interessant, sie wartete auf ihn. Spielte ganz vertieft auf ihrem Handy herum, die langen Haare quollen ihr über die Schultern. War sie nervös? Wusste sie von mir? Sicher nicht. In meinem Kopf spielte Filmmusik. Eine Melodie mit Sehnsucht und Schneeflocken. Sie war ein wirklich nettes, hübsches, lustiges Mädchen. Kein Wunder, dass Milo sie sich warmhalten wollte, falls sich die Auftragskillerin als Niete entpuppte.

Aber ich musste aufpassen, er war noch nicht da. Schnell ging ich rein, platzierte mich so, dass Milo, wenn er sich auf den Stuhl neben Silvie setzen würde, mir den Rücken zudrehen musste. Sie würde mich in der Verkleidung natürlich nicht erkennen, bei ihm war ich mir alles andere als sicher. Die Stiefel könnten ihm auf jeden Fall auffallen. Aber das hatte ich ja nicht anders gewollt. Schnell bestellte ich einen Kaffee und holte ein Buch heraus, das ich mir scheinlesend vor die Nase hielt.

Er kam ein paar Minuten nach zwei. Ich sah ihn über den Buchrand hinweg an, den Pony meiner Bubikopfperücke tief in der Stirn. Es war unglaublich, dass dies der Mann war, mit dem ich die letzte Nacht verbracht hatte. Der Erste, der Allererste. Vor ein paar Stunden noch war ich bei ihm gewesen. Er sah so ruhig aus, war so angezogen, so normal, so wenig animalisch, ohne Hitze im Gesicht, nicht wiederzuerkennen. Niemand in diesem Café wusste, was er und ich getan hatten, ein köstliches Geheimnis.

Es tat weh: Seine Hände waren auf mir gewesen, jetzt legte er sie Silvie auf die Schulter. Ganz kurz nur, aber ja, sie berührten sich freundschaftlich – vielleicht sogar zärtlich? Sein Blick ruhte sekundenlang auf ihr. Er küsste sie auf die Wange, ganz sacht. In einer unwillkürlichen Erinnerung spürte ich seinen Atem in meinem Ohr, und was er mir alles gesagt hatte, was er mir alles in die Haut geflüstert hatte; wir waren die einzigen Menschen auf der Welt, er und ich, niemand konnte uns sehen, niemand wusste, was passierte, wir waren unsichtbar, ein Geheimnis, es gab uns nicht wirklich, es war nicht eklig, weil es nicht echt war. Als ich die Augen wieder öffnete, war mir so heiß unter meiner Scheißperücke, dass ich kaum atmen konnte.

Aber ein paar Tische weiter saßen Milo und Silvie über ihren Tassen. Sie sah geradeaus, zwirbelte eine Haarsträhne, er sprach, legte ihr ab und zu die Hand auf den Arm. Sie saßen einander zugewandt, lachten, aber nicht zu sehr … Er erzählte, dominierte das Gespräch.

Aber dann plötzlich beugte sich Silvie vor und küsste ihn auf den Mund. Sie war ganz ernst dabei, berührte kurz seine Wange, strich über seine Haut, ganz zart, sie sahen sich an, dann neigte sie den Kopf und ihre Lippen berührten die seinen. Es sah aus wie im Film, sie waren schön zusammen.

Im gleichen Moment fühlte ich eine eiserne Faust im Magen. Ein herrlich perverses Monster in mir verlangte nach mehr, hoffte, wünschte, dass er sie wild zurückküssen würde. Ich wollte miterleben, wie er verzückt die Augen schloss, wollte ihn von außen bei der Ekstase betrachten, nicht von innen. Innen ist nicht so gut wie außen. Außen ist immer besser. Küss sie, roll mit den Augen, das Salz knistert in Kristallen auf deiner Haut, niemand wird dir wehtun, küss sie.

Aber das geschah nicht. Meine beiden Protagonisten lösten sich sofort wieder voneinander und sahen sich an. Da war wieder diese empfindsame wundersüße Stirnfalte.

Milo sagte etwas, nickte in Richtung Tür. Zu mir oder zu dir? Mir war so schlecht vor Pein und Vergnügen, dass ich nicht wusste, wohin mit mir selbst. Das wollte ich nicht sehen. Oder? Wollte ich das sehen? Irgendwie schon, aber eigentlich ganz und gar nicht. Vielleicht wäre es etwas anderes gewesen, wenn Tama dort am Tisch gesessen hätte.

Ich legte das Geld für den Kaffee auf den Tisch und suchte das Weite. Ging durch den dumpfen Sonnenschein am Flussufer entlang nach Hause, wütend, rasend, radioaktiv, erregt, zerlegt. Ich lief durch die Straßen, ziellos, meine Schritte ein blauer Beat. Wanderte hinter einer aufgebrezelten Frau unter einer Pelzhaube her. Eine bestimmt schon über sechzigjährige Barbie mit kirschrotem Mund, großer strassbesetzter Sonnenbrille und Wachshaut, die im Dezemberlicht geradezu glänzte. Sie ging so zielstrebig an allen Geschäften vorbei, mir schien, sie musste etwas Besonderes vorhaben. Sie interessierte mich, und ich wollte nicht an das andere denken, erst später wieder.

So verfolgte ich sie bis zu einer Gemeinschaftspraxis in einem Betonbau. Fragte mich, ob sie zur Lungenheilärztin, zum Orthopäden oder zur Neurologin wollte. Einige Minuten stand ich vor dem Gebäude und sah an der glatten Front hinauf. Wie würde es mir wohl gehen, wenn ich so alt war wie sie? Meine Oma hatte früher immer gesagt, wenn man jung sei, könne man sich nicht vorstellen, dass man jemals alt sein werde. Man sehe die Beweise dafür, dass es wirklich passiere, jeden Tag, aber man wisse trotzdem, dass es einem selbst nie so gehen werde. Und das stimmte.

Langsam wanderte ich zu einer Bank, ließ mich fallen. Ganz übel wurde mir, als ich mir mich als uralte Profi-Voyeurin vorstellte, die allein irgendwo in einer Dachkammer hauste, niemanden hatte und immer noch Leuten ihre Zettel zusteckte. Jungen Leuten, deren Leben sie sich auf einem Notizblock zusammenbastelte. Zum Kotzen! Dann würde man keinen Film mehr über mich drehen, kein anderer Mensch fände den Blick in mein Leben geheimnisvoll, ich wäre in der Tat nur noch das Nichts, das ich angeblich jetzt schon sein wollte.

Und meine Schwester? Sie war auch nicht besser als ich, war nicht hübscher, nicht schlauer als ich, und doch hatte sie einen Mann, der seit über zehn Jahren nur sie wollte, mit ihr zusammenlebte, sie küsste, wenn er aus dem Keller kam.

Es war erst kurz nach drei, aber mein Schatten zog sich lang und schmal über den Gehweg, der Wind zerzauste mir Perücke und Kleidung, und ich schlang die Arme um meinen Mantel, weil es sich anfühlte, als ob kleine Teile von mir mit dem Wind davonwehten.

Ich wollte ja eine ganz normale Beziehung. Ich war doch verliebt, oder? Aber Milo traf sich mit anderen Frauen. Was jetzt gerade wohl passierte? Ob sie zu ihm gegangen waren? Das würde er doch nicht tun, im selben verdammten Bett, in derselben verdammten Bettwäsche? Milo tickte doch nicht so? Er war doch ehrlich? Ein bisschen Menschenkenntnis hatte ich doch auch noch, er konnte mir doch solche überwältigenden Gefühle nicht einfach vorspielen? Er mochte mich, das wusste ich, das war einfach so.

Ich stand auf und lief weiter, den Kopf gesenkt, meine

Schritte zählend. Meine Arme umschlangen mich fester, oh, ich schaffte es einfach nicht, mich zusammenzuhalten, beim Gehen fühlte ich, wie mein Körper desintegrierte.

Mit gesenktem Kopf lief ich und lief und lief, und lief und lief und schaute mich nicht um, eine Teilchenspur zog sich hinter mir her, die Menschen schauten schon, einfach weitergehen, nicht hinsehen, einfach weitergehen. Vielleicht machte Milo einfach die Jagd Spaß? So wie mir, ein bisschen?

Als ich aufhörte zu denken, stand ich vor seinem Haus. Meine Augen fielen auf die Eckwohnung und sein Schlafzimmerfenster: natürlich keine Bewegung hinter den Vorhängen. War das Haus nur eine Kulisse, oder war ich tatsächlich selbst schon in dieser Wohnung gewesen? Hatte ich dort wirklich meine verdammte Haut abgelegt und vergessen?

Einen Moment lang war ich drauf und dran zu klingeln, aber er würde mir nicht öffnen, falls er wirklich Damenbesuch hatte.

Lange, lange stand ich da, starrte auf die Fenster und wartete auf irgendetwas. Meine Fäuste ballten sich in den Manteltaschen, Leute rannten mich fast um und stießen noch mehr Partikel aus mir heraus. Vielleicht war das wie beim Kämmen, wenn man plötzlich ganze lose Büschel von Haaren in der Bürste und auf den Schultern liegen hat. Vielleicht waren es einfach nutzlose Teilchen, die der Wind aus dem Körper herauskämmte. Der Gedanke machte mir Spaß.

Dann war es dunkel, und in Milos Wohnung ging kein Licht an: Er war einfach gar nicht da, und das war schlimmer als alles andere. Wenn er da gewesen wäre, selbst mit einer anderen, hätte ich meine Zeit wenigstens nicht verschwendet. Wütend nahm ich den Bus nach Hause, zog meine Verkleidung aus, wischte mir die Schminke ab, setzte mich an den Tisch und schrieb in Blockbuchstaben auf einen Zettel:

Hab dich schon so oft im Bus gesehen.

Dazu eine E-Mail-Adresse. Dann drehte ich die Notiz ein wenig in den Händen, dachte an den Schwager und was er wohl tun würde, wenn er so eine Nachricht bekäme. Hm ... Dann verschloss ich die Zeilen in einem Umschlag, steckte sie ein, man wusste ja nie, und ging wieder raus, zum Theater.

Als ich im Treppenhaus an der Tür des Nachbarn vorbeistolperte, wurde mir übel. Wie hatte ich nur jemals ... es war unvorstellbar jetzt, absolut unvorstellbar und widerlich. Alles, alles war unvorstellbar und widerlich. Ich fühlte mich hundertprozentig isoliert von meiner Umgebung.

In der Arbeit verließ ich die Maske nicht, die Statisten hatten heute keine Probe. Wenigstens das. Aber als ich kurz vor Feierabend aus dem Fenster blickte – sah ich Milo unter der Laterne stehen. Er wartete auf mich. Es war so spät, aber er wartete auf mich. Er stand unter dem milchigen Licht, eine Kreatur direkt aus meinem Kopf, und wartete einfach. Und da war es vorbei mit meiner Beherrschung. Ich brach fast in Tränen aus. Ich weine niemals, aber ja: Irgendein wildes Geräusch kam aus den

Tiefen meines Körpers herauf, und die Beine knickten mir weg. Mit zitternden Knien lief ich im Gang hin und her und wusste nicht, was ich tun sollte. Stöhnend, ächzend lief ich herum, konnte mich nicht zurückhalten, egal, ob mich jemand sah. Und in meiner Verwirrung wusste ich einfach nicht, ob ich raus sollte zu ihm.

Natürlich sollte ich. Natürlich. Scheiße, er war extra wegen mir gekommen. Ich musste raus. Und noch mehr musste ich ihm endlich meine blöde Telefonnummer geben.

Dann riss ich mich zusammen, schloss die Augen, dachte nicht mehr nach und marschierte aus der Tür direkt zu ihm. Ließ mir nichts anmerken. Das war so schwer!

Milo lächelte mich an, als wäre niemals etwas gewesen. »Major Tom lässt mich mal wieder in der Kälte stehen.«

Wo kam er her? Er war nicht zu Hause gewesen.

Er küsste mich, ich bebte, er zog mich an sich, flüsterte mir zu, dass er mich den ganzen Tag vermisst hatte, dass er kaum gewusst hätte, wohin mit sich, so heftig habe er immer wieder an mich denken müssen. Die Worte leckten wie Flammen an mir, aber ich ließ sie nicht an mich heran. Er log, er log.

Vage dachte ich an die wilden Sachen, die er und Tama übereinander geschrieben hatten. Ich lächelte, blieb ruhig. »Warum, was hast du denn heute alles gemacht?«

Er zuckte mit den Schultern. »Zuerst bist du mir abgehauen, dann hab ich gepennt – völlig fertig, wie du dir denken kannst.« Er grinste. »Dann hab ich gearbeitet, ganz normal. Heute konnte ich mir meine Zeit zum Glück gut selbst einteilen, bin erst am Nachmittag in die Uni, dafür dann natürlich länger geblieben – und konnte dich daher jetzt direkt abholen.«

Von Silvie sagte er natürlich nichts.

Trotzdem ging ich mit ihm mit, konnte nicht widerstehen, war süchtig nach ihm, konnte meine Hände nicht von ihm nehmen, er brannte mir zischende Wunden in die Haut. Eigentlich war es so noch tausendmal herrlicher: mich an ihm zu berauschen und zu wissen, dass er sich zwischendrin wahrscheinlich eine andere genehmigt hatte. Ich liebte die Hirngespinste, sehnte noch mehr herbei, schloss die Augen, stellte ihn mir mit Silvie vor, und das tat so köstlich weh, dass die Leidenschaft mich schier zerfetzte.

Als er schlief, lag ich wach neben ihm. Wusste nicht, ob ich sollte oder nicht, wusste nicht, ob mein Kopf es aushalten würde. Aber dann sperrte ich mich mit seinem Handy im Klo ein und suchte Silvie. Sie hatte diese letzte Konversation begonnen, aber die ganze Ladung Texte zwischen ihnen ging ein paar Monate zurück. Mit Herzklopfen las ich die letzten Zeilen.

`Kino morgen Abend?`

Sonst noch was, du blöde Kuh?

Er hatte geantwortet:

`Du, leider keine Zeit, Silvie, sorry. Viel an der Uni zu tun.`

`Okay, kannst dich ja melden, wenn du mal wieder kannst.`

Da schrieb er zurück – erst nach etwa fünfzehn Minuten, wie ich sah:

```
Silvie, ich glaub, wir
müssen mal reden. Hast
du morgen Nachmittag
kurz Zeit?
```

```
Ja, klar. Klingst ja so
ernst?
```

```
Bin doch immer ernst ;-).
Morgen um zwei irgendwo
in einem Café? Danach
muss ich in die Uni.
```

Gnädigerweise schickte er einen weiteren Smiley hinterher.

Und die letzte Nachricht, die mitten in der Nacht kam, als hätte sie ewig überlegt, wie sie antworten sollte, weil sie bestimmt ahnte, was er ihr sagen würde, die kannte ich schon:

```
Okay, morgen um zwei im
Venezia.
```

Ich saß splitternackt auf dem Klodeckel, und mir war schlecht. Der wohlige Schmerz, die glühende Vorfreude auf den Betrug war verebbt. Das Licht war aus, die Stille vollkommen, nur das Handy leuchtete. Ich fror in diesem dunklen Eispalast um mich herum.

Irgendwie konnte ich den Austausch, den ich da las, zuerst gar nicht verarbeiten und eine Weile nur vor mich hinstarren. Aber ja: Es sah so aus, als hatte er zumindest vorgehabt, mit ihr – quasi – Schluss zu machen. Wegen mir. Jemand hatte jemanden wegen mir verlassen.

Nicht wirklich, ich glaube, sie hatte ohnehin die ganze Zeit umsonst auf ihn gewartet. Aber trotzdem. Er mochte mich. Er mochte mich so gern, dass er nach einer einzigen lächerlichen Nacht die andere potenzielle Freundin zum Teufel schickte. Was für ein unglaubliches Gefühl. Und: auch irgendwie ein enttäuschendes.

Irgendwie fühlte ich mich vage um Drama und Schmerz betrogen, als hätte man mich in den falschen Kinosaal geschickt. Und warum hatten sie sich dann geküsst? Obwohl, eigentlich hatte er sie gar nicht geküsst, nur sie ihn. Vielleicht war das ihr letzter Versuch gewesen. Und vielleicht hatte Milo, als er in Richtung Tür genickt hatte, nur andeuten wollen, dass er nun gehen würde, weil alles gesagt war?

Was sollte ich nur denken? Keine Ahnung. Mein Kopf schmerzte.

Aber ich glaubte an ihn. Es war schön, dass er mich wollte, dass er zu mir hielt, ja, gewiss, das war schön. So musste es sein. So war es und so musste es sein. So wollte ich es. Oder? Wir verstanden uns. Kannten uns.

Das Handy wippte in meinen Fingern, und irgendwie wollte ich gerade gar nicht mehr wissen, was sie sich früher alles geschrieben hatten. Aber Tama, die musste ich noch finden und scrollte daher in seinen Kontakten herum. Er war nicht der Typ, der die Texte seiner heißgeliebten Ex löschte, er war der Typ, der sogar nicht abgeschickte Briefe an sie hortete, anstatt sie wegzuwerfen.

Aber so sehr ich herumstöberte, ich fand keine Tama. Auch unter ihrem Nachnamen war sie nicht. Hatte er sie doch gelöscht?

Seine letzten Nachrichten stammten von Kumpels von ihm, von Silvie, von Verwandten. Offenbar hatte er eine Schwester. Ich war sofort höllisch eifersüchtig auf sie. Klickte mich durch mindestens dreißig Nachrichten zwischen ihnen. Ihre Texte waren nicht einmal besonders liebevoll, aber trotzdem. Ich hasste sie, weil sie sich seiner ewigen Liebe so absolut sicher sein konnte, weil er sie nie verlassen, niemals aus ihrem Leben verschwinden würde, egal, was passierte. Er mochte ihr noch so sehr Sachen schreiben wie *Sorry, ich hab echt keinen Bock, zweimal im Monat zu euch rauszufahren, können wir das mit der Familienparty irgendwie anders regeln?* Er meldete sich trotzdem regelmäßig bei ihr, fragte sie, ob sie denn nun ihre Gehaltserhöhung gekriegt habe, ob sie zufällig noch wisse, wie diese eine Fernsehsendung geheißen hatte … Dieses Anteilnehmen, dieser Alltag, das war mir so fremd, faszinierte mich und stieß mich gleichzeitig ab.

Seine Schwester. Sie würde nie weg sein. Wenn er 80 war, würde sie ihm immer noch texten. Mir hingegen würde es nicht im Traum einfallen, Su ständig Nonsens zu schreiben. Ich meldete mich eigentlich nur bei ihr, wenn ich einen Besuch machen wollte. Und Besuche machten wir, wenn sich eine von uns verpflichtet oder wenn ich mich einsam und wie im falschen Film fühlte. Manchmal brauchte ich diese Bestätigung, dass ich sichtbar war, dass man mich ansprechen konnte, dass ein Wesen mich hörte und auf mich reagierte. Deshalb. Und ich mochte sie ja auch. Etwas rührte sich in mir, wenn ich an sie dachte. Aber dennoch würde ich nie auf die Idee kommen, ihr ständig per Textnachricht mein aktuelles Befinden mitzuteilen. Die Leute quatschen einfach zu viel, echt. Und Milo? Er und seine Schwester schienen sich oft zu schreiben. Hatte er mit ihr über Tama gesprochen? Bestimmt.

Ich klickte mich durch die Texte, aber auf Anhieb fand ich nichts. Und dann klopfte es plötzlich in der stillen Dunkelheit an die Badezimmertür, und das Handy rutschte mir aus den Fingern vor Schreck und klapperte auf den Duschvorleger.

»Kai, alles klar?«, hörte ich seine verpennte Stimme. Scheiße! Wie wild sprang ich auf und steckte das verräterische Gerät in den kleinen Wäschekorb neben dem Waschbecken. Dann stolperte ich zur Tür und öffnete sie. Es war dunkel im Bad, dunkel in der Wohnung. Von dem langen Starren auf den Bildschirm flimmerten helle Punkte vor meinen Augen.

»Ich musste nur mal«, flüsterte ich. Bestimmt waren meine Augen riesig, mein Blick schuldig.

»Dachte schon, dir wäre schlecht oder so, weil du ewig nicht mehr wiedergekommen bist.« Er fasste mich an den Schultern. Peinlich, dass ich hier so nackt rumlief. Er hatte auch nichts an.

»Und ich hab angenommen, du schläfst tief und fest«, sagte ich leichthin. Den Wäschekorb würde er ja jetzt sicher nicht ausleeren, mitten in der Nacht. Was, wenn das Handy klingelte? Oder wenn surrend eine neue nächtliche Nachricht eintraf? Was, wenn er eben schon nach dem Ding gesucht hatte? Ich starrte ihn halb an, halb an ihm vorbei. Eigentlich wollte ich ihn nicht ohne Klamotten sehen. Auf jeden Fall musste ich das Teil nachher sofort wieder aus dem Wäschekorb rausbekommen, bevor er es vermisste oder es Lärm machte. Er sah mich schon jetzt an, als hätte ich im Bad irgendein Komplott vorbereitet, spöttisch und neugierig.

»Tja, Frau Auftragskillerin, ich krieg halt auch ab und zu was mit.« Er zog mich an sich, aber ich musste mich zwingen, ihn zu umarmen, denn hier auf der Türschwelle fühlte er sich seltsam künstlich an, gar nicht so wie vorher. Es war unangenehm. Er merkte meinen Widerwillen nicht und laberte witzelnd weiter: »Gleich kommt Jan und kidnappt mich.«

»Wohl eher mich …«, lachte ich. Nervös. Warum redete er nur immer wieder von Jan?

Ich sah seinen Blick hinter mir durch den Raum schweifen, als vermutete er seinen Rivalen direkt hier im Raum.

Dann sagte er lachend: »Du machst mich wohl gern eifersüchtig, hm?«

»Auf Jan?« Aber vielleicht hatte er recht? »Sonst hast du keine Probleme, oder?«

»Er will was von dir.«

»Müssen wir das jetzt wirklich nachts unbekleidet im Klo besprechen?«

»Warum willst du nicht zugeben, dass er was von dir will?«

»Weil er wahrscheinlich gar nichts mehr will. Und wenn, dann ist es auch egal.«

»Ihr habt euch auf meiner Party geküsst, hast du mir selbst erzählt.«

»Ah, und ich dachte, du erinnerst dich an nichts mehr.«

»Daran schon.«

»Es war nicht ernst.«

»Warum hast du's dann gemacht?«

»Weil ich … betrunken war, weil ich vielleicht dachte, ich hab Bock drauf, und dann hatte ich doch keinen Bock drauf. Was weiß ich.« Konnte er mir die Kälte, die Aversion seinem wächsernen Körper gegenüber ansehen? Beim Gedanken daran, dass ich vorhin so verrückt nach ihm gewesen war, wurde mir ein wenig übel. Schnell fügte ich hinzu: »Warum hast du denn Silvie geküsst?«

Das nahm ihm den Wind aus den Segeln. Es war absurd, komplett absurd: Wir standen beide splitternackt im Türrahmen zum Badezimmer, um uns die Dunkelheit einer Winternacht, die uns irgendwie weniger verletzlich, die Situation aber umso absurder machte.

»Warum nimmst du an, dass ich sie geküsst hätte?«

»Warum solltest du sie nicht geküsst haben?«

»Das war, bevor ich dich so gut kannte, und es war nur Spaß.«

»Genau wie bei Jan also.«

Er grummelte, lachte, zog mich an sich.

Die ganze Nacht hindurch machte ich kein Auge zu. Ich kann einfach nicht schlafen, wenn jemand neben mir liegt. Ich musste meinen ganzen Willen aufbringen, nicht einfach in den grauen Morgenstunden aus dem Haus zu stürmen, damit ich ihm am nächsten Morgen nicht in die Augen sehen musste. Das hasste ich so. Dieses Aufwachen neben einem Fremden. Oder eigentlich hatte ich es noch nie erlebt. Ich war noch nie geblieben. Aber ich stellte es mir einfach grässlich vor.

Als er wirklich schlief, holte ich zuerst das Handy aus dem Bad, widerstand der Versuchung, weitere Messages zu lesen, und legte es in die Ritze zwischen Bett und Nachttisch, sodass er glauben würde, es wäre nachts dorthin gefallen, falls er sich daran erinnerte, dass es ein paar Stunden vorher nicht auf dem Nachttisch gelegen hatte. Dann setzte ich mich im Wohnzimmer aufs Sofa wie eine Irre, die Knie angezogen, ich versteh es ja selbst nicht, aber ich wollte einfach weg aus dem Bett, wollte nicht neben ihm schlafen … grrr, warum bin ich so, andere schaffen es doch auch. Ich hab doch keinen Knacks, hatte Eltern, wurde nicht vergewaltigt, habe kein Trauma, warum sitze ich nachts stundenlang auf einem Sofa, statt überglücklich mit meinem Liebsten das Bett zu teilen – *nachdem ich mir wochenlang nichts anderes gewünscht habe!* Um 7 Uhr morgens kroch ich ins Bett zurück, als hätte ich schon immer dort gelegen, aber es fiel mir schwer. Er stieß mich ab. Ich ekelte mich. Wie hatte ich mich nur so gehen lassen können? Meine Finger schwebten einen halben Zentimeter über seinem Körper, streichelten die Luft über seiner porösen Haut. Sie nahm und gab Geheimnisse. Sie hatte Tama aufgesaugt, damals, bleich und rau. Während er schlief und träumte, sah ich ihn an und suchte nach der Leidenschaft, die ich für ihn empfunden hatte. Er war so schön, so klug, konnte so tief in mich hineinsehen. Oder nicht? Ich hoffte, er würde noch stundenlang nicht aufwachen. Es war Wochenende, er konnte ausschlafen.

Dann stand ich wieder auf, schrieb einen Zettel, dass ich früh einen Termin hätte, krakelte im letzten Moment einen halbherzigen Smiley drauf und haute ab. Wollte ihn nie wiedersehen, flog davon. Flog durch die stillen Straßen und ließ die Eiskristalle auf mein Haar rieseln.

An einem Schaufenster blieb ich stehen und sah mich

an: Am schönsten fand ich mich transparent in einer Glasscheibe. Hinter mir ging die Sonne auf, blass und pink, und das Licht verfilzte sich in meinen Haaren. Allein ist man doch am wunderbarsten.

Ich verschwand in den morgendlichen Straßen, konnte mich finden lassen, wenn ich wollte, aber noch nicht, vielleicht nie, aber vielleicht doch irgendwann. Niemand war unterwegs an diesem cocktailfarbenen Samstagmorgen. Ich fühlte seine Arme um mich, und der Phantomschmerz raubte mir den Atem.

Und dann fiel mir ein, dass er sie Bee nannte, und dass sie selbstverständlich unter diesem Namen auf seinem Handy gespeichert war.

Da konnte ich natürlich nicht anders, als wieder und wieder bei ihm zu übernachten. Ich konnte ihn nicht aufgeben. Sonst hätte ich ja sein Telefon nicht mehr in die Hände bekommen.

Zu Hause lief ich in meinem Wohnzimmer auf und ab, zählte meine Schritte und sah die pinke Wintersonne über die Dächer wandern und verschwinden. Wenn ich mich über das Fensterbrett beugte und auf die silberne Stadt hinuntersah, sah ich überall Geschichten in den erleuchteten Wohnungen. Menschenschatten liefen dort herum. Sie sagten Dinge, die ich nicht hörte und irgendwie doch. Wie ein Winterschmetterling hing ich an ihren Fenstern und belauschte Gespräche, Liebe, Zorn, Spiele. Meine schweren schwarzen Flügel rauschten wie ein Sturm, wenn ich mich zum nächsten Loch in der Wand weiterschwang, manchmal wusste ich nicht, wo landen, es gab zu viele Wunder, zu viele Storys um mich herum.

Eine große Sehnsucht ergriff mich, und da ich keine eigene Geschichte haben konnte, alles war ja so kalt in mir, schmerzte meine Haut vor Verlangen nach Tamas und Milos Geschichte. In meinem Kopf malte ich mir ihre große Liebesstory aus, wie ich sie in ihrem Chat nachverfolgen könnte, von Anfang bis Ende, und vielleicht, wie ich ihre Fotos durchsehen würde, alles würde sich wie ein Puzzle zusammensetzen.

Und so kam ich zurück zu ihm. Ich schieb ihm online:

`Es tut mir leid, ich konnte nicht bleiben letztens. Ich wollte, aber ich konnte nicht.`

`Magst du mich?`

`Ja, ich mag dich. Und wie.`

`Und ich dich. Das weißt du, oder?`

`Ich hab dich vermisst.`

So spricht man mit seinen Liebsten.

An einem Dienstagmorgen klappte es. Er ließ mich allein bei sich. Sein Wecker klingelte um halb acht; er rutschte zu mir herüber und murmelte irgendwas, zog mich in seine Arme. Wenn man die Augen zumachte und nicht nachdachte, konnte man so verschlungen sein, als wäre man nur einer. Und wenn man doch die Augen aufmachen musste, dann konnte man einfach nach draußen vors Fenster schauen, wo die Morgendämmerung in einer ultravioletten Welle explodierte. Das war schön, darauf konnte man sich konzentrieren, man musste nicht an raue, haarige Haut denken.

Als er dann endlich ins Bad ging, kickte ich sein Handy unters Bett.

»Wann musst du heute Abend ins Theater?«, fragte er, als er aus der Dusche kam.

»So um fünf.«

»Ach Mist, und ich komm garantiert nicht vor sechs heim, kannst du nicht heute blaumachen?«

»Mach du doch blau!«

»Würd' ich gern, aber in letzter Zeit hab ich leider sowieso schon ein Lotterleben geführt.«

»Immer diese Frauengeschichten, hm?«

»Ja, eine nach der anderen, und keine lässt mich arbeiten, wirklich schlimm. Mein Chef hat schon ein ernstes Wörtchen mit mir geredet.«

»Was machst du eigentlich so den ganzen Tag?«

»Na ja, hauptsächlich Programmieren und Daten auswerten, Modelle erstellen, also mathematische Formeln aufs Papier kritzeln, Papers lesen, und wenn ich großes Glück hab, dann sogar mein eigenes Paper schreiben, haha.«

»Ach so.«

»Was ist?«, fragte er. »Findest du das etwa zu unromantisch?«

»Warum bist du nicht einfach Archäologe?«

»Bin ich doch irgendwie auch.«

Aber seine philosophische Erklärung, zu der er nun ansetzte, interessierte mich gar nicht mehr. Daher sagte ich einfach: »Ich hab jedenfalls auch Chefs, ich kann nicht einfach von der Arbeit wegbleiben.«

»Im Theater ist man da doch bestimmt lockerer.«

»Oh, glaub mir, meine willigen Nachfolger stehen schon vor dem Bühneneingang Schlange.«

»Wusste gar nicht, dass du so eine tolle Hechtin bist.«

»Es ist unglaublich schwer, einen Job wie meinen zu kriegen.«

»Dann bist du wohl die Beste.«

»Wahrscheinlich.«

»Auch wenn du eigentlich was anderes machen wolltest.«

»Ich bleibe jedenfalls nicht hier.«

»Warum nicht? Schlaf dich aus.«

»Hab was zu tun.«

»Was denn, ohne mich?«

Er stürzte sich wieder auf mich, und ich lachte und strampelte. Redete man so, wenn man verliebt war? Sagte man dann solche Sachen? Vielleicht ist das ja eine ganz normale Liebesgeschichte. Ganz wunderbar einzigartig banal, wie jede andere auch. Eine Story, die so normal war, dass man gar nichts darüber schreiben konnte. Anstrengend normal. Verliebt sein ist anstrengend im Kopf. Vielleicht eine Art ganz eigene biologische Computersimulation? Dennoch: Seine feuchte Haut war kühl, ein unterhaltsamer Fremdkörper für den Moment.

Aber irgendwann war er endlich, endlich, endlich weg. Sein Handy konnte er nicht finden. *Macht nichts, ich rufe dich aus dem Büro an.* Und ich sprang aus dem verschwitzten Bett. Seine Wohnung gehörte mir. Mein Herz klopfte. Ich war allein, so, wie es sein sollte. Niemand sah mich, aber ich sah alles. Ging langsam von einem Zimmer ins andere. War noch nie allein hier gewesen. Ich fühlte mich wie bei dem Einbruch in Tamas Wohnung.

Das Handy lag außer Sichtweite. Ich wusste, dass es da war, aber ich traute mich noch nicht ran, jetzt, wo ich sicher war, dass ich Tamas Nachrichten finden würde.

Meine Augen suchten die Regale und Ecken ab. Tamas Foto, das früher im Schlafzimmer so wichtigtuerisch neben den Büchern gestanden hatte, war verschwunden. Er konnte es wohl nicht einfach frech stehen lassen, wenn er gerade eine andere vögelte. Versteht man ja. Aber ich wollte trotzdem wissen, wo es war, und fand es sofort: in seiner Nachttischschublade. Nur halbherzig versteckt.

Ich stellte mir vor, wie er mit dem Daumen über das Gesicht auf dem Foto strich. Wie er die Augen schloss und versuchte, sich an ihre samtige Haut zu erinnern. Daran, wie sie damals unter seinen Fingern hinweggeglitten war. Das musste so schön gewesen sein, ich konnte es fühlen.

In der Küche wühlte ich in allen Schränken und Regalen herum. Nicht, weil ich dachte, dort etwas zu finden. Aber es machte Spaß, wie eine Einbrecherin überall nach dem Jackpot zu suchen. Nur für den Fall.

In seinen Schreibtischschubladen Papierkram, uninteressant. Mein Finger fuhr geistesabwesend über den Startknopf seines Computers. Passwort? Nein, ich war drin. Mehrmals sah ich mir über die Schulter. Lauschte. Stand auf, öffnete die Wohnungstür einen Spalt, lauschte ins Treppenhaus. Nicht, dass das etwas gebracht hätte. Dann zurück.

Warum vertraute er mir eigentlich? Wie konnte er mich einfach so allein hier lassen? Ich hätte ihm das bei mir niemals erlaubt. Niemals! Die Vorstellung, er könnte meine Wohnung auch nur betreten, selbst mit mir zusammen, war undenkbar und drehte mir schier den Magen um.

Als Erstes öffnete ich sein Fotoprogramm, zitternd vor Aufregung. Langsam klickte ich mich durch die Ordner, September, August, Juni, Mai, April … da, Fotos von ihr. Viele, viele, viele Fotos. Serien, in denen sich die einzelnen Aufnahmen fast glichen und wie ein Daumenkino über den Bildschirm zappelten.

Da waren zum Beispiel bestimmt 25 Bilder von ihr auf einer niedrigen Steinmauer sitzend, im Hintergrund ein schwülstig berstender Frühling. Sie trug ein hellblaues langärmliges Oberteil und offene Haare. Auf einigen Bildern machte sie Blödsinn, streckte die Zunge raus, zog Grimassen, schien befreit, ihre schwarzen Haare umfluteten sie, die gestrenge Professorin ließ sich gehen. Sie war so schön.

Als Letztes in der Reihe kamen drei oder vier alberne Selfies, die Milo mit ausgestreckter Hand von ihnen beiden aufgenommen hatte. Verliebt, mal mit, mal ohne Kuss. Ich betrachtete, wie sich ihre Lippen berührten, wie ihre Augen geschlossen waren, wie nichts mehr zwischen ihnen war. Niemand konnte sie sehen, sie saßen da auf der Mauer, und andere Leute gingen vielleicht an ihnen vorüber, aber sie blieben unsichtbar, kleine Punkte im Universum, die niemanden interessierten und die doch so sehr da waren. Sie waren die ersten und einzigen Menschen, niemand hatte je so gefühlt wie sie.

Ich wand mich vor Bewunderung und Habenwollen

und Zuschauen. Wie in einem Flash sah ich mich wieder in ihrem Bett mit der roten Decke liegen und von ihrem Kuss träumen, ihre alchemische Formel nass in meinem Mund. Ihn hatte sie so geküsst. Aber: Kurz danach hatten sie Schluss gemacht. Warum nur? Milo hatte mir erzählt, dass Tama sich »eingeengt« gefühlt hatte, aber das war mir nicht genug. Sie sah so happy aus. *Du hast doch alles, Tama, warum willst du noch mehr?*

Ich musste alles wissen, wollte Briefe lesen, Gedanken lesen. Aber so etwas steht nicht in Briefen.

Wieder kam die Idee: Sie war schwanger von ihm gewesen und hatte keinen Bock darauf gehabt, ihm das aber nicht beichten können. Eine interessante Vorstellung. Das war etwas, das er nicht wusste, etwas, das ihn tödlich schockieren und kränken würde.

Ich klickte mich weiter, zu noch viel mehr Bildern, weiter zurück. Ein paar offensichtliche Familienfotos. Ich glaubte, die Schwester und seine Eltern zu sehen. Die Eltern waren mir egal, aber die Schwester nicht. Sie musste es sein, denn sie hatte die gleichen Augen, wenn auch dunklere Haare. Sie sah cool aus. Ungewöhnlich. Kurze Pixiehaare, große Tätowierung auf der Schulter und ein hübsches, fröhliches Gesicht. Eine Schwester, die ihren Bruder immer und immer wieder interessieren würde.

Vielleicht hätte seine Tochter so ausgesehen, wenn er denn eine gehabt hätte. Wenn Tama sie nicht hätte abkratzen lassen. Ja, seine Schwester sah aus wie eine erwachsene Tochter, ein Blick in eine ferne alternative Zukunft, die nun niemals sein würde. Seine ewige Verbindung zu Tama.

Er liebte sie, und sie liebte ihn, aber nicht so. Nicht

so, dass sie sich ewig an ihn binden wollte. Oder? Ich wusste es einfach. Irgendetwas sprach zu mir, die Luft, der Staub, der Schnee. Sie flüsterten mir zu, dass ich recht hatte.

Eine Weile hing ich diesen Gedanken nach. Dann: wieder Bilder von Tama. Fast alle Fotos waren nur mit ihr oder den beiden Lovern zusammen. Kaum Gruppenfotos mit Freunden. Ein paar. Nur zwei Partyfotos, die aber nicht nach Studentenparty aussahen. Sicher wollte Tama auf seinen Partys nicht potenziell mit ihren eigenen Studenten zusammentreffen. Aber ich vergaß, Milo war ja kein Student, er war ein seltsames akademisches Zwitterwesen, das programmierte und modellierte.

Dann klickte ich mich durch ein paar Weihnachtsfotos von letztem Jahr. Irgendeine Feier, Milo, Tama und zwei andere Leute im Vordergrund, die sich feuchtfröhlich zuprosteten, im Hintergrund eine lila Plastiktanne und noch mehr hübsche Nonkonformisten. Es sah so aus, als hingen unzählige kleine Schriftrollen an den Zweigen und dazwischen bizarre Objekte wie Gummischweinchen, Legoraumschiffe und T-Rexe.

Natürlich: Tama und Milo mischten sich nicht unters normalsterbliche Volk. Ihre Freunde mussten sogar an Weihnachten ihre Intellektualität beweisen, zum Kotzen. Es passte nicht zu ihm. Er war nicht so. Er hatte das nicht nötig. Bestimmt waren es ihre Freunde, vielleicht sogar ihre Party.

Nein, Blödsinn, wie hätte sie ihn da einladen können, wenn irgendwo im Hintergrund noch der Gehirnchirurg herumlief? Oder gerade dann? Wie köstlich verdorben. Vielleicht wäre Milo einfach so als harmloser Gast aufgetaucht, der Gehirnchirurg hätte nichts geahnt. Fast wünschte ich es mir.

Ich sah sie an. Sie war so schön mit ihren großen Augen, die ihr gesamtes Gesicht dominierten. Ich musste an den Brief denken, den wütenden Nostalgiebrief, den er nie abgeschickt hatte: *Bette Davis Eyes*. Es war mir vorher nicht aufgefallen, aber jetzt war klar, warum er bei diesem Lied an Tama dachte, warum es ihr Lied war. Ihre Augen erinnerten wirklich an die der Schauspielerin. Und das war auch der Grund, warum er sie Bee nannte. Ganz sicher.

Und ich? Ich war Major Tom und dazu noch einige andere unromantische Kreaturen.

Dann: Nacktfotos. Ästhetische, obszöne, zufällige, banale. Ich wollte nicht hinsehen und musste doch. Nichts war banal mit ihr. Eine ganze Serie hier im Bett, genau dieses Bett, in dem er mich noch vor einer Stunde angefressen hatte, blöder Arsch, wie kannst du nur dabei an sie denken.

Von mir gab es keine Fotos auf dem Computer. Wann sollte er die auch gemacht haben, wir unternahmen ja nichts zusammen, ich war ja keine richtige Freundin. Ich veranstaltete ja auch keine nihilistischen Jahresendfeste. Meine Hand schob die Maus hin und her, meine Augen fielen auf den Drucker und dann wieder auf die Nacktfotos. Aber ich verkniff es mir.

Stattdessen hatte ich sein Handy in den Fingern. An Milos Stelle hätte ich sämtliche Nachrichten von Tama voller Wut gelöscht, aber er hatte es nicht getan, das wusste ich genau. Er war ein nostalgischer Typ und hing an solchen Sachen. Darum hatte ja auch damals noch das Foto auf dem Bücherregal gestanden, das mit den Sonnenflecken, und die Briefe in den Schubladen gelegen. Jetzt, da ich Bescheid wusste, fand ich »Bee« natürlich sofort, aber ich wagte es noch nicht, den Namen anzuklicken. Scrollte erst noch ein wenig mit klopfendem Herzen bei Silvie herum.

Langweilig: Ich entdeckte keine doppel- oder gar eindeutigen Nachrichten mehr.

Dann klickte ich auf seinen Foto-Ordner. Und, hey – da war ja ich! Direkt als Erstes. Wow! Wie? Warum? Auf seiner Party? Ja, ich erkannte mein Outfit. Und weshalb war ich ganz oben? Hatte er danach nichts mehr geknipst? Es war doch schon so lange her! Jetzt sah ich, da war eine ganze Serie von mir, mein Gesicht raschelte vorüber wie in einem Daumenkino. Die Aufnahmen waren grobkörnig. Er hatte sich bis zum Pixelkollaps an mich herangezoomt – und ich hatte von seiner Aktion gar nichts mitbekommen.

Oh, die Fotos ärgerten mich. Milo hatte mich in einem ungeheuer autistischen Moment erwischt, ganz und gar maskenlos war ich irgendwie, und doch nicht wirklich da. Mein Blick war nach innen gerichtet, meine Haut ein auslaufendes Aquarell. Milo musste doch sehen, wie schrecklich die Bilder waren? Und dabei hatte ich so gut ausgesehen an diesem Abend, er hätte glamouröse Aufnahmen von mir machen können. Er hätte mich fragen sollen, ich hätte mich vorbereiten, mich in Pose setzen können.

Ich klickte mich noch durch ein paar andere Fotos von dem Abend. Ich war sonst nirgends mehr drauf. Es gab nur diese seltsame Serie von mir, sonst war ich nicht zu sehen. Nicht allein, nicht mit Jan, nicht mit anderen Leuten. Es waren ganz normale Partybilder, von ganz normalen, lachenden Gästen, ihm zuprostenden Leuten. Aber nichts von mir.

Es war beinahe so, als wäre ich gar nicht wirklich dabei gewesen, als hätte ich mich nur als flüchtiger Geist manifestiert, den Milo zufällig mit seiner Kamera eingefangen hatte. Irgendwie ein angenehmer Gedanke. Wenn ich so etwas nur wirklich könnte, wenn ich wirklich so wäre. Ich könnte um die Menschen herumstreichen, sie betrachten, sie studieren, ohne mich zu rechtfertigen. Meine Schritte wären lautlos, meine Berührung ohne Substanz, mein Blick transparent.

Ich fuhr über die glatte Oberfläche des Displays und ließ mich langsam von einem Kai-Foto zum nächsten treiben. Immer wieder. Ja, fast sah es aus, als hätte er die dunkle Kai, die im Fenster wohnte, fotografiert, nicht mich, die Version aus Fleisch und Blut.

Ich klickte mich vor und zurück, ließ das verwischte Gesicht in fließenden Bewegungen über den Bildschirm gleiten. Was tat er mit diesen Fotos? Sah er sie sich an, wenn er allein war? Gefiel ich ihm so verschwommen und verpixelt? Ja, dieser Freak mochte es, dass ich so unnahbar war. So gesehen waren das wohl die besten Scheißfotos, die es je von mir gegeben hatte.

Ich stellte mir vor, wie er sich eine Minute lang aus der Party herausgenommen hatte, um sie heimlich zu knipsen. Was hatte er sich dabei gedacht, was hatte er gedacht? *Hier ist Kai, ich will ein Foto von ihr? Und dann noch eines und noch eines? Hier ist Kai, ich mag sie, sie darf es nicht wissen, daher fotografiere ich sie heimlich? Hier ist Kai, sie existiert nur in meiner Fantasie, ich mach schnell ein paar Fotos von ihr?*

Zitternd ließ ich mich aufs Bett fallen und legte mein Gesicht in die heißen Hände. Eine ganze Weile lang bewegte ich mich nicht, um genau zu spüren, was in dem Moment in ihm vorgegangen war, mein Körper löste sich auf, so sehr bewegte ich mich nicht. Ich fühlte mich wie ein ganz und gar flüchtiger Menschenabdruck.

Aber irgendwie gefiel mir das, ja, es gefiel mir, ich wollte, dass er so über mich dachte. Zuerst hatte ich die Bilder nicht verstanden, aber jetzt verstand ich sie. Und so mochte ich mich lieber als auf einer messerscharf fokussierten Prachtaufnahme, wie Milo sie von Tama gemacht hatte, die mit diesen makellosen Sonnenflecken. Lieber so, mit Farben, die unscharf aus mir herausliefen. Ja, denn das taten sie. Auch jetzt, sie quollen aus meinem tauben Körper heraus, und ich liebte es. Sie liefen, liefen, liefen. Tröpfelten über die Bettkante auf den Parkettboden. So schön verschmiert, so rot, rot, rot. Oder blau? Schwarz, pink, lila?

Aber dann war ich fertig mit dieser Kai und wollte etwas von Tama lesen. Ich ließ die Fotos verschwinden und klickte auf die Nachrichten mit »Bee«. Ganz oben, der letzte Austausch. Wie der Deckel zur Büchse der Pandora:

`Bee, sorry, ich sollte das nicht schreiben, aber es ist wahr. Ich vermisse dich.`

```
Es tut mir leid,
hab mich unfair und
idiotisch benommen. Du
weißt, es ist vorbei.
Schreib nicht mehr.
```

Mir brach der Schweiß aus, als ich das las. Allein diese Zeilen schon machten mich fertig, obwohl danach Sendepause war, obwohl keine Gefahr drohte. Und, hey, jemand sollte meine Farben auf dem Boden aufwischen, bevor Milo zurückkam. Wie er sich wohl gefühlt haben musste, als er diesen Text bekam? Bestimmt hatte er sich nach dem Ausrutscher, von dem hier die Rede war und über den ich in Tamas Tagebuch gelesen hatte, wieder Hoffnung gemacht.

Einen Moment lang saß ich nur da, und die Melancholie von vorhin versuchte, wieder hochzukommen: Ich hörte eine ferne Uhr ticken, fühlte, was er fühlte. Aber dann bewegte ich mich wieder und scrollte ganz weit zurück. Ich wollte den Anfang lesen.

```
                              Frau Professor.
Herr Doktorand.
                             Ein Wiedersehen?
Nicht in der echten
Welt.
                        Gibt es denn eine echte
                        Welt?
Zimmer 239 jedenfalls
war nicht in der echten
Welt.
```

Muss ich noch mal zu spät in deine Vorlesung kommen?

Du kannst mich nicht ärgern.

Ich komme morgen in deine Sprechstunde.

Milo, bitte lass den Blödsinn.

Mehr konnte ich im Moment einfach nicht lesen, brachte es nicht über mich. Mir war jetzt schon übel. Ich wusste: Jedes Mal, wenn ich nun bei Milo pennte, konnte ich nachts in seinem langen, langen Dauergespräch mit Tama lesen. Es würde alles hervorkommen: die wilde Verliebtheit, die Obszönitäten, die Eifersucht, das Ende. Mein perfektes Drehbuch. Jede Nacht ein Kapitel. Ich schloss die Augen und sah ihr Büro vor mir. Mit Sicherheit hatte er den »Blödsinn« nicht gelassen und war in die Sprechstunde gekommen.

Er klopfte an die offene Tür zu ihrem Büro und steckte den Kopf rein. Sie saß am PC und schrieb eine E-Mail. Als sie den Kopf wandte und ihn sah, schnaubte sie: »Du hast wirklich Nerven.«

Er kam rein und schloss die Tür.

»He, ich hab Sprechstunde, die Tür bleibt offen.«

»Ich bin doch für die Sprechstunde hier. Arztgeheimnis und so.«

Sie musterte ihn von oben bis unten. »Arztgeheimnis,

hm? Und seit wann kommen Doktoranden in die Sprechstunde? Hast du nicht selbst Sprechstunde? Ich hab nicht lang Zeit.«

Er schlenderte herüber und ließ sich auf dem Besucherstuhl ihr gegenüber nieder. Lehnte sich vor, stützte die Hände auf die Knie.

Sie ließ von ihrem Computer ab. »Du willst dir bei mir wohl das Skript zur Vorlesung holen?« Ihre Stimme klang mehr als nur ironisch. »Jetzt, wo du schon zweimal da warst.«

Er grinste. »Entschuldigung, dass ich mich da immer so verspätet hatte.«

Sie sah ihn an. »Nette Idee, meine Veranstaltung zu stören.«

»Ich interessiere mich aber dafür.«

»Um was geht es?«

»Keine Ahnung.«

»Hast du nicht genug zu tun?«

»Doch.«

»Wer dreimal zu spät kommt, fliegt ohnehin für immer raus.«

Er lachte, aber sie würde sich nicht vor ihm rechtfertigen. »In zwei Minuten kommt eine Studentin, die einen festen Termin mit mir hat. Also, was ist los?«

»Warum hast du mich nie angerufen?«

»Das weißt du ganz genau.«

»Nein, das weiß ich eigentlich gar nicht so genau.«

»Komm schon, ich hab's dir doch geschrieben, das im Hotel war eine einmalige Sache, ich bin verheiratet.«

»Glücklich?«

»Natürlich.«

»Warum hast du dich dann mit mir abgegeben?«

Sie blickte zur Tür. »Ist halt ... passiert.«

»Passiert es dir öfter?« Er war ganz ruhig, verschränkte die Arme, sah sie an.

»Nein. Was willst du andeuten?«

»Nichts, nur dass es vielleicht nicht einfach so ›passiert‹ ist.«

»Du bist doch wohl kein naiver Teenager? Wie kann dir eine Nacht so zu Kopf steigen?«

»Siehst du das alles wirklich so geschäftsmäßig?«

»Nein. Aber ich kann es mir nicht erlauben, damit weiterzumachen.«

»Das heißt, du willst.«

»Ich möchte keine Affäre. So eine bin ich nicht.«

»Ich auch nicht.«

»Ach komm, wahrscheinlich drückst du wildfremden Frauen ständig deine Telefonnummer in die Hand.«

»Ich hab sie dir ja gar nicht in die Hand gedrückt.«

»Was?«

»Meine Telefonnummer. Die landete auf deinem Arm, wenn ich mich recht erinnere.«

Sie war einen Augenblick lang irritiert, dann stand sie auf und ging zu einem Bücherregal auf der anderen Seite. Tat so, als suche sie etwas.

»Spielt doch keine Rolle. Trotzdem. Und noch dazu arbeiten wir beide hier, ich hab keine Lust darauf, dass mir jemand nachsagt, ich würde Kollegen aufreißen.«

»Du bist weder meine Betreuerin, noch wirst du mich in irgendeiner Form je bewerten.«

Sie sah zu ihm hinüber. »Du warst zweimal in meiner Vorlesung.«

»Ich wollte dich doch nur ein bisschen ärgern.« Er stand auf und näherte sich ihr. »Ich fange bestimmt nichts mit jemandem an, dem ich beruflich etwas schulde, darauf kannst du Gift nehmen.«

»Ich nehme überhaupt kein Gift, auf gar nichts.«

Einen langen Moment sahen sie sich an. Er fühlte, wie ihm ein scharfes Prickeln die Wirbelsäule hinunterlief. Ihre zierliche Präsenz glühte, er konnte es über den halben Meter hinweg fühlen, der sie trennte. Ein Satz, und er wäre bei ihr. Einen Arm ausgestreckt, und er könnte ihre Haut berühren.

Aber der Moment ging vorüber, und sie wandte sich ab.

»Raus jetzt, meine Studentin kommt gleich.« Sie drehte sich um und ging zurück zum Schreibtisch, öffnete die Tür zur Außenwelt. Er musste sich benehmen, das Spiel war aus. »Und komm am besten nicht wieder.«

Milo war fassungslos. Er hatte sie doch küssen wollen! Er ließ die Arme fallen, dann ging er mit Riesenschritten an ihr vorbei, ohne sie noch einmal anzusehen, und stürmte aus dem Zimmer.

Draußen hatte sich auf das Zeichen der sich öffnenden Tür hin eben eine große, schlanke Studentin erhoben. Tama Villmons ruhiger Blick im Nacken regte ihn auf.

Als sich zwanzig Minuten später die Tür wieder öffnete und die große Studentin herauskam, stand Milo wieder vor der Tür. Tama betrachtete ihn stumm, während die Studentin ihren Rucksack auf den Stuhl vor der Tür stellte, um ihn zu schließen.

»Ich hab noch eine Frage zu dem Vortrag von vor drei Wochen«, sagte er laut, sodass die Studentin es hören musste, und ließ Tama gar keine Gelegenheit, ihn abzuweisen.

»So, was denn?«, wollte sie wissen, während sie in ihr Büro zurückwich. Milo schlug die Tür zu.

»Keine Ahnung«, sagte er wütend. Mit zwei Schritten war er bei ihr, und sie war es, die ihn an sich zog, ohne nachzudenken, ein bloßer Impuls. Sie waren so schön zusammen, zwei atemberaubende Menschen, einer groß und blond, der andere zierlich und dunkel.

Seltsam: Im Fenster spiegelte sich eine blasse Kreatur, die ihre Lippen zu einem Lächeln verzog.

Ich öffnete die Augen und dachte: Milo und mich zusammen würde niemand auch nur eines Blickes würdigen.

Und das war ja auch gut so, denn ich wollte doch gar nicht sichtbar werden als Paar. Milo hatte immer den Wunsch, mit mir rauszugehen. Er wollte abends in Kneipen, wollte leben, wollte mich in seiner Clique als seine Freundin vorstellen, wollte mit mir Hand in Hand am Fluss spazieren gehen und in der Öffentlichkeit mit mir knutschen. So machte man das offenbar, als frisch verliebtes Paar. Und jajajajaja, das kapierte ich, das mochte ich, theoretisch mochte ich es, dass er das alles wollte. Eigentlich. Ja, doch. Es war schön. Irgendwie. Und seine Hand kribbelte an der meinen. Wenn er neben mir ging, dann sah ich ihn von der Seite an, als wäre er ein schönes, schreckliches Gespenst. Die Sonne stand immer wie ein kaltes blaues Licht zwischen uns. Ich fühlte mich, als liefe ich in einer fernen Dimension, aber doch direkt neben ihm. Oder wie eine Autorin, die plötzlich in ihren eigenen Roman versetzt wird und nicht weiß, ob ihr das recht ist.

Zum Beispiel wollte Milo nun wirklich unbedingt meine Wohnung sehen. Warum war ihm das wichtig? Es war doch egal, wo wir uns trafen. Ausspionieren wollte er mich, das war's. In meinen Sachen wühlen, seine Nase in meine Luft stecken. Und überhaupt mag ich es nicht, wenn Männer Kletten sind. Ich wollte nicht Hand in Hand mit ihm spazieren gehen. Nicht so, dass andere es sahen. Nachts schon. Nachts sehr gern und alles. Aber nicht am Tag.

Das konnte ich ihm nicht erklären. Ich kannte ja kaum Leute, aber er hatte viele Freunde, die überall herumwimmelten – und ich konnte es einfach nicht ausstehen, von diesen Bekannten wie eine Kuriosität angegafft zu werden.

»Reiß dich nicht dauernd los.« Er lachte, aber ich wusste, dass es ihn ärgerte.

»Ich kenne deine Freunde doch gar nicht.«

»Ja, eben.«

»Und ich will das auch gar nicht, ich gehe niemanden etwas an.«

»Aber du bist meine Freundin.«

»Ja.« Bin ich das? Wirklich? Warum kann ich nicht eine heimliche Freundin sein?

Aber so lief das wohl: Man schmachtete und machte rum und – pling – plötzlich war man ein Paar und musste überall damit angeben.

Milo umarmte mich naiv und stürmisch. »Ich kann mich einfach nicht zurückhalten, wenn ich mit dir zusammen bin, ich muss dich dauernd anfassen.«

Ich wollte ihm zurufen: *Weißt du nicht mehr, die Fotos, die du heimlich von mir auf deiner Party geschossen hast? So eine Freundin will ich sein. Kapierst du nicht?* Aber ich sagte nur: »Dazu bin ich wohl einfach nicht der Typ.«

»Du bist kein Typ zum Händchenhalten?«

»Nein, nur …«

»Sogar meine Oma hält Opa an der Hand.«

Na gut, dann bin ich eben prüde. Warum auch nicht? Prüde ist gut. Besser als ein Freak.

Aber in der Dunkelheit war ich sehr gern mit ihm unterwegs, da konnten wir uns verstecken.

Eines Abends fragte ich ihn, ob er mit zum Bahnhof fahren und meine Schundromane am Kiosk mit mir auslachen würde.

»Klar, coole Idee, schnell, bevor die zumachen.«

Wie die Verrückten rannten wir zur Haltestelle. Lachten, als der Schnee um uns staubte, und sprangen in letzter Sekunde in den Bus, der gerade losfahren wollte. Es gab keine Sitzplätze mehr, wir standen uns gegenüber inmitten der Menge und grinsten uns an, redeten Blödsinn, berührten uns, erzählten Geschichten.

Am Bahnhof sprangen wir aus dem Bus. Es war stockdunkel, das Glasgebäude erleuchtet wie ein Eispalast. Die Flocken schwebten um mein Gesicht herum, und alles war still, im Winter gibt es keine Geräusche.

Der Buchladen an der Ecke war noch geöffnet, und ein paar späte Reisende stöberten zwischen Zeitungen und Rätselheften. Ich wusste genau, wo Penelope West stand. Ich schaue immer nach meiner Schwester, wenn ich unterwegs bin.

Triumphierend zog ich zwei Bände aus dem Drehhalter. Milo nahm sie in die Hand, teils ungläubig, teils spöttisch. Willkürlich öffnete er ›Sturm über der Heide‹ und las einen Abschnitt daraus laut vor.

Durch die halb geöffnete Tür beobachtete Violet, wie Quinn sein von der Holzarbeit schmutziges Leinenhemd über die schwarzen Locken zog. Sein glatter, muskulöser Oberkörper spannte sich an, seine braungebrannte Haut glitzerte feucht von der Anstrengung im Garten. Violet schlug das Blut ins Gesicht bei dem unerwarteten Anblick, sie konnte kaum atmen. Eine unerhörte Erregung bemächtigte sich ihres zierlichen Körpers …

Milo prustete laut heraus: »Okay, gut zu wissen, auf was Frauen abfahren.«

»Du wusstest nicht, dass wir beim Anblick von verschwitzten nackten Bauarbeitern ohnmächtig werden?«

»Na, ohnmächtig wird diese Dame mit Sicherheit nicht.« Er sah wieder auf den Text. »Also, Frau West, wie geht's weiter? Du hast das Zeug ja angeblich geschrieben. Tun sie's jetzt gleich, oder tun sie's später?«

»Später natürlich!« Ich las alle Bücher meiner Schwester. »Kein Hauptfiguren-Sex vor Seite 45. Ungefähr 50

Seiten später passiert es. Sie suchen während eines Gewitters Schutz in einer abgelegenen Holzhütte.«

Ich las alles, weil es ihr und mir ein Gesprächsthema gab, wo wir uns doch sonst nicht viel zu sagen hatten. Vor langer Zeit schon hatte ich mir diese halbwegs soziale Persönlichkeit antrainiert. Vor allem für Su, aber auch manchmal für andere. Es ist schwer zu erklären. Diese Persönlichkeit ist ja nicht komplett fake. Es gibt sie. Ich lachte gern mit Su. Ich wollte wirklich gern wissen, was sie immer so erlebte. Aber es war so anstrengend. Nach einem Abend bei Su schmerzten meine Gesichtsmuskeln vor lauter Mimik und Anteilnahme. Aber ja, ich las ihre Bücher, weil ich nett sein wollte. Außerdem war ich neidisch, dass sie ihren Blödsinn publizierte, und sei es auch nur als Heftchen bei den Arztromanen, wohingegen ich es niemals zu etwas bringen würde, weder als Regisseurin noch als ich. Also zog ich mir jede einzelne West-Schmonzette rein, bis es wehtat.

Milo stellte den Band zurück ins Regal und zog einen anderen heraus. »›Geliebter Feind‹ – worum geht's?«

»Ah, das ist das, was ich eigentlich ›Die Nacht in meinem Körper‹ nennen wollte, aber der Verlag hat mich nicht gelassen.«

»Möchte ich wissen, warum?«

»Nein, möchtest du nicht. Der Titel war ihnen zu kompliziert.«

»Ich versteh gar nicht, wie sie darauf kommen.« Er las die Beschreibung auf dem Einband. »Also, worum geht's?«

»Eine Frau, sie heißt Lillian, hat immer wieder Halluzinationen und seltsame Träume und findet dann heraus, dass ein fanatischer Wissenschaftler im Drogenschlaf an ihr herumexperimentiert.«

»Was?!« Milo konnte sich gar nicht mehr beruhigen. »Du bist echt nicht ganz dicht, oder?«

»Stimmt's oder stimmt's nicht?«

»Keine Ahnung, hier steht nichts von Experimenten, nur von den ›Träumen und Befürchtungen‹.«

Wir alberten noch eine ganze Weile an dem Drehgestell herum, und so sehr er es auch versuchte, Milo erwischte mich doch bei keinem Fehler. Ich fühlte mich seltsam taub, aber es war schön.

Dann gingen wir heim. Nahmen nicht den Bus, gingen einfach heim, zu Fuß. Wieder mal. Durch den Schnee, durch die Nacht, und wir redeten weiter. Ich packte seine Hand, niemand konnte uns sehen, es fühlte sich schön an.

Bei ihm zu Hause konnte ich es kaum erwarten, bis wir endlich durch waren und er schlief, sodass ich mich mit seinem Handy in die Küche verziehen konnte. Nichts ist besser, als diese Geschichten zu lesen, die wirklich passiert sind. Zum Beispiel diese hier:

Gut heimgekommen?

Grade so ;)

Komm zurück!

Warum bin ich dann
überhaupt gegangen?

Frag mich nicht.

Weil wir arbeiten
müssen.

Will aber.

Wollen will ich auch.

Wann?

Jetzt erst mal nicht.

Ernsthaft?

Nein.

War doch schön, oder?

Mach's mir nicht schwer.

Du machst es schwer.

Du weißt, wie es ist.

Komm einfach wieder in mein Bett, und zwar schnell.

Du bist doch jetzt gar nicht im Bett. Hoff' ich.

Nein, im Gebäude gegenüber von dir, brav bei der Arbeit.

Gut zu wissen.

Gar nicht gut. Ich kann mich auf nichts konzentrieren.

Wie auch, ohne Schlaf.

Das auch, aber so mein ich es nicht.

Mir geht's genauso.

Du solltest jetzt bei mir sein.

Ja.

In meinem Bett.

Ja.

Und ich lass dich nie mehr gehen.

Das sehen wir dann.

Soll ich rüberkommen?

Nein.

Dann komm du zu mir.

Jetzt?

Traust du dich?

Nein ;)

Stell mir grad vor, wie ich dich auf meinem Schreibtisch ****

Ich weiß nicht, was du meinst.

Egal. Ist einfach noch zu früh am Morgen für ein schriftliches F-Wort.

Da bin ich aber froh.

Bist du gar nicht.

Ich muss jetzt aufhören.

Tama!!!

Milo!!!

Du hast keine Ahnung, was du mit mir gemacht hast.

Mir wurde ganz heiß, als ich das las. Ich dachte an die Nacktfotos von ihr, die sich da auf seinem Computer befanden. Da gab es keine prüden Sternchen mehr. Und ihr Körper war echt, ihre Geschichte war echt, er hatte mit der Kamera vor ihr gestanden, sie hatte sich für ihn verrenkt und verbogen. Das alles, das war nicht erfunden, das war kein Roman, das war wirklich passiert, ich hatte es schriftlich und bildlich, so verrückt konnte man nacheinander sein. Ich sah sie immer als diese fast plastikhafte Idealperson vor mir, die alles konnte und hatte, die eloquent war und nie ein falsches Wort in den Mund nahm. Die sich nicht kindisch, sondern erwachsen benahm. Und doch hatte sie sich solche Nachrichten mit Milo geschrieben. Das passte gar nicht zusammen. Oder? Warum eigentlich nicht? Warum sollten sich wohlgeratene, kultivierte, seriöse Frauen nicht auch mal gehen lassen und unartig sein? Sie hatte ja nicht damit gerechnet, dass jemand die Nachrichten lesen würde. Wie naiv. Es fühlte sich gut an, hinter ihre kultivierte Fassade zu sehen. Am liebsten hätte ich es ihr gesagt. Dass ich alles wusste. Dass es peinlich für sie war. Dass ich es auch weitererzählen konnte. Vielleicht ein Ausdruck am schwarzen Brett an der Uni. Ha!

Dann dachte ich wieder ans Jetzt und Heute. Mir schrieb Milo nie solche Sachen, und Nacktfotos wollte er schon gleich gar nicht von mir machen.

Zum Glück! Oder? Natürlich! Niemals dürfte mich jemand so ansehen, schon gar nicht durch eine Kamera. Niemals! Wenn, dann würde *ich* die Fotos machen. Und auch das nicht. Nein, auch das nicht. Ich hatte ja nicht mal ein Handy.

Manchmal war Milo wütend deshalb, wegen dieser idiotischen Handysache, manchmal beleidigt, manchmal lachte er mich einfach aus. Offenbar dachte er, Telefonnummern, Wohnungen und der ganze Kram gehörten dazu, wenn man eine Freundin hatte. Aber ich war ja gar nicht wirklich seine Freundin. Er nannte mich zwar immer so und redete sentimentalen Blödsinn, aber natürlich dachte er eigentlich nur an Tama. Selbst wenn er meine Handynummer hätte, würde er mir nie solche wilden Sachen schreiben. Oder so verliebte.

Weißt du was?

Was?

Ich bin verrückt nach dir, und ich glaub, ich liebe dich.

Sagt man das jetzt schon per Text?

Ich bin schüchtern.

Klar.

Ehrlich, es passiert mir nicht oft, dass ich sowas fühle.

Und warum passiert es jetzt?

Keine Ahnung.

Wie romantisch.

Solltest du jetzt nicht auch was sagen?

Was denn?

Heute bin ich mal kein Masochist, Frau Professor.

Okay: Mir geht's
genauso.

Wie geht es dir? Sag!

Ich bin verrückt nach
dir, und ich glaube, ich
liebe dich.

Oh, sie hatte flapsig reagiert, auch wenn er sie am Ende rumgekriegt hatte. Sie hatte es zuerst nicht sagen wollen. Vielleicht hatte sie es gefühlt, wollte es aber nicht sagen, das las ich genau zwischen den Zeilen. Sie wollte sich nicht festlegen.

Ich las ein paar Textfolgen, aber dann dachte ich wieder und wieder an die Nacktfotos. Verdammt, immer wieder wollte ich sie ansehen, ich weiß auch nicht, warum. Ich kann eigentlich nicht mal ins Schwimmbad gehen, weil mich all dieses Glitschige so ekelt. Und dennoch: Tamas cremige blasse Haut, ihr wallendes Haar, ihre Komm-doch-her-Augen, ihre schlanken Finger, die mich gleich berühren würden, die wollte ich sehen. Und fühlen. Ich wollte fühlen, was er fühlte.

Und dann stellte ich mir vor, wie Milo reagieren würde, wenn ich hundert Seiten dieser Fotos ausdrucken und bei ihm im Schlafzimmer verstreuen würde, überall, an den Wänden, auf dem Boden, auf dem Kopfkissen. Oder im Treppenhaus. Ich könnte sie seinem Nachbarn unter der Tür durchschieben, diesem Opa, der gegenüber wohnte und mit dem Milo offenbar ab und zu Schach spielte. Oder ich könnte die bedruckten Seiten wie Flugblätter aus dem Fenster fliegen lassen, über die ganze Stadt. Jeder würde sie sehen, jeder würde sie mit klebrigen Fingern anfassen, und über allen Häusern würden sie herunterregnen. Ein schöner Gedanke, ich badete in diesem Gedanken.

Ich ließ seine Wohnung hinter mir und lief durch die Stadt oder nach Hause oder in die Arbeit und sah die Nacktfotos zwischen den Dächern herunterflattern wie die sieben Plagen. Tamas Studenten würden staunen, oh, sie würden staunen. Sie würden vor ihr im Hörsaal sitzen und all ihre prekären Muttermale kennen. Eine schöne Vorstellung.

Und wenn ich mir mal nichts vorstellte, dann konnte ich es trotzdem nicht lassen, Milo über Tama auszufragen. Ständig. Im Bett, beim Essen, auf dem Weg zum Theater. Er verstand nicht, dass ich mir die Geschichte mühsam selbst zusammenbasteln musste aus den blöden Textnachrichten und den Fotos auf seinem Handy und seinem Rechner. Ich wusste, wann sie im Urlaub gewesen waren, aber ich durchblickte noch immer nicht, wie offiziell sie sich präsentiert hatten. Ganz so heimlich war ihre Beziehung offenbar nicht abgelaufen, wenn sie sich gemeinsam auf Partys getummelt hatten. Zumindest einige Leute in ihren Freundeskreisen mussten von ihnen gewusst haben.

Ich konnte gar nicht sagen, warum mich das so interessierte, aber ich musste das Gespräch einfach immer wieder darauf bringen.

»Hey Milo, wie ist es gekommen, dass du und Tama doch wieder zusammengekommen seid – nach der Konferenz?«

»Du stellst Fragen.«

»Ja.«

»Ich liege hier mit dir im Bett, und du willst wissen, wie ich mit meiner Ex zusammengekommen bin.«

»Stell dich nicht so an.«

»Du bist so seltsam, Major Tom.«

»Also?«

»Es hat sich halt ergeben, als wir uns in der Uni dann wiedergesehen haben.«

»Ging es von dir aus?«

»Was meinst du?«

»Hast du versucht, sie wiederzusehen, oder sie dich?«

»Ich sie, wohl.«

»Wie genau? Bist du in ihre Vorlesung oder ihre Sprechstunde gegangen?« Das wusste ich bereits, hatte es mir aus Informationsbrocken aus ihrem Tagebuch und den Texten zusammengebastelt: Er hatte sie gezielt provoziert.

»Keine Ahnung, das weiß ich doch jetzt nicht mehr.«

»Doch, du weißt es sehr wohl, komm, erzähl, so was vergisst man nicht. Hast du dich in ihrer Vorlesung absichtlich laut verhalten oder so was?«

Er sah mich verwundert an, so, als erinnerte er sich tatsächlich erst jetzt wieder daran. »Du weißt immer so seltsame Sachen über mich.«

»Jaja, ich bin die Auftragskillerin, fang nicht wieder davon an.«

»Jedenfalls hab ich dir nie erzählt, dass ich mal in einer ihrer Veranstaltungen war.«

»Ist doch klar, dass du das warst, hätte ich jedenfalls so gemacht. Also?«

Er gab sich geschlagen. »Es heißt, sie schmeißt Leute

aus ihrer Vorlesung, wenn sie dreimal zu spät kommen. Das ist irgendwie lustig, weil es bei einer Vorlesung ja eigentlich keine Anwesenheitspflicht gibt. Jeder, der will, setzt sich einfach rein.«

»Aber du musstest natürlich nicht in ihre Vorlesung.«

»Nein, ich muss in überhaupt keine Vorlesungen, und selbst wenn: Die war für Hardcore-Linguisten im späten Hauptstudium, nicht für Biologen. Ich hab nichts verstanden.«

»Genetische Verwandtschaft von Sprachen?«, ärgerte ich ihn.

»Creep!« Er lachte, weil das auch etwas war, das ich einfach gewusst hatte. Irgendwie störte es mich noch immer, dass er meine offensichtliche Herumschnüffelei in seinem Leben zwar zu bemerken, mir aber nicht wirklich übel zu nehmen schien. Als wäre ich nur ein schlechter Witz.

»Nein, etwas anderes, ich weiß nicht mehr.«

»Und?«

»Beim ersten Mal bin ich 15 Minuten nach Beginn reingekommen. Durch die Seitentür unten, wo sie mich gut sehen konnte. Ich habe ›Entschuldigung‹ gemurmelt und mich unter relativ großem Gepolter in die allererste Reihe gesetzt, die praktisch leer war.«

»Und sie hat gekocht?« Oh, ich konnte die Szene vor mir sehen.

»Nein, sie machte irgendeine sarkastische Bemerkung und tat natürlich so, als würde sie mich überhaupt nicht kennen.«

»Und dann?«

»Ich hoffte, sie würde sich per Handy melden – wenn

auch nur, um mich anzumotzen, aber nichts. Da bin ich ein zweites Mal zu spät rein.«

»Hat es dich nicht gestört, dass sie verheiratet war?«

»Nein.«

»Du meinst, sie war eine Herausforderung.«

»Kann sein.«

»Dann warst du zuerst nicht in sie verliebt, sondern wolltest nur die Jagd, sozusagen?«

»Vielleicht.« Klar, dass er log. Sie war die Liebe seines Lebens, sein Blick sagte alles.

»Ich bin sicher, du warst sofort verliebt.«

Er richtete sich auf, als wäre er urplötzlich aus einem Traum aufgewacht, sah mich an. »Was kümmert es dich überhaupt? Warum willst du das alles wissen?«

Ich lachte. »Nein, lieber Milo. Deine Tama hat mich nicht auf dich angesetzt. Ich kenne sie überhaupt nicht.«

»Dann schreibst du wohl einen deiner Kitschromane über sie?«

Da lächelte ich in mich hinein und fühlte mich seltsam glücklich. »Wer weiß.«

»Aber jetzt bin ich mit dir zusammen und ich will nur noch dich und hab keine Lust mehr, über irgendwelche Exen zu reden, ist alles nicht wichtig. Ich frag dich ja auch nicht nach früheren Freunden.«

»Warum nicht?«

»Weil ich darüber gar nichts hören will.«

»Aber es gehört doch zu mir.« Auch wenn ich überhaupt nichts zu erzählen hätte.

»Jetzt nicht mehr, weil du mit mir zusammen bist.«

»Okay, du willst mir also sagen, dass es für dich so ist, als hätte es Tama nie gegeben.«

Er zögerte. Ich triumphierte.

Aber dass er besitzergreifend war, das merkte ich. Nicht nur an mir, sondern auch an den Texten zwischen ihm und Tama. Manchmal gab es Perlen der Handy-Literatur wie diese hier, ungefähr zwei Monate, nachdem sie ihre Affäre wieder aufgenommen hatten. Ich konnte gar nicht fassen, was ich hier las:

Wann sehen wir uns am Samstag?

Du, sorry, geht nicht.

Aber ich vermiss dich so.

Würde gern, aber bin leider eingeladen. Sorry!

Wo? Was machst du?

Party bei Freunden.

Hast du mir gar nicht erzählt.

Ich erzähl's dir ja jetzt.

Du weißt schon, was ich meine.

Ich hätte kein Problem damit.

Ich hab ja kein Problem.

Wunderbar!

Was ist das für 'ne Party?

Bei einem Freund von
mir.

Bei welchem denn?

Kennst du nicht.

Ich versteh nur nicht,
warum du lieber mit ihm
was unternimmst als mit
mir.

Ich »unternehme« nichts
mit ihm, ich gehe
einfach zu seiner Party.

Kommt dein Mann mit?

Nein.

Wie viele Leute kommen
sonst noch?

Weiß ich doch nicht,
sicher eine Menge.

Könnte ich nicht
mitgehen?

Nein, sorry. Die
wissen alle, dass ich
verheiratet bin.

Ich würde dich allen
meinen Freunden
vorstellen.

Ich dich auch, aber im
Moment noch nicht.

Wann ist die Party?

Samstag, 20 Uhr.

Rede einfach nur mit den
Frauen, okay? ;-)

Deinen Zwinkersmiley
kannst du dir sparen.

Sorry, Bee, ich weiß, es
ist übertrieben von mir…

Und wie!

Ich bin einfach eine
eifersüchtige Natur:-(

Und ich verstehe nicht,
warum wir hier schon
seit 30 Minuten über
so einen Blödsinn
schreiben.

Melde dich, wenn du von
der Party heimkommst,
okay?

Mal schauen.

Hey, bin zu Hause.

Um 5 Uhr morgens???

Na und?

Bist du allein?

Die Leute, die ich für
die Orgie hier hatte,
sind eben gegangen.

Hahaha!

Ich schlafe jetzt, bis
später.

Um Himmels willen, was für ein Psycho! Konnte er wirklich so krankhaft eifersüchtig sein? Oder war er einfach so schrecklich verliebt, dass er nicht mehr wusste, was er eigentlich tat oder tippte?

Tama bewunderte ich ob ihrer Kühle. Und doch bemerkte ich, dass sie ihn subtil ärgerte. Vielleicht war das ihre Art der Rache für sein seltsames Benehmen. Er hatte es verdient, ja, das hatte er.

Ich saß da nachts in der dunklen Küche und fühlte mich plötzlich sehr mit meiner Rivalin verbunden. Und doch konnte ich auch genau spüren, wie sich sein eifersüchtiger Wahn anfühlen musste: Ich fühlte, was er fühlte, klammerte mich an sie, wollte ihren Körper an meinen Bettpfosten ketten, sodass sie sich niemals ohne mich vergnügen konnte, liebte sie mit dem Feuer des Nichtbesitzens.

Aber sie war verheiratet. Er musste doch wissen, dass sie nicht wahllos in der Gegend herumbetrügen konnte, irgendwann würde es herauskommen. Wenn sie zu jemandem gehörte, außer ihrem Mann, dann zu ihm. Und überhaupt: Wie hatte sie es überhaupt angestellt, mit ihm in den Urlaub zu fahren? Oh, scheiße, ich konnte nicht mehr aufhören zu lesen.

`Wann fahren wir am Freitag los?`

`Kann erst gegen 17 Uhr weg.`

`Doof.`

`Ja, aber geht nicht anders.`

`Und dein Mann glaubt das mit der Konferenz?`

Ja, warum nicht?

Lässt sich doch ganz leicht checken, ob wirklich eine stattfindet.

Es findet ja auch eine statt, nur bin ich nicht dabei.

Hab grad das Wetter nachgeschaut.

Und?

Heiß und sonnig!

Ich stellte mir vor, wie sie zusammen im Zug oder im Auto saßen, ein langes Wochenende vor sich, in einer Stadt irgendwo in Italien oder Spanien oder weiß der Himmel, wo es »heiß und sonnig« war. Niemand würde sie dort kennen. Sie konnten tun und lassen, was sie wollten. Sie konnten so tun, als wären sie wirklich richtig zusammen, verheiratet, auf Hochzeitsreise, Filmstars inkognito oder was sie eben verdammt noch mal spielen wollten. Vielleicht wollten sie auch gar nichts spielen, sondern einfach nur da sein, zusammen sein, den ganzen Tag, ohne Störungen, ohne Arbeit.

Es muss so gut gewesen sein. Sie hatten sich bestimmt Souvenirs besorgt, irgendeine Erinnerung an den Kurzurlaub, er für sie und sie für ihn. Vielleicht stand das Ding irgendwo in seiner Wohnung herum, ganz frech, ganz unschuldig, und ich hatte es noch nicht bemerkt. Tama verschenkte bestimmt gern Dinge. Und zum Geburtstag und zu Weihnachten hatten sie sich auch beschenkt, wie ich aus einigen Textnachrichten herauslesen konnte. Tama hatte ein Händchen für perfekte Geschenke. Ich konnte nicht erkennen, welcher Geniestreich ihr vor einem Jahr gelungen war, aber er hatte ihn beeindruckt.

Das ist das beste
Geschenk meines Lebens,
Bee.

Haha, wusst' ich's doch!
:-) Seh dich später.

Wie bist du nur auf
diesen Wahnsinn
gekommen?

Pure Magie, Baby!

Das war am 24.12. vor genau einem Jahr. Was hatte sie ihm nur geschenkt? Ich hatte noch eine Woche bis zum Fest und konnte nur daran denken, das Geschenk dieser Irrsinnsfrau noch zu toppen, die alles konnte, hatte, wusste, umkrempelte, im Sturm nahm. Was konnte »dieser Wahnsinn« nur gewesen sein? Vielleicht würde Milo es mir irgendwie verraten.

Ich nahm ihn mit auf das Dach seines Unigebäudes, denn dort konnte man über alles sprechen, schien es mir. Ich war inzwischen öfter mal dagewesen, hatte mir den Abgrund und die Stadt von oben angesehen. Einmal auch nach Einbruch der Dunkelheit, wo man schier den Beton nicht von der Luft unterscheiden konnte. Den zerbrochenen Schlüsselkasten hatte noch niemand bemerkt.

Ich holte Milo von der Arbeit in seinem Büro ab, wie es eine gute Freundin nun mal so tat, ließ mich von seinen ätzenden Doktorandenkollegen und -kolleginnen beschnüffeln und nahm ihn dann an der Hand.

»Komm mit, ich zeig dir was.«

Erst als wir oben waren, wurde mir klar, dass ich vielleicht mal wieder zu viel wusste. Diesmal zu viel über sein Gebäude.

Er sagte: »Du kennst dich ja gut aus an meinem Arbeitsplatz.«

»Natürlich. Tama hat mich hergeschickt, um deinen Tagesablauf auszuspionieren«, witzelte ich.

Er sah, wie nonchalant ich den Schlüssel klaute, und sagte ein paar Minuten lang gar nichts mehr. Mir egal. Spießer.

Aber dann fand er es auch schön, da oben im Wind. Die spektakuläre Aussicht, das Alleinsein, das Hochobensein, das Verbotensein. Ich konnte es in seinen Augen sehen. »Du bringst uns noch in den Knast, Major Tom. Warum machst du solche Sachen?«

»Weil's Spaß macht.«

»Und wie und wann hast du das hier überhaupt gefunden? Ich bin schon so lang in diesem Haus und hab nicht mal gewusst, dass es da einen Zugang gibt.«

»Ich sag's dir, Auftragskiller machen sich immer erst mal schlau.«

»Und jetzt schubst du mich wohl gleich über den Rand des Dachs?«

»Warum nicht? Fliegen wäre eine schöne Art zu gehen, oder?«

»Ganz wunderbar, aber ich möchte lieber noch nicht abkratzen, danke.«

»Komm, wir stellen uns an den Rand, mit den Fußspitzen in der Luft.« Lauernd sah ich ihn an. Irgendetwas in mir scherzte nur halb. Nein, Blödsinn: Natürlich war es ein Witz. Ganz und gar.

Aber da packte er mich am Arm, sein Blick war geschockt: »Spinnst du?! Lass das!«

»Warum? Ist doch lustig.«

»Nur, solange du nicht runterfällst.«

»Warum sollte ich fallen, ich pass doch auf.«

»Mir wird schon schwindlig, wenn ich nur an diesen Rand da denke.«

Ich sah ihn an und fühlte mich ungeheuer fern von ihm. Es war, als könnte ich wirklich fliegen und könnte niemandem davon erzählen.

Stattdessen erzählte ich ihm von meiner Gefängnistheorie: Dass es viel schlimmer wäre, in einem so offenen, weiten Gefängnis zu sitzen als hinter Gittern. Vielleicht, weil das Davonfliegen irgendwann so gut und richtig und ungefährlich erscheinen würde.

Milo sagte wenig. Umschlang mich, machte Witze. Tat, als hätte er nicht verstanden. Tat, als hielte er mich nur fest, um mir nah zu sein. Wir schauten uns die Stadt an, er gab zu, dass es traumhaft war, dass es ein fantastischer Ort der Stille war, weit ab von allem, was wirklich war.

Wieder gebrauchte er diesen Ausdruck, den ich damals auf der Party von ihm gehört hatte: rasend langsam. Alles sah so rasend langsam aus, die Autos, das Licht, die Dunkelheit. Ja, das stimmte. Ich sah ihn von der Seite an, und mein Herz wurde ganz kalt und heiß und schwer vor Zusammengehören. Und vielleicht war ich das rasende Langsam für ihn? Die Vorstellung war seltsam wunderbar.

»Magst du Weihnachten?«, fragte ich in meine Gedanken hinein.

»Ja, klar, Lebkuchen und Geschenke sind doch immer gut. Du?«

›Ich hasse es‹, wäre die Wahrheit gewesen, aber das war keine Option. »Klar.« Und dann direkt: »Was war das beste Geschenk, das du je bekommen hast?«

»Hm, wahrscheinlich mein Hund, als ich sieben war, und der Fallschirmsprung mit 18.«

»So lange nichts Gutes mehr?«, fragte ich lauernd. »Dann wird es Zeit.« Natürlich konnte er mir seine wirkliche Nummer eins nicht verraten.

Eine Weile plapperte ich noch, unschuldig, unverdächtig, losgelöst. Aber er gab nichts weiter preis. Er fragte nicht einmal, ob wir beide uns etwas schenken würden. Schenkte man seinem Freund etwas, den man kaum kannte?

Deshalb sagte ich nur noch: »Fallschirmspringen … aber einfach so fliegen, ohne alles, das wäre doch noch schöner.« Provokation ist auch ein Erfolg.

Dann verließen wir unseren Geheimplatz wieder. Auf der Treppe hangelten und rauften wir miteinander, ganz verliebt, wir lachten, standen uns im Weg, ulkten herum. Aber irgendwann war sein Mund an meinem Ohr, und während unsere Hände und Körper Blödsinn machten, war seine flüsternde Stimme ganz ernst: »Tu's nicht.«

Ich tat, als hätte ich gar nichts mitbekommen. Niemand musste sich um mich kümmern. Ich war rasend langsam, ich konnte ganz gut allein auf mich achtgeben. Außerdem war ich doch gar nicht richtig da, wie konnte ich da gehen?

Bei mir zu Hause dann eine Dosis Schmerz und Verliebtheit aus Tamas Tagebuch. Ich wollte das nicht mehr lesen. Aber ich musste. Das braucht man ab und zu, wenn man nicht mehr denken kann:

Ich saß im Zug, wusste nicht, ob er kommen würde. Er wollte. Falls er seine Erstsemester rechtzeitig rauswerfen konnte. Leider konnte ich ja nicht später fahren – musste ohnehin ein paar Mal umsteigen, und als Rednerin konnte ich kaum zu spät kommen. Hätte mich auch im Hotel später noch umziehen können, aber ich wusste, dass M. auf strenge Businessfrau steht, also hatte ich mich gleich spießig angezogen. Weiße Bluse, Rock bis zum Knie – nur meine blauen Stiefel fielen aus der Reihe, aber auf die steht er eben auch.

Ich suchte mir ein Abteil ganz weit draußen am Bahnsteig, weil ich allein sein wollte, fast niemand würde bis hierher laufen. Ich tat so, als wartete ich gar nicht auf ihn. Holte meinen Laptop raus, tippte Notizen. Aber die ganze Zeit war mir heiß, ich wollte unbedingt, dass er kam. Hatte es noch nie im Zug gemacht, wollte unbedingt.

Und dann kam er rein, ich hörte, wie sich die Tür öffnete, sah mich aber nicht um, hoffte nur, dass er es war. Und er war es. Wir sahen uns nur an, lachten, er ließ sich neben mich fallen.

»Frau Professor«, sagte er, und ich …

Ugh. Es brauchte mehrere Anläufe, bis ich den Eintrag zu Ende lesen konnte, so grafisch ging es zu. Es war alles so ekelhaft, so peinlich, so schrecklich peinlich, zum Wegschauen. Warum mussten Leute widerliche Sachen machen und auch noch detailliert aufschreiben? Mein Kopf hämmerte wild. Gerade hatten wir doch noch so glücklich oben auf dem Dach gestanden, Milo und ich, hatten zusammen gelacht, die Aussicht genossen, zusammengehört. Und jetzt musste er diese widerliche Tama derart plastisch im Zug verdingsen.

Ich wollte sie unbedingt zusammen sehen. Ich wollte sie im Zug sehen, ihnen zuschauen. Dann würde es nicht mehr so schlimm sein. Die Realität war weniger schlimm als die Fantasie. Oder?

Aber alles an Tama war pure Fantasie. Und dann hatte sie ihm auch noch ein unvergessliches Weihnachtsgeschenk gemacht, dessen Natur ich einfach nicht aus ihm herauszukitzeln vermochte. Tama konnte einfach alles. Gut vögeln und gut schenken. Ich konnte das Eine ganz sicher nicht und das Andere wahrscheinlich auch nicht. Keine Ahnung. Hatte noch nie jemandem etwas geschenkt außer Su und dem Neffen. Und ganz früher meiner Mutter. Aber das ist so lange her, als hätte es sie nie gegeben.

Ach doch: Jan hatte ich letztes Jahr eine Tüte Gummibärchen mit Schleife drumherum geschenkt und der Kollegin ein Drei-Fragezeichen-Buch. Alles scheißlangweilig, und dabei gedacht hatte ich mir auch nichts. Die Leute gingen mir alle so an der Antarktis vorbei. Aber meine soziale Persönlichkeit war wohl einen irren Moment zum Vorschein gekommen und hatte mich gezwungen, an diese Leute zu denken.

Würde es mir dieses Jahr wieder Spaß machen, Jan etwas zu schenken? Die miese Wahrheit war: wahrscheinlich ja. Weil ich nicht wollte, dass er abhaute. Aber eigentlich waren mir alle egal, auch Milo. Ja, auch er. Am liebsten wäre mir, niemand würde mich kennen. Dann könnte ich einfach so glücklich dahinleben und machen, was ich wollte.

Aber dann dachte ich an Tama und ihren perfekten Sex, ihr perfektes Weihnachtsgeschenk.

Ich hatte schon Kopfschmerzen, bevor ich überhaupt losging, aber ich tat es dennoch und schloss mich dem Festmob an, rannte durch die Innenstadt. Hier und da blieb ich stehen, blickte in die Schaufenster, die nur so glitzerten und funkelten in Kunstschnee und Deko-Geschenken, und ließ mich von der Menge treiben. Schaute mir die Leute an, die sich unter den Mützen und Schals verbargen. Ich selbst fühlte mich, als könnte ich an vielen Stellen gleichzeitig sein, als liefe alles um mich herum in Zeitlupe ab, ich bewegte mich mal hierhin, mal dorthin.

Da war ein kleiner Kunsthandwerkladen, der verschrobene Kinkerlitzchen in der Auslage anpries. Ich schaute rein. Warum nicht? Etwas Verrücktes. So wie Tamas Wahnsinnsgabe. Was konnte es nur gewesen sein? Wie von Zauberhand hatte sie das Geschenk des Jahrhunderts gefunden. Das faszinierte mich so. Ich wollte ihn auch umhauen. Wollte die ewige Gänsehaut, für ihn und für mich, vor allem für mich. Ja, so fühlte sie sich an, die Liebe, der Wahnsinn, die Ekstase, genau so. So so so.

Die Menschen strömten an mir vorbei, alle hielten sich für die Krone der Schöpfung, den Herzschlag der Straßen. Wer die besten Geschenke machte, badete in der Glorie des ewigen Lebens, denn wen ich beschenkte, der würde mich nicht vergessen. Aber sie wollten alle das Gleiche, schenkten das Gleiche, bekamen das Gleiche, träumten vom Lob der Menge, waren alle nur ein billiger Kopf der Hydra. Alle außer mir, ich bewegte mich außerhalb, niemand kannte Kai, niemand bemerkte sie, niemand brauchte sie, und sie brauchte auch niemanden, sie war eine Zuschauerin, lief gegen den Strom, war die Erste und Einzige ihrer Spezies, ein blaues Rauschen hüllte sie ein, und sie verschmolz skandalös mit den ungastlichen Körpern um sie herum. Niemand sah sie, aber sie sah alles.

Sie folgte einem Mann, der herausstach, der jemanden am Telefon anschrie und Kai einen flüchtigen Blick zuwarf, gerade so, als wären sie Verbündete, und das waren sie ja auch. Wahrscheinlich sprach er mit seiner Freundin, stritt sich mit ihr, kümmerte sich nicht um die Leute um ihn herum, warf in wilden Gesten die Hand in die Luft.

Kai stellte sich vor, wie sie mit ihm bei einem Kaffee saß und ihm seine eigenen Geheimnisse auftischte, die eigentlich niemand außer ihm wissen konnte, und dann würde sie mit ihm nach Hause gehen und mit ihm seine Freundin betrügen, die er hier so anschrie. Vielleicht gefiel es ihr sogar, ihn wild nach sich zu machen und ihn dann zu verlassen, verlassen, verlassen, und ihn nie wiederzusehen. Er würde sie nie mehr vergessen, die beste Frau seines Lebens, schön, distanziert, kalt, heiß, Schwarzweißfoto, Sonnenflecken, Zeitlupe, Rückwärtsfilm. Das war doch viel besser, tausendmal besser, aufregender, wilder, wahnsinniger als Milo, Milo, Milo, Milo, Milo!

Ich blieb stehen und atmete wild aus. Scheiße, mein Kopf schmerzte, er zerplatzte schier, ich musste weg.

Der Mann verschwand in der Menge. Ich sah mich um.

Wie lange war ich ihm gefolgt? Die Menge kesselte mich ein, ich wollte nach Hause.

Verdammt, dann musste es eben doch online sein. Nicht wie bei Tama, die ihr VIP-Geschenk sicher in einer kleinen, von altem Holz knarzenden Lieblingsboutique aufgestöbert hatte. Ich konnte es vor mir sehen: Sie war die einzige Kundin gewesen, elegant und selbstbewusst. Geduldig und selbstsicher war sie von einem Regal zum nächsten gegangen, hin und wieder ein Wort an die freundliche Inhaberin richtend, die ihr eine Tasse Tee angeboten hatte, frisch gebrüht aus teuren, dicken Blättern. In einer leicht staubigen Ecke, ganz hinten, war Tama dann fündig geworden. Die Inhaberin und sie hatten gescherzt: *Ja, das ist nicht für jeden etwas. Soll ich es einpacken? – Nein, danke, meine Geschenkpapiere mache ich gern selbst. – Da haben Sie recht bei diesem ganz besonderen Geschenk. Frohe Weihnachten!* Shit, und ich saß hier vor dem kalt flirrenden Bildschirm und klickte mich durch ›ungewöhnliche Geschenke‹, ›kreative Geschenke‹ und all diesen Blödsinn. Zen-Sand, 3-D-Malgerät, Pappprojektor für Smartphones, fleischfressende Pflanzen, Ameisenkolonien, Handschellen mit Gravur, personalisierte Kaffeetassen, *no, thank you.* Nur in Tama-Land begegnete den Verliebten genau das perfekte Geschenk für den perfekten Menschen. Es war mir so wichtig, dass es mir auch glücken würde, dass ich auch kreativ und witzig und einzigartig wirkte.

Und als ich am nächsten Tag vor einem Buchladen stand, wusste ich plötzlich doch, was ich tun würde. Ich schnitt dunkelgraues Tonpapier in die Form eines Lesezeichens und schrieb mit einem silbernen Stift den Ausschnitt eines Gedichts darauf, das ich mag:

So tief hat sie noch nie gefühlt,
so sinnlos selig müssen Tiere sein,
ihr Haar ist wie zu einem Heiligenschein zerwühlt,
Laternen spinnen sich drin ein.

Dann druckte ich mir eine Seite von Tamas abfotografiertem Tagebuch aus und zerriss sie in kleine Fetzen, sodass man höchstens noch ein Wort, meist nur Wortteile entziffern konnte, und verstreute sie auf dem Lesezeichen. Das Ganze überzog ich mit Folie und brachte noch ein Band an. Das perfekte Geschenk. Weit weg von all dem materiellen Blödsinn, den jeder kaufte und hatte und konnte und kannte. Es sah gut aus. Intellektuell und persönlich und intim, aber so, dass man es nicht verstecken musste. Das Gedicht war unter den Wortfetzen verborgen, nur ein paar Stellen waren sichtbar: tief, sinnlos, Laternen, Tiere. Sonst nichts.

Das Geschenk verstaute ich in einer feinen Schachtel und band eine spießige Schleife darum. Die Karte dazu ließ ich noch leer. Wollte auf die perfekte Eingebung warten. Abends, wenn ich nicht bei ihm war, schrieben wir uns nun manchmal auch online. Er scherzte darüber, dass ich imstande war, moderne Technologie zu bedienen. Aber irgendwie war es anders, ihm aus der Ferne zu schreiben. Ich konnte harmlose Witze machen, ohne mich zu verraten. Und ich konnte ein bisschen Tama spielen.

Major Tom, das hier ist
der sogenannte Chat.

Ah?

Ich dachte nur, weil du
doch kein Handy hast.

Was macht man da so im
Tschätt?

Sich obszöne Nachrichten
schreiben.

Einfach so?

Ja, ganz einfach so.

Immer und mit jedem?
Z. B. mit deiner
Schwester?

Äh, nein.

Ach so.

Danke, jetzt bin ich
abgeturnt.

Super, dann schicken
wir uns doch stattdessen
inspirierende Bilder mit
Regenbögen oder Kerzen.

Uaaaah!

Mit dem perfekten Spruch:
Warte nicht, bis das
Unwetter vorbei ist,
sondern lerne, im Regen
zu tanzen.

Wie schrecklich. Etwa
mit Neon?

Natürlich mit Neon,
sonst wird man ja nicht
eins mit dem Universum.

Ich werde nur eins mit
dem Universum, wenn du
auch da bist.

Oh, ich liebte es, Blödsinn mit ihm zu reden. Auch wenn er hin und wieder kitschig wurde. Er war so lustig. Und so weit weg.

Über Weihnachtsgeschenke redeten wir nun auch wieder. Ich glaube, er wollte nun doch herausfinden, ob wir uns etwas schenkten. Ich erzählte ihm, ich hätte etwas Spektakuläres für ihn, freute mich auf sein Gesicht, und natürlich erwartete auch ich das perfekte Ding von ihm. Ich lag da und träumte stundenlang davon, wie ich ihm sein Lesezeichen überreichen würde, malte mir alles im Detail aus, wie er sehen würde, wie er verstehen und doch nicht verstehen würde, mein wunderbares immaterielles Geschenk. Ich hatte noch nie einem Mann wirklich etwas geschenkt, noch nie noch nie noch nie. Es würde atemberaubend werden.

Immer wieder drehte und wendete ich mein Geschenk in den Händen, stellte mir vor, was er sagen und denken würde. Vor dem Spiegel übte ich eine süße, empfindsame Stirnfalte, die meine Emotionen zeigen würde, aber ich hatte keine, ich hatte nichts. Ich malte sie auf, ich wollte einfach sehen, wie ich damit wirken würde. Siehst du, wie ich fühle, siehst du, wie meine Gefühle Form annehmen?

Aber dann, am 23.12., morgens, da … da schrieb plötzlich Tama die verdammte Karte. Für ein Geschenk, auf das ich so stolz war, von dem ich wusste, dass Milo sich darüber freuen würde! Ich saß auf meinem Bett und fühlte plötzlich ganz heftig, dass es so sein musste. Ja, es musste. Ich sah mich in meinem blinden Spiegel an, und die Schlieren aus oxidiertem Silber hinterließen Flecken und Risse in meiner Haut. Diese herrlich verwesende Silberkreatur schrieb eine Karte, die von Tama kam.

Ja, scheiße, das tat sie. In Blockbuchstaben schrieb sie *Merry Christmas.* Nur das. Und unterschrieb mit ihrer waschechten, fein geschwungenen Unterschrift, die sie so lange geübt hatte. Und steckte sie an das Geschenk. Mechanisch. Die Fingerspitzen hatten die Idee. Zuerst die Fingerspitzen, dann der Bauch, dann der Kopf. Der Kopf leckte sich die Lippen. In der gefühlten nächsten Sekunde stand ich vor seiner Tür und warf das Geschenk in den Briefkasten. Mit der Karte. Ich fühlte mich großartig, die Herrscherin über Leben und Tod.

Dann rannte ich zurück in die Innenstadt zu meiner Schwester in die Buchhandlung und kaufte ihm ›Rebecca‹. An der Kasse wuselte ich neben Su hin und her, gefühlte Stunden, und kaute auf einem Stift herum, weil ich nicht wusste, was ich reinschreiben sollte. Irgendetwas musste ich reinschreiben.

Su stand neben mir und verkaufte seelenruhig weiter Bücher und Kalender und Krimskrams an die lange Schlange von Leuten, die noch schnell ihr schlechtes Weihnachtsgewissen befriedigen mussten.

Mehrmals setzte ich an und setzte wieder ab. Dann

schrieb ich einfach »Auf den Maskenball!«, fand es wunderbar, mysteriös, anders und schrieb es mit Schwung, ließ Su es dann einpacken.

»Arbeitest du den ganzen Tag, heute?«, fragte ich sie.

»Ja, aber dafür hab ich dann bis 6. Januar frei.«

Sie erzählte mir noch, ihr Typ sei am Nachmittag zu Hause, um auf den Kleinen aufzupassen, ich solle doch gern bei ihm vorbeischauen und mir ein paar Plätzchen holen. »Mit uns feiern morgen willst du ja sicher wieder nicht.« Absolut, nur über meine Leiche!

Aber eine halbe Stunde später spuckte mich der Bus in ihrer Straße aus, und ich sah mich klingeln. Die Wohnung war komisch ohne Su. Ich war eine Betrügerin, als der Schwager mir die Tür öffnete und mich freudestrahlend hereinbat. Jemand, der meine Identität angenommen hatte, saß da am Tisch und stopfte Vanillekipferl und Nussecken in sich hinein und redete dummes Zeug, von dem die echte Kai gar nichts wusste. Der Neffe sprang wie verrückt im Wohnzimmer herum und eröffnete mir, morgen sei Weihnachten. Neben der Tür tropften nasse Stiefel. Es roch nach Wachs und Wald und Kindheit. Bei mir zu Hause war nichts dekoriert.

Der Schwager servierte Kaffee und Tee. Er redete von Su, erzählte mir, was er ihr schenken würde, ich sah in seinen Augen, wie sehr er sie mochte.

Als ich ging, blieb ich einen Moment auf der Straße stehen, dann griff ich in meine Manteltasche und holte etwas heraus, das schon lange darin lag. Einen Umschlag mit einem Zettel von ›Citronella95‹:

Hab dich schon so oft im Bus gesehen.

Dann klingelte ich den Schwager noch einmal heraus. »Der Umschlag hing so aus dem Briefkasten heraus, wahrscheinlich noch ein Weihnachtsgruß. Wollte ihn dir gleich geben, bevor er raus in den Schnee fällt.«

Dann haute ich ab. Und realisierte unterwegs, wie dämlich mein Spruch über den blöden Maskenball im Buch für Milo war, bereute, dass ich überhaupt etwas hineingeschrieben hatte. Aber das war nun nicht mehr zu ändern.

Zu Hause hörte ich den *Danse Macabre,* weil es vor dem Fenster so schön schneite und die Flocken bis zu mir in meinen Kopf wirbelten.

Alle fünf Minuten checkte ich die Inbox der E-Mail-Adresse, die ich dem Schwager gegeben hatte. Nichts. Grrr, ich konnte ihn nicht ausstehen. Stellte mich vor mein Bett, sodass ich mich im Spiegel sehen konnte, und tat, als wäre ich eine dämonische Ballerina, die mit dem Tod und seinen Freunden auf den Gräbern tanzt. Ich musste mich bewegen, mich ablenken, und niemand konnte mich ja sehen. Tanzen, Nachrichten, tanzen, Nachrichten, tanzen … aber es kam nichts.

Am 24. Dezember schickte ich Tama in aller Frühe eine Weihnachtsmessage:

```
Dein Geschenk von
letztem Jahr ist immer
noch das beste, das ich
je bekommen hab.
```

Sie reagierte fünfzehn Minuten später:

Haha, dann schick deine
neue Flamme mal in die
Lehre.

Ich lachte, sah sie vor mir, wie sie ganz satt vor Vergnügen und Selbstbestätigung diese Nachricht eingab. Schade, dass sie mir nicht verraten hatte, was denn nun das sensationelle Präsent gewesen war. Mit wilden Fingern tippte ich zurück:

Was machst du heute?

Warum?

Na, Fest der Liebe und
so.

Ich suche meine blauen
Stiefel.

Die Luft surrte in meinen Lungen.

Deine blauen Stiefel?

Ja, die sind weg.

Wie können Stiefel
einfach weg sein?

Keine Ahnung, irgendwie
denk ich, man hat mich
beklaut.

Hat dir ein
Fußfetischist die Dinger
im Bus von den Beinen
gerissen?

Haha.

Weil sie so sexy sind.

Ach?

Ja, hab ich dir doch oft gesagt.

Du hast mir viel gesagt,
wenn der Tag lang war.

Alles ehrlich.

Na ja.

Was war nicht ehrlich?

So einiges.

Wirklich?

Ja.

Sag mir, was es war.

Keinen Bock auf olle
Kamellen, Baby, ich such
weiter meine Stiefel.
Frohes Fest mit der
Neuen, ciao!

Ich sank zurück, war ganz atemlos, weil ich einen Korb bekommen hatte und auf interessante Weise doch wieder absolut gar keinen. Einerseits meinte ich, Tama gut zu kennen, dann wieder war sie ein formloses Wesen ohne eigene Persönlichkeit irgendwo in meinen Gedanken. Eine, die man nicht fassen konnte, von der ich mir auch nicht vorstellen konnte, dass Milo oder irgendein Mensch sie tatsächlich angefasst hatte. Oder normale, alltägliche Dinge mit ihr besprochen hatte. Und dann: die Stiefel. Sie hatte nun endlich ihre verlorenen Stiefel entdeckt. Würde sie zur Polizei gehen? Hatte sie den Einbruch bereits angezeigt? Es klang nicht so. Aber plötzlich konnte ich die Verbindung zwischen ihr und mir über mein Handy geradezu körperlich fühlen, wie eine rote Schnur, die die Bluthunde direkt zu meiner Existenz führen würde.

Mir war mulmig. Am liebsten hätte ich das Telefon im Klo runtergespült, aber die rote Schnur würde das nicht vernichten.

Dann dachte ich wieder an das blöde Lesezeichen: Milo hatte es jetzt. Er musste es bereits aus dem Briefkasten gefischt haben. In diesem Moment würde er es in seinen Fingern halten und versuchen, zu verstehen, was überhaupt los war. Tama hatte ihn abserviert, und nun lag ein emotionales Geschenk von ihr inmitten seiner Weihnachtspost. Er würde es nicht verstehen, er würde an nichts anderes mehr denken können. Ich freute mich darauf, ihn so zu sehen.

Am Abend kriegte Milo dann natürlich auch von mir sein Buch. Er fand es witzig. Was blieb ihm anderes übrig, er musste es mögen. Mit seinem Daumen fuhr er über die Seitenränder, lachte, blätterte. Aber ich fing einen seltsamen Seitenblick von ihm auf. Natürlich: Ich hatte etwas Spektakuläres angekündigt, und nun bekam er ein Buch. Mit einer tollpatschigen Widmung. Ich kriegte auch irgendetwas, an das ich mich nicht mehr erinnere. Etwas Peinliches, das ich lieber nie gesehen hätte. Leute sollten sich nichts schenken. Einfach nie. Das wäre am besten.

Von dem Lesezeichen sagte er nichts. Natürlich nicht. Ich sah mich in der Wohnung um, bestimmt lag es in einer Schublade versteckt. Mit Schrecken fragte ich mich plötzlich, ob er ihr vielleicht getextet hatte, um sich zu bedanken? Mit seiner wirklichen Nummer? Dann würde alles auffliegen. Und eine weitere Verbindung zu den Stiefeln herstellen? Zumindest würde Tama wissen, dass ich nicht er war, und dass etwas nicht stimmte. Ich würde auf seinem Handy nachsehen.

Aber dann, später, fühlte ich mich auch wohl bei ihm. Jetzt, wo Tama ihm dieses Wahnsinnsgeschenk gemacht hatte, kämpfte ich wieder um ihn. Er war so schön, ich war peinlich verliebt in ihn, stellte mir vor, wie schrecklich es wäre, wenn ich ihn verlieren würde, schlang die Arme um ihn, wollte ihn, hasste Tama für ihr Geschenk, war Feuer und Flamme, die Fenster klirrten vor Kälte, es war dunkel und hell und blau, wir waren allein, es war herrlich, nur wir beide an Weihnachten, niemand sonst. Ich wünschte, Tama hätte sich nie eingemischt.

Oh, ich war so euphorisch, dass ich ihn kaum loslassen konnte, und er freute sich über das Buch, ja, er freute sich. ›Rebecca‹ verband uns. Die Geschichte hatte uns zusammengebracht, meine Widmung passte. Und sein Geschenk war ebenfalls herrlich romantisch, lustig, kitschig: Wir benutzten gleich die Tassen mit unseren Namen drauf, die sich ineinanderschoben, und wir lachten darüber. Wir saßen auf dem Sofa, lagen auf dem Sofa, lehnten am Sofa, rasend langsam wie immer, erzählten uns Geschichten, oder vielmehr, er erzählte mir Geschichten, erzählte mir von seiner Schwester, von seinen Eltern. Es war, als wollte er mich für immer, immer, immer behalten, und er roch so gut und schmeckte so gut und fühlte sich so gut an und war so weich und stark und weise und klug und wusste alles.

Ich erzählte ihm auch etwas, nicht viel, nicht viel Wahres. Aber ich machte es wahr, ich musste nur aufpassen, dass ich mich nicht wegen der Schriftstellerei und so verplapperte. Er fragte mich nach dem Namen meines Neffen und ich musste wirklich einen Augenblick überlegen, bevor er mir einfiel, daher sagte ich einfach, er hieße Milo. Warum nicht. Wir lachten. Aber ich merkte, dass er Dinge über mich rauskriegen wollte. Er sah mich so an. Seine Augen waren tief und blau, er sah mich so tief an, bis wir ein einziger Mensch waren. Das ging nicht. Ging das?

Als er einmal im Bad war, zog ich seine Nachttischschublade auf, und dort lag das Lesezeichen. Unter einem Packen anderer Sachen, unter einem ganzen Haufen an schlechtem Gewissen. Ich strich mit dem Finger darüber. Es war schön. Er hatte es jedenfalls nicht sofort weggeworfen. Das gefährliche Ding kribbelte an meiner Handfläche, ich sah ihn vor mir, wie er es angestarrt hatte, wie er hier auf dem Bett gesessen und es ungläubig angestarrt hatte. Mit klopfendem Herzen. Ja, sein Herz hatte bestimmt geklopft wie wild. Er hatte nicht gewusst, was er tun sollte. Er mochte mich, aber hatte nicht ein noch aus gewusst. Er war ehrlich, das war mir inzwischen klar, aber gegen seine Gefühle kam man nicht an. Das mochte ich so an ihm. Ein Arschloch konnte jeder sein, aber seine Zerrissenheit liebte ich. Eine romantische Geschichte, leicht tragisch, aber ach so schön. Ich konnte meinen Blick nicht von ihm wenden, und das machte ihn glücklich, er spürte, dass ich verrückt nach ihm war. Und nach seiner Story, aber das mit der Story wusste er nicht.

Danach wollte ich raus und nahm ihn mit. Wir gingen zusammen unter den Dreiviertelmond, in den Nebel, der durch die Straßen wallte, der Schnee knirschte unter unseren Schuhen. Vielleicht lenkte ihn das auch von dem seltsamen Geschenk ab.

An diesem Abend verriet ich wahrscheinlich zu viel von mir. Denn ich war so überglücklich, so euphorisch, dass ich ihm einfach zeigte, wo und wie man Leute beobachten konnte. Wir waren beschwipst, und das war gut, so konnte ich am nächsten Morgen tun, als wäre ich über mich selbst erstaunt. Aber es machte ihm Spaß, auch wenn er mir hin und wieder »Du spinnst doch« oder »Wir sind echt krank« zuflüsterte. Aber ich sah es ihm an, dass er hin und weg war von dem Abenteuer, auf das ich ihn losgelassen hatte.

Leute beim Weihnachtenfeiern zu beobachten, war immer ein Kick, ich tat es jedes Jahr. Aber mit Milo zusammen war es so unglaublich schön, dass mir schier die Luft wegblieb. Es schien fast, als hätte ich mich selbst in zwei gespalten, ein körperliches Gefühl, als wären unsere Gliedmaßen und Seelen miteinander verklebt und verwachsen. Ich drehte meinen Film: Wir schlichen in Gärten, kletterten auf Bäume, rannten durch Hinterhöfe wie Straßenkatzen, hielten uns fest, sprangen von Mauern, wurden nass, kalt, hinterließen Fußabdrücke, *so what,* wärmten uns, rannten wieder, nahmen uns an den Händen, sahen einsame Herzen, betrunkene Paare, die sich nichts zu sagen hatten, reizüberflutete Kinder, schreiende Eltern, überglückliche Großfamilien, Blockflöten, Heavy Metal, Musikantenstadl, Festessen und leere Flaschen, Schall, Rauch und Taifune.

Ich wollte nie wieder nach Hause, nie wieder, ich hatte

kein Zuhause, diese Nacht war das Ende der Welt, die Luft stand unter Eisstrom, ich musste nie wieder irgendwohin, es würde nie wieder Tag werden. Und ich war doch eine gute Regisseurin: Niemand hätte unsere banal-wunderbare Liebesgeschichte besser erzählen können. Jeder, der diese barocken Filmszenen sah, würde wissen, dass wir verliebt waren, dass wir zusammengehörten, dass nichts uns trennen konnte, dass wir füreinander bestimmt waren; immer, immer, immer, immer wollte ich mit ihm zusammen sein. Es tat weh, so sehr wollte ich es. Oh, ich wollte und wollte und wollte es.

Einmal legte ich mich in den Schnee, angeblich, um einen Schneeengel zu machen – Milo malte ihm Hörner an den Kopf –, aber eigentlich, weil ich einen Augenblick still sein musste. Still und in mir drin musste ich sein. Sonst war ich immer über mir. Jetzt war ich in mir drin, bis in die Fingerspitzen.

Neben uns hingen Scharen von Krähen wie schweres Winterobst in den Bäumen. Sie wippten im Wind und zeichneten sich scharf gegen den mondhellen Himmel ab. Ich schrie die Vögel an, und in einer schwarzen Schallwelle schwappten sie von den Ästen. So viele. Die Flügel peitschten die Luft mit einem Geräusch wie von nassem Segeltuch. Der Laut gefiel mir. Milo hob mich auf, hielt mich fest und küsste mich wild. Er schmeckte nach Weltuntergang, nannte uns Bonnie und Clyde, und ich war froh, dass ich einen Augenblick lang nicht mehr Major Tom sein musste oder Kay mit dem Teufelssplitter oder die Auftragskillerin. »Ich bin so in dich verliebt«, murmelte er mir zu. »Sofort, schon immer, von der ersten Sekunde an, als du da mit deinen plattgedrückten Haaren vor mir standest.« Wir waren wie Drähte unter Strom, wir spuckten Funken in der Nacht, wenn sich auch nur unsere Finger berührten. »Du, ich liebe dich«, murmelte er, und mein Gesicht war heiß und kalt im Nachtschnee.

Hatte ich ein Problem mit dem L-Wort? Hatte er nicht eins? Aber das L-Wort ist nur ein Wort, und das hier war ein Gefühl, mitten im Bauch und in den Zehen und in den Winterbäumen und in den Schneeteufeln, und ich glaube, ich sagte ihm dasselbe, immer wieder, genau wie er, immer wieder, laut und leise, aber ich kann es hier nicht aufschreiben. Das war Musik, die nur er hören durfte. Vielleicht, weil sie trügerisch war oder zu melancholisch oder zu wild und schön mit ihren falschen Tönen.

Wir rannten bis Mitternacht um die Häuser; ich flog, schwebte geradezu, und die Glückseligkeit wuchs wie blauer Efeu durch meinen Körper.

Später lagen wir bei ihm erst in der Badewanne, um uns aufzuwärmen, und dann im Bett und taten rein gar nichts außer erzählen und reden und lachen und dann schlafen, und ein Winterschmetterling mit schweren schwarzen Flügeln hing außen am Fenster und betrachtete uns, bevor er zur nächsten Öffnung in der Mauer weiterflog und eine andere Geschichte beobachtete. Die ganze Stadt war voller geheimer Abenteuer und Erzählungen,und niemand wusste davon, und die Zeit floss durch uns, und niemand schrieb unsere Liebesgeschichten auf, unsere Wutgeschichten, unsere Gleichgültigkeit. Aber Milo und ich, wir lagen da im Bett, wir waren nur eine Sekunde im Universum, wir waren die ersten und einzigen Menschen, und ich dachte an nichts außer an uns, an ihn und mich. Es würde nie wieder Tag werden.

Aber dann wurde es das doch. Wir passten nicht auf, und dann gab es doch einen neuen Morgen. Milo war kindisch glücklich darüber, mit mir aufzuwachen.

»Hilfe, was haben wir da gestern Nacht nur gemacht!«, lachte er.

»Oh ja, es war verrückt …«

»Wie kommst du nur auf solche Ideen … Leute zu beobachten!«

»Keine Ahnung, ist mir halt so eingefallen.«

»Ist so ähnlich, wie die Tür zu einem Dach aufzubrechen, hm?«

»Vielleicht.«

»Machst du das öfter?«

»Nö. Na ja, manchmal.«

»Warum?«

»Weiß nicht, macht Spaß.«

»Und was machst du da so?«

»Leuten nachgehen und schauen, wo sie wohnen und so.«

Er strich mir mit der Hand über den Arm, sah mich nicht an. Ich wünschte, er würde endlich mal etwas auf meine Haut schreiben, aber es fiel ihm nicht ein.

»Wo sie wohnen?«

»Was sie machen und so.«

»Und steckst du ihnen Zettel zu?«

»Nein.«

»Aber mir hast du einen zugesteckt.«

»Sei nicht so eingebildet, warum sollte ich?«

»Ich verstehe nur immer noch nicht, wie wir uns eigentlich kennengelernt haben.«

»Zufall, wie immer eben. Alles ist Zufall.«

»Du glaubst wohl nicht an Schicksal.«

»Nein. Du?«

»Eigentlich nicht, nein. Aber wer weiß?«

»Ich weiß.«

»Ich weiß nur, dass ich sofort wusste, dass wir zusammengehören, als ich dir die Perücke von den Haaren gerissen hab.«

»Wie romantisch.«

»Hast du noch mehr Perücken?« Wie eine Entschuldigung: »Ist ja dein Beruf.«

»Nö, warum? Welche Frisur würde dir denn gefallen?«

»An dir?«

»Ja.«

»So, wie sie jetzt sind, lang.«

»Warum?«

»Einfach so, ich weiß nicht, sieht schön aus.«

»Tama hatte lange Haare, oder?«

»Ja, warum?«

»Mochtest du ihre Haare?«

»Keine Ahnung. Warum fragst du schon wieder nach ihr?«

»Findest du braune oder blonde Haare schöner?«

»Blonde.«

»Wirklich?«

»Ehrlich: Ist mir völlig egal.«

»Wirklich?«

»Wählst du deine Männer nach der Haarfarbe aus?«

»Nein, aber Tama hatte lange Haare und ich nun auch.«

»Na und? Du machst mich noch ganz verrückt mit deinen komischen Fragen nach Tama.«

»Warum mach ich dich verrückt?«

»Als ob du verhindern willst, dass ich sie vergesse.«

»Schließlich hat sie mich ja auf dich angesetzt.«

»Wirklich?«

»Blödsinn! Allein, dass du das auch nur halbwegs für möglich hältst, heißt doch, dass du noch an sie denkst.«

»Wie kann ich auch anders, wenn du mich jeden zweiten Tag an sie erinnerst?«

»Tu ich doch gar nicht.«

»Immer, wenn wir es schön haben, fängst du von ihr an.«

»Sag mir einfach, ob du ihre langen Haare mochtest, das ist doch nicht schlimm.«

»Ja, ich mochte ihre langen Haare wirklich gern, warum auch nicht? Ich mag Frauen mit langen Haaren. Bist du jetzt zufrieden?«

»Ja«, sagte ich und lachte ihn an, versöhnlich, ich brauchte ihn noch, verstand nicht, warum er sich so aufregte. Konnte er nicht sehen, wie sich die Atome langsam zusammensetzten? Ich berührte ihn, küsste ihn, beruhigte ihn. Er war so einfach gestrickt, wollte einfach nur glücklich sein.

Bevor ich ging, nahm ich den mysteriösen Zweitschlüssel aus der Nachttischschublade. Sicher war sicher.

Über die Feiertage fuhr er zu seinen Eltern. Er sagte mir, ich solle mich bloß nicht mit diesem Jan treffen. Und dass er mich liebte. Ja, das sagte er. Genau so.

Ich war froh, als er weg war. Es war seltsam, ich wollte ganz und gar allein sein und doch mit ihm. Die Welt drehte sich zu schnell. Ich hatte Zeit für nichts anderes mehr, all die Dinge, mit denen ich früher Zeit verbracht hatte. Und ich war so selten allein, dass ich gar nicht mehr in Ruhe nachdenken konnte.

Als ich wusste, dass er die Stadt verlassen hatte, fühlte ich mich seltsam befreit. Als Erstes schnitt ich mir die Haare ab. Machte es selbst, und es waren so viele Haare, so unglaublich viele Haare. Woher sollte ich wissen, dass da so viele Haare waren, so lange, so widerspenstige? Sie wollten nicht runter, meine Schere schnitt in sie hinein wie in dicke raue Seile, als wären sie ein eigener lebender Körper. Als ich dann über die kurzen Strähnen fuhr, da kribbelten sie unter meinen Fingerkuppen, und ich freute mich. Ja, ich freute mich. Und ich sah gut aus, ganz anders. Mein Spiegelbild war plötzlich ein echtes, normales Spiegelbild. Was Milo wohl dazu sagen würde?

Dann dachte ich wieder an das Lesezeichen, das Tama ihm geschenkt hatte, und dass alles herauskommen würde, falls Milo ihr deshalb danken würde. Ich hatte noch keine Gelegenheit gehabt, mir sein Handy zu schnappen. Aber: Der Zweitschlüssel, der lag in meiner Hosentasche und zwickte mich.

Ich ging zu ihm, natürlich ging ich zu ihm – *carpe diem* und so. Die Treppen knirschten unter dem nassen Kies, der an meinen Stiefelsohlen klebte. Oh, wie anders ich mich gefühlt hatte, als ich zum ersten Mal diese Treppen hochgeschlichen war – hinter Jan her, auf dem Weg zu Milos Party. Und jetzt waren es meine Treppen, meine, meine. Ich musste nicht mehr leise sein, man durfte mich sehen.

Ich winkte dem alten Opa zu, der gegenüber von Milo wohnte, sagte nichts, aber winkte. Er lächelte. Was er wohl für schöne Geheimnisse in seinen Schubladen und Schränken verwahrte? Milo hatte mir ja einmal erzählt, dass er ab und zu mit dem Mann Schach spielte, weil der wohl so richtig gut darin war. Aber sonst? Soviel ich wusste, sprachen sie dabei nicht groß und wussten auch sonst nichts voneinander. Milo, der Schach-Callboy – der Gedanke belustigte mich. Obwohl er es ja offenbar wirklich aus Spaß tat, nicht aus widerlichem Gutmenschentum. Und wer wusste es schon: Vielleicht zog der Schach-Opa nachts als sternflammende Königin durch die Straßen, vielleicht züchtete er Taranteln, vielleicht war er ein pensionierter Starkoch, der jedes zweite Wochenende gediegene Gäste bei sich zu Tisch bat und ihnen Trüffel fütterte.

Als der Mann die Tür schloss, lauschte ich mit all meinen Sinnen und konnte ihn in seiner Wohnung rascheln und summen hören, ganz still und leise und wunderbar. Draußen fiel der Schnee, und hier war alles so still und leise und wunderbar. Einen Moment lang stand ich im Flur und stellte mir den Bewohner in aller Ruhe in seiner Wohnung vor. Das gefiel ihm bestimmt, dem alten Mann. Es war doch schön, wenn jemand an einen dachte, ohne einen wirklich zu kennen oder zu sehen.

Dann ging ich in Milos Wohnung, der Schlüssel passte. Dort klaute ich das Lesezeichen aus dem Versteck und druckte vier, fünf Fotos von Tama aus.

Das Lesezeichen warf ich draußen in den nächsten Müll. Ich konnte den Gedanken einfach nicht ertragen, dass er ein Geschenk von Tama im Haus hatte. Wie konnte sie es wagen, ihm etwas zu schenken?! Ach, und Citronella95 erhielt eine E-Mail vom Schwager.

Als ich die Nachricht in der Inbox sah, fühlte ich mich großartig, als liefen Insekten durch meinen Körper, sie waren im Kopf, im Rücken, überall. Ich schritt auf und ab. Ich rief Su an, wollte bei ihnen vorbeikommen, wollte ihm gegenübersitzen, seine köstlich brave Fassade durchbohren, etwas in seinen Augen sehen. Aber wen konnte ich zum Date mit ihm schicken? Jemanden musste ich hinschicken. Tama vielleicht? Nein, er war nicht attraktiv genug für sie. Sie hatte ihren Mann mit Milo betrogen, aber sicher nur, weil der schön und wunderbar und einzigartig war. Hey, Idee: Ich könnte dem Schwager eines von Tamas obszönen Fotos schicken. Oder vielleicht Tamas Mann? Milo erwähnte ihn in den Textnachrichten oft genug, er war wichtig in dieser Geschichte.

```
                                        Jetzt sag mal ehrlich,
                                        was ist mit deinem Mann?
Was soll mit ihm sein?
                                                   Weiß er von uns?
Nein!
                                           Wundert er sich nicht,
                                           dass du plötzlich auf
                                           so viele Konferenzen
                                           fährst?
Nein, außerdem sind wir
getrennt.
                                         Dann macht es doch auch
                                         nichts, wenn er von uns
                                         weiß, oder?
```

Ich will aber nicht mit ihm drüber reden. Hör auf damit, Milo.

Bist du manchmal noch in eurem Haus?

Ja klar. Ist alles ganz frisch, ich hab noch Sachen da.

Hast du noch was mit ihm?

Jetzt hör auf, ich hab dir schon hundert Mal gesagt, wie es ist. Und warum müssen wir darüber texten? Wir können das auch persönlich besprechen.

Wenn ich dich persönlich sehe, hab ich Lust auf ganz andere Sachen:-)

Dann vergiss doch einfach all diese Sachen hier:-)

Aber auf seine Chirurgenpartys kommst du schon immer noch mit, oder?

Ich weiß nicht, was du
mit Chirurgenpartys
meinst. Er ist kein
Alien, der nur mit
anderen Aliens feiert.
Aber natürlich gehe
ich auf Partys seiner
Freunde, wenn's gerade
passt. Der schöne
Schein.

Hauptsache, niemand
redet.

Das ist ihm im Moment
wichtig. Kann ich doch
für ihn tun. Muss jetzt
gehen, sehen wir uns
heute Abend?

Ich sollte ihn mal
anrufen, deinen Mann.

Das kannst du ja gern
mal versuchen, wenn du
mich loswerden willst.

Hab's doch nicht ernst
gemeint. Ich liebe dich,
Bee, bitte spiel nicht
mit mir.

Tu ich nicht, Baby. Ist
halt kompliziert bei mir.
Love you.

Aber jeder spielt doch mit jedem, nicht wahr? Tama

sicher auch mit Milo. Ich konnte sehen, wie sie spielte. Konnte er es nicht sehen? Oder wahrscheinlich war sie tatsächlich nur von seiner absolut psychopathischen Eifersucht genervt. Ich konnte gar nicht glauben, dass das wirklich mein Milo war. Bei mir sagte er nie so einen Blödsinn. Und überhaupt: Wer plötzlich Englisch einbaut, meint es nicht so ernst. *Love you.* Es schmeckte falsch. Ich wusste zwar, dass sie sich wohl wirklich von ihrem Mann getrennt und daher auch eine eigene Wohnung hatte – eben die, in die ich eingebrochen war. Aber vielleicht war es auch ein Hin und Her gewesen. Und mit Sicherheit hatte sie den Gehirnchirurgen nicht wegen Milo sitzen lassen. Und wie würde es bei meiner Schwester sein? Würde sie ihren Kerl verlassen?

Da saß ich nun bei Su und besagtem Kerl am Tisch und aß Plätzchen, versuchte, ihn nicht anzusehen. Wer von uns spielte? Er oder ich? Ich natürlich! Er war so gewöhnlich, einfach zum Kotzen, was er sich einbildete. Ich wollte Su sagen, dass er vorhatte, sie mit Citronella95 zu betrügen, aber natürlich konnte ich das nicht tun. Und meine Gedanken schweiften immer wieder ab. Es gab so viel zu tun. Irgendwie wusste ich gar nicht mehr, was ich zuerst machen sollte: den Schwager vom rechten Weg abbringen, nach Tama sehen oder vielleicht Jan treffen? Ihn wollte ich mal wieder daran erinnern, wie wunderbar ich war und wie sehr er in mich verliebt war. Das tat ich zuerst.

Jan hatte irgendwo eine neue 80er-Party aufgetrieben, extra für mich, weil er wusste, dass ich darauf abfuhr. Tanzen, tanzen, tanzen. Er holte mich einfach vor meinem Haus ab, war einigermaßen entsetzt über meine Haare, schaffte es aber, mich nicht zu beleidigen. Herrlich! Immerhin machte er keine Schwierigkeiten, wollte nicht reinkommen oder solche Scherze, sagte mir nicht, wohin wir gehen würden, nahm mich einfach mit in einen Club, in dem ich noch nie gewesen war, ein wunderbar freies Gefühl.

Jan fragte mich natürlich nach Milo. Er wusste es, hatte es von Anfang an gewusst, geahnt, verabscheut. Ich erzählte ihm alles, ich sah ihn an und erzählte ihm Details und wie gut es mit ihm war und wie oft wir vögelten und wie wunderschön ich ihn fand und wie er mich verstand, als Einziger, wie er mich kannte, wie er in mich hineinsehen konnte. Hörst du mein Flüstern? Jan lauschte ohne ein Wort, und ich liebte seine Miene, seine verständnisvolle Miene: Ich bin dein Kumpel, du kannst mir sowas anvertrauen. Aber seine Mimik war wie erfroren, seine Haut grau, ihm war schlecht vor Schmerz und Eifersucht. Ich leckte mir die Lippen und berührte seinen Arm, ganz kurz, meine Fingerkuppen strichen über sein T-Shirt. Ich kann dir alles anvertrauen, nicht wahr? Und dann stürzte ich mich ins Getümmel und feierte den Vorabend der Apokalypse.

Es war herrlich: Ich existierte so heftig, dass ich zu viel trank und Jan küsste. Hörst du mein Flüstern? Wir lachten, zupften aneinander herum, und ich liebte es, diesem Kerl in die Augen zu sehen und bis in die Knochen zu spüren, dass er mich nicht anzog. Die Königin ließ sich seine unerhörte Mittelmäßigkeit auf der Zunge zergehen, genoss die Süße seiner Haut, die rein gar nichts zur Explosion brachte. Ich spürte so sehr, dass es Milo war, dass alles andere scheiße war, dass es nichts anderes gab, dass ich die Sache mit ihm verdammt noch mal nicht verbocken durfte, dass ich nur ihn wollte, dass ich ihm treu sein wollte, dass ich normal sein musste, dass ich ihm glauben wollte, dass ich alles glauben wollte.

Und mein Körper brach in einen rohen Rausch aus, ah, in meinem Kopf war eine wunderbare böse Stelle, ich konnte sie fühlen. Der Gedanke an Milo machte mich so wild, während ich eng umschlungen mit Jan in der Ecke knutschte. Alles wurde mir klar, alles war logisch und einfach. Jan verfilzte sich in mir, es fühlte sich so gut an, ich dachte nichts mehr, ich war schwerelos, mein schuppiger Alienkörper schlang sich um die Musik, ich war da, ich war da, direkt da, der Rhythmus gab mir einen Puls, mir prachtvollem Ungeheuer. Jan wollte mit zu mir nach Hause, ah, wie sehr er es wollte. Ich kokettierte, spielte mit ihm, tat, als überlegte ich, tat, als lebte ich, seine Hände glitten über meinen Rücken unter dem T-Shirt, es war Wahnsinn, niemand durfte mich anfassen, niemand. Ich lachte beinahe über mich selbst und über ihn. Und was bildete er sich ein: Keiner kam zu mir nach Hause, erst recht nicht Jan.

Aber vielleicht woanders hin, vielleicht kam er mit woanders hin, es gab viele Orte, die nicht zu Hause waren. Man konnte zum Beispiel chemische Farbe an den Wänden im Heizungskeller riechen und beobachten, wie sich ihm der Kopf drehte. Ja, das konnte man.

Als ich später in herrlicher Einsamkeit bei mir auf dem Bett lag, konnte ich gar nicht einschlafen vor Lachen und Schönheit und Raserei. Der Lindwurm schlängelte sich, Kai betrachtete mich rastlos aus dem Spiegel. Ja, die dunkle Kai war wieder da, trotz der Kurzhaarfrisur. Und weil mein Körper einfach nicht zur Ruhe kam, schrieb Citronella95 eine verruchte Antwort an die Inbox des Schwagers. Er antwortete sofort, dieser kranke Typ. Wir chatteten. Erzählten uns Lügen. Ich konnte kaum noch meine Augen offen halten, so müde war ich, aber mein Puls galoppierte wie verrückt vor mir her, ließ mich nicht aufhören. Der Typ, mit dem ich redete, hatte keine Familie. Citronella95 auch nicht. Sie mochte seine dunklen Locken, fand, dass er wie ein feuriger Italiener aussah, sie wollte noch kein Foto schicken, hatte aber schwarze Haare. Sie hatte gerade mit ihrem Freund Schluss gemacht. Er war Single. Ich provozierte ihn, schrieb Dinge, die man niemals laut wiederholen kann, Dinge, von denen ich nicht das Geringste weiß und wissen will. Dann loggte ich mich aus und schlief mit vielen Träumen. Tama und das Lesezeichen verdrängte ich aus meinen Gedanken.

Als Milo wiederkam, hatte ich mich komplett in die Affäre zwischen Citronella95 und dem Schwager verstrickt. Die Welt war im ständigen Rasen. Der Mann meiner Schwester hatte mir alle wunderbaren Lügen des Universums erzählt: Es gab keine Su, es gab keinen Sohn. Und: Leider gab es auch kein Date für ihn. Hatte ihm ja persönlich geschrieben und würde selbst gehen müssen, aber das ging nicht. Ich wusste nicht, ob ich mich so verkleiden konnte, dass er mich nicht erkannte. Das wäre mein größter Triumph. Wozu war ich Maskenprofi?

Ich stellte mir vor, wie ich sogar mit ihm ins Bett gehen würde, mit meinem widerlichen, langweiligen Schwager. Auf der anderen Seite war es auch so schon unglaublich schön.

Jan rief an, ich war seine Göttin, er brauchte mich, er wollte mich, warum war ich nicht bei ihm, warum machte ich das mit ihm, warum hatte ich das alles zugelassen, warum, warum, warum, sag mir warum, Kai. Warum tust du mir das an? Ich war kühl. Er verstand nicht. Noch besser wäre es gewesen, wenn er mir einen Liebesbrief geschrieben hätte, aber das machte niemand außer Milo für Tama. Und, meine Güte, Jan wusste doch, dass ich mit Milo zusammen war. Lass mich in Ruhe!

Und gerade nun kam Milo doch von seinen Eltern zurück, und ich fuhr zu ihm. So schnell ich konnte. Da interessierte mich niemand anders mehr. Ich wollte ihn sehen, brauchte ihn, freute mich so sehr auf ihn nach all diesen widerlichen Kais und Jans und Schwagern. In meiner Euphorie streifte ich mir das ungewaschene Shirt über, das ich angehabt hatte, als ich mit Jan getanzt und eng umschlungen in der dunklen Ecke gestanden hatte. Vielleicht wollte ich, dass Milo meine Sünden riechen und sie mit mir teilen konnte.

Die Lichter unten auf der Straße flogen an mir vorbei, wenn ich aus dem Busfenster sah, obwohl ich so seltsam stillstand. Die Treppen zu ihm hinauf nahm ich mit großen Sprüngen, so sehr sehnte ich mich nach ihm. Dann dachte ich plötzlich wieder an meine kurzen Haare und kam ihm mit vorgeschobenem Kinn entgegen, forderte ihn mit Blicken heraus, etwas über die Frisur und vielleicht auch über den Geruch des T-Shirts zu sagen. Aber er guckte mich nur eine Sekunde verblüfft an, wuschelte mir durch die Strähnen und sagte: »Hey, cool.« Tat mir nicht den Gefallen, lachte, freute sich. Arschloch. Ich hasste diese verständnisvollen Typen. Was ich auch tat, er mochte mich immer noch. Er hatte mich vermisst, und das war alles.

Wenn ich Tama gewesen wäre, hätte er mir während seiner Abwesenheit wilde, sexy Messages geschrieben, ganz bestimmt, aber mir nicht. Ich hatte kein Telefon, aber daran lag es nicht.

Ich fragte ihn nicht mehr nach Tama. Nicht mehr seit dem Weihnachtsgeschenk und der Haardiskussion. Aber er fragte mich sehr wohl nach Jan. Wollte wissen, ob ich ihn denn gesehen hätte. Eigentlich hatte ich ehrlich sein und endlich mal seine berühmte Eifersucht in freier Wildbahn testen wollen. Aber dann sagte ich doch nichts. Wer wusste, ob er mir glauben würde. Dann: Pläne, Pläne, Pläne. Immer muss man etwas unternehmen. An Silvester wollte er mit mir auf eine Party gehen. Ich hatte wirklich keine Lust, mich unter Leute zu mischen, wollte lieber meine Ruhe haben, vielleicht mit ihm zusammen, aber meine Ruhe.

Aber dann dachte ich daran, dass es endlich Fotos von ihm und mir auf einer Party geben sollte. Beweisfotos. Wir würden das schönste Paar des Universums auf der besten Party der Welt werden. Ich würde mich aufbrezeln, und er wollte mich zu Hause abholen. Das lehnte ich zuerst ab, dann stimmte ich doch zu. Wollte es plötzlich. Ich wollte, dass er meinen Spiegel und die blauen Stiefel sah. Eine Weile lang fühlte sich die Gewissheit gut an, dass ich ihn zu mir hereinlassen konnte.

Aber ich räumte auf. Oh, wie ich aufräumte. Ich hörte David Bowie dabei und sang aus vollem Hals zu *Oh! You Pretty Things,* einem Song, den ich eigentlich viel mehr mochte als dieses ewige *Space Oddity,* von dem ich nun nicht mehr loskam. *All the strangers came today.* Ja, das taten sie, und oh, wie ich für sie putzte und Ordnung machte. Alles musste weg. Der Schrein, die Fotos – Milo würde sonst denken, ich wäre nicht ganz bei Trost. Alles kam in eine Schachtel unters Bett, so tief man es nur wegschieben konnte. Vielleicht kramte er bei mir ja genauso herum, wie ich bei ihm, sobald ich mal auf dem Klo war? Meine Perücken, meine Verkleidungen, alles stopfte ich in die hinterste Ecke des Kleiderschranks, meine Schaufensterpuppe versuchte ich, auch unters Bett zu schieben, aber sie passte nicht, da ließ ich sie doch auf dem Sofa sitzen. Als Maskenbildnerin konnte ich wohl auch dafür eine Erklärung finden: Ich war cool, kreativ und so weiter. Ich wechselte meine Bettwäsche, hatte keine schöne, dann eben einfach eine schwarze, zerknittert aus dem Schrank, aber egal. Von über dem Esstisch stierte Luzifer von Stuck herab, und ich überlegte, ob er weg sollte. Aber nein, warum auch? Ein ganz normales Kunstwerk. Ich sah mich um, versuchte, die Wohnung durch die Augen eines Fremden zu sehen. Bei meinen Schuhen standen die blauen Stiefel, glänzend, herausfordernd. Draußen auf der Straße wurde bereits geböllert, obwohl es erst 18 Uhr war. Online in den News stand, ein 27-jähriger Skifahrer sei gestern in den Alpen tödlich verunglückt. Ich stellte mir vor, wie er am Morgen aufgestanden und sich auf die Tour gefreut hatte. Und nun lag er irgendwo und hörte nicht, wie die anderen Menschen anfingen, Silvester zu feiern. Er hatte erwartet, es zu hören und mitzumachen, und nun war es nicht so. Nun war es einfach nicht so.

Irgendwie konnte ich nicht aufhören, an diesen unbekannten Gleichaltrigen zu denken. Er war den Leuten ausgeliefert. Vielleicht hatte er etwas Geheimes geschrieben oder versteckt, das seine Eltern oder seine Freundin nun finden würden, wenn sie seine Wohnung auflösten.

Und da merkte ich, dass ich Milo doch nicht reinlassen konnte. Auch wenn aufgeräumt und ausgeräuchert war: Ich wollte nicht, dass jemand, der mir etwas bedeutete, mich bei mir sah. Wusste nicht, warum.

Der Gedanke wurde immer unerträglicher, je mehr die Uhr auf 19 Uhr vorrückte. Er war so unerträglich, dass er mich schier lähmte. Dieser perfekte Mensch würde meine schmutzigen Geheimnisse durch Türen und Wände sehen, würde meine billigen Versuche, außergewöhnlich zu erscheinen, sofort entlarven. Mein Handy stellte ich ab und vergrub es tief im Schrank. Den Computer schaltete ich aus, meinen Notizblock versteckte ich. Ich zog mich an, schminkte mich ein wenig. Aber als es klingelte, machte ich nicht auf. Saß auf dem Küchenstuhl, starrte auf meine Hände und rührte mich nicht. Es klingelte wieder, ich tat nichts.

Dann, irgendwann, nach unendlich langer Zeit, klopfte es direkt an der Wohnungstür. Er war heraufgekommen.

Ich fuhr auf, fühlte, wie er lauschte, wie er durch die Tür sehen konnte. Warum ging er nicht weg? Verdammt noch mal, hau endlich ab! Jeder andere wäre längst abgehauen.

Meine Unterlippe blutete, die Handflächen waren ganz taub von hineingegrabenen Fingernägeln. Und dann gab ich auf. Konnte ihn nicht länger da stehen lassen. Hastete zur Tür, faselte etwas davon, dass ich laut Musik gehört und sein Klingeln nicht gehört hatte.

Aber er sagte nur freundlich: »Komm, Major Tom, nimm deinen Mantel, wir hauen ab.«

Er ging nicht darauf ein, dass ich ihn so lange draußen hatte stehen lassen, war nicht wütend. Eher fasziniert? Was war er nur für ein Freak! Und er kam auch nicht herein, sondern blieb auf der Türschwelle stehen. Wahrscheinlich konnte er meine Panik riechen und ließ nicht einmal seine Augen schweifen. Nicht mal den Scheißspiegel hatte er gesehen, und die blöden Stiefel auch nicht, das sollte er doch, das wollte ich doch!

Er nahm meine Hand, wir redeten kaum. Vor der Wohnungstür küsste er mich, gerade, als der Nachbar zusammen mit seiner Frau aus der Tür gegenüber kam – in festlicher Aufmachung. Im Hintergrund Babysitter- und Kinderstimmen. Ich hatte Milo ja ab und zu vom Nachbarn erzählt, aber ohne Details. Jetzt starrten wir uns alle vier ein paar Sekunden lang an, und bei jedem arbeitete es im Hirn. Ich konnte den Typen gar nicht ansehen, mir wurde so übel.

Schließlich lächelte die Frau (kam von ihr auch ein seltsamer Vibe?) und wünschte uns einen schönen Silvesterabend. Wir taten es ihr nach. Ließen sie vorgehen.

Als sie weg waren, fragte Milo: »War er das?«

Und ich sagte: »Nein, du Idiot! Meinst du, ich hab gar keinen Geschmack?« Aber er konnte in mich hineinsehen.

Die Straßen waren voller Menschen und Stimmen in allen Farben; die Stadt feierte das Ende, die Lichter zogen Kometenschweife hinter sich her. Wann immer ich mit Milo durch den Schein einer Straßenlaterne lief, stellte ich mir vor, wie uns das Licht anheben und in eine andere Dimension beamen würde.

Am liebsten wäre ich einfach so weitergelaufen, immer weiter, von einem Leuchten zum nächsten. Aber irgendwann kamen wir an, und mir wurde ganz flau im Magen. Als wir die Wohnung betraten, fühlte ich mich entsetzlich eingeschüchtert, der Lärm, die Hände, die Blicke kamen von überall, aus allen Ecken. Aber ich zwang mich, mir nichts anmerken zu lassen. Die Gäste spielten ein Spiel mit mir, sie grinsten mich an, reichten mir Drinks, berührten mich mit ihren Tentakeln, und eine Frau sagte lauernd: »Pass gut auf Milo auf«, als ob sie etwas andeuten wollte. Ich passe nicht auf Leute auf. Auf niemanden, Bitch. Du bist Biochemie. Striche ich mit meinen Fingern über deine Haut, würden deine Partikel oder Atome oder aus was auch immer du bestehst an meiner Handfläche kleben bleiben. Schicht um Schicht könnte ich deine Teilchen abstreichen, und dann würde ich sie mit spitzen Lippen von meiner Hand pusten, ganz delikat, und ich würde dich anlächeln, während du in deine grotesken Einzelteile zerfällst und wie silberner Dunst über dem Zimmer schwebst. So schön. Oder nicht? Niemandem würde es auffallen, du würdest für immer in diesem Raum spuken und keine Ruhe finden.

Ich griff nach der Frau, sie zuckte zurück, in meiner Schläfe pochte ein mechanischer Schmerz, ich legte ihr meine Finger auf die Schulter und streichelte sie langsam über den kurzen Ärmel hinweg nach unten bis zur Haut. Ihre Augen starrten groß und dumm, dann verschwand sie in der Menge. Aber was kümmerte es mich? Der, den sie meinen Freund nannten, klebte an mir, ließ mich selten los und führte mich den Gesichtern vor, als wäre ich ein exotisches Vögelchen. Noch nie hatten sich so viele Menschen darum gekümmert, ob ich da war oder nicht.

Ah, das Leben ist herrlich und wild, ein harter Beat, zu dem man die Haare fliegen lässt, der einem das Blut lila färbt und durch den Körper peitscht, ich konnte es fühlen, das lila Blut, es war schwer und schnell und voller Säure und Energie, ich tanzte und küsste und atmete und lebte, und vielleicht atmete ich die Partikel der zerstörten Frau ein, die ich eben in ihre Bestandteile zerrieben hatte, alle konnten mich sehen, sonst konnte mich niemand sehen, aber diesmal schon, und Milo tanzte mit mir, sein Gesicht weiß und weich und schön, und alle redeten ununterbrochen, der Lärm rieb wie Sandpapier an meinem Kopf.

Um Mitternacht war ich ein Tier, mein Herz pumpte Millionen Liter Blut durch meinen pelzigen Körper, ich fühlte jede Sehne, jeden Nerv, und ich nahm Milo mit nach draußen, kletterte mit ihm über die Brüstung des Balkons und stieg auf die danebenliegende Garage. Wow, am Himmel verschmolzen gewaltige Galaxien miteinander, ich sah nach oben und mein Körper konnte mich gar nicht mehr halten, irgendwie weinte ich fast oder tatsächlich. Wieder dachte ich an den Skifahrer und wollte, dass er jetzt endlich, endlich, *endlich* etwas hörte, wo es doch so laut war. Er musste das Feuerwerk doch hören. Wie konnte es sein, dass er es nicht hörte? Das ging mir einfach nicht in den Kopf. Sein Körper war doch da, seine Ohren waren da, alles war da, er hatte nur die Augen geschlossen.

Ich konnte an nichts anderes mehr denken, so sehr ich es auch versuchte. Milo und die anderen, die uns nachgekommen waren, machten *Ah!* und *Oh!*, während die Farbsplitter auf uns herunterprasselten. Es war so laut, so laut, so furchtbar laut, er musste es doch hören. Gestern hatte er noch das kleinste Wispern gehört, und jetzt weckte ihn dieser ohrenbetäubende Lärm nicht auf. Das störte mich mehr als alles andere. Die Vorstellung, dass ihn kein Geräusch mehr erreichte, überwältigte mich vollkommen.

Ich versuchte, es Milo zu sagen, aber irgendwie kamen die Worte nicht richtig aus meinem Mund. Wie absurd, absurd, absurd, dass er nicht mehr hören konnte, wo es doch so wahnsinnig laut war. Es war doch so laut. *Es ist doch so laut!* Am liebsten hätte ich es geschrien. Ja, ich wollte schreien, schreien! Oh, wie das Schreien aus mir raus wollte.

Da war urplötzlich so ein großes Entsetzen in mir; Kai schüttelte es weg, aber es sprang immer wieder auf sie. Wie ein Nachtmahr, der auf ihrer Brust tanzte. Niemand hörte sie in dem Lärm des Feuerwerks, nur Milo; er umklammerte sie, aber sie hatte ihren Körper nicht mehr unter Kontrolle. Der Nachtmahr füllte sie aus, schwoll an, schüttelte sie, schüttelte sie, bis ihre Haut sie kaum noch halten konnte. Sie spürte jede Pore, und sie schrie und schrie. Aber Milo hielt sie fest.

Dieser unerträgliche Milo, warum ging er nicht endlich

weg? Lass Kai allein, lass sie verflucht noch mal endlich allein, ich krieg doch gar nicht alles aus mir raus, wenn du mich festhältst, ich krieg mich doch gar nicht aus mir raus, wenn du da bist, ich kann mich doch gar nicht hören, ich kann doch gar nichts mehr hören.

Ich hielt mir die Ohren zu, das Blut rauschte wie die wilde Jagd in mir, Milo murmelte mir Dinge zu, hielt mich so fest, dass das Schreien irgendwann aufhörte, aufhörte, aufhörte und nur noch das Zittern da war. Ich merkte, dass ich wieder stehen konnte. Ich fühlte eine Sektflasche an meinem Mund und etwas Kribbelndes, Kühles an den Lippen. Und ich lachte, weinte und lachte, dann lachte ich nur noch. Milos Arm war fest um mich gelegt, die Farben wirbelten, wir lachten weiter, ich atmete wieder, hörte wieder. Mein feuchtgeschwitztes Haar und meinen schmerzenden Kopf versteckte ich unter der Kapuze. Milo wischte mir zart den letzten Fingerabdruck des Nachtmahrs aus dem Gesicht.

Eine Frau fragte mich etwas, ich lächelte sie an, antwortete atemlos. Ich war nett zu Milo, aber dann ging ich allein nach Hause. Er verstand zuerst nicht. Machte sich Sorgen, hatte keine Ahnung, was los war, wollte mich begleiten, falls es wieder anfing, aber ich sagte, ich sei okay, ich bin okay, wirklich. Noch ein paar Minuten lang bestand er darauf, mich nicht allein zu lassen. Ich dachte an den wilden Abend mit Jan und wie ich mich die ganze Zeit nach Milo gesehnt hatte. Jetzt wollte ich nur noch allein sein. Sein Mitgefühl war peinlich, aufdringlich, ließ fast eine neue Panik in mir aufsteigen. Vielleicht sah er etwas Gehetztes in meinen Augen, denn schließlich gab er auf und ließ mich ziehen. Ich lief nach Hause, meine Schritte zählend, erneut an all den Straßenlaternen vorbei, die mich wieder nicht in eine andere Dimension beamten.

Und als ich dann endlich bei mir zu Hause war und wieder klar denken konnte, da hatte ich plötzlich in rasender Schnelle einen Text von Tama auf dem Display:

```
Wahrscheinlich waren wir
füreinander bestimmt,
haha.
```

Haha? Es war das allererste Ein-Uhr-Morgens im neuen Jahr, und sie meinte es mit Sicherheit nicht so lustig, wie sie jetzt tat. Mein Herz klopfte mir bis in die Haarspitzen, ich war schweißgebadet, das Feuerwerk vibrierte noch in meinem Kopf.

Aber die Panik war weg, komplett weg. Und wenn ich Tamas seltsamen Text ansah, fühlte ich mich poetisch, romantisch, spürte ich Sehnsucht nach ihr. Ich fuhr die Liebesgeschichte von Milo und Tama vorsichtig mit meinen Fingern nach. Meine Hände zitterten so sehr, von vorhin, von jetzt, von überhaupt, dass ich es nicht schaffte, ihr zurückzuschreiben.

Ich weiß nicht, warum, aber die Welt wurde einfach nicht langsamer. Manchmal war sie so träge, dass man kaum aufstehen konnte, manchmal war sie so schnell, dass man kaum atmete. So wie jetzt.

Vielleicht hatte ich deshalb am nächsten Tag richtig Streit

mit Milo. Was konnte ich dafür, wenn alles so rasend ging, dass es wie ein Schwarm von Sternschnuppen an mir vorbeirauschte, bevor ich es verstand?

Kurz nach Mittag klingelte es bei mir, aber ich reagierte mal wieder nicht. Es musste Milo sein, denn sonst klingelte niemals jemand bei mir, nicht mal mehr religiöse Spinner.

Natürlich machte ich ihm nicht auf, meldete mich auch nicht über die Sprechanlage, wollte niemanden sehen. Es ging mir gut. Zu gut, um mich an den vorigen Abend zu erinnern. Ich hatte keine Zeit für ihn und seine Probleme. Citronella95 chattete mit dem Schwager, ich war voller Erwartung, und meine nackten Sohlen tanzten leichtfüßig über den Holzboden. Dann, Stunden später, sah ich, dass ich online eine Nachricht von Milo hatte:

Gib mir deine
Telefonnummer oder
lass mich wenigstens
nicht wie einen Trottel
draußen stehen, wenn ich
klingle.

Ich lachte laut, als ich das las.

Reg dich ab!

Seine Reaktion kam innerhalb von Sekunden.

Spielst du eigentlich
nur die Durchgeknallte
oder bist du's wirklich?

Meine Güte, da ist aber
jemand verkatert.

Ich konnte ihn förmlich vor Wut kochen sehen.

Ich will mit dir reden.

Reg dich ab.

Okay, ich reg mich ab,
aber ich will trotzdem
mit dir reden.

Mit einer
Durchgeknallten willst
du reden?

Sorry, aber ich hab
keine Erfahrung mit
Frauen, die »kein
Telefon haben« und mich
auch nach Wochen keinen
Fuß in ihre Wohnung
setzen lassen.

Und die auf der
Silvesterparty
ausrasten.

Das hab ich nicht
gesagt.

Aber das denkst du.

Natürlich frag ich mich,
was los war.

Gar nichts war los.

Bist du sicher?

Natürlich bin ich sicher,
ich war nur betrunken.

Sah aber nicht so aus.

Wie sah es denn aus?

Wie ein ziemlich
schlimmer Panikanfall
oder so was.

Uhuuu, hol schon mal die
Zwangsjacke.

Hol sie dir doch selbst.

Mir geht's gut.

Dann ist's ja gut. Hast
du so was öfter?

Nein, und das geht dich
gar nichts an.

Ich mach mir nur Sorgen.

Wenn ich dir nicht passe,
hau doch ab.

Du passt mir aber, das
ist ja die Scheiße.

Was ist dann das
Problem?

Muss ich wirklich online
gehen, um mit meiner
eigenen Freundin darüber
ein Gespräch zu führen?

Du hast angefangen.

Ich komm jetzt zu dir
rüber.

Nein, kommst du nicht.

Du bist andauernd bei mir, aber ich nie bei dir.

Na und?

Ich weiß nichts von dir.

Du weißt alles von mir.

Es ist doch normal, dass man die Wohnung seiner Freundin kennt - oder ihre Telefonnummer, übrigens.

Meine Wohnung ist mein Zuhause, kein Stundenhotel.

Nicht dein Ernst, oder?

Natürlich.

Wie kannst du so was sagen!

Ich kann sagen, was ich will, vor allem, wenn es stimmt.

Und meine Wohnung ist dann also ein Stundenhotel?

Musst du selbst wissen.

So denkst du also über unsere Beziehung?

Nein, aber du.

Was hast du eigentlich für ein Problem, das ist echt krank!

Lass mich in Ruhe.

Ich soll dich in Ruhe lassen?

Bitte!

Okay, wie du willst. Und deinem Scheißnachbarn hau ich eine rein, wenn ich ihn noch mal sehe.

Ich klappte den Laptop zu, ohne zu antworten. Das alles passierte in einem Flash, bevor ich verstand, was überhaupt los war.

Einen Moment lang saß ich regungslos und wartete darauf, etwas zu spüren. Aber da war nichts. Bei ihm bestimmt schon. Vielleicht fühlte er sich jetzt genauso wie nach den Zankereien mit Tama? Vielleicht würde er mir einen so peinlichen Liebesbrief schreiben wie ihr, würde sich vor mir bloßstellen. Das wäre schön. Sonst dachte ich nichts.

Träge betrachtete ich die Gemälde an meinen Wänden. Die beruhigten mich, ich weiß nicht, warum. Vor allem Luzifer in seiner zweifelnden Denkerpose. Er wirkte bedrohlich und gleichzeitig verletzlich, das mochte ich so sehr. Dann der in einer Harfe aufgespießte Kerl von Bosch. Eigentlich gefiel mir das Bild nicht mehr, aber es hing nun mal, und ich wollte es nicht wieder abnehmen. Hatte es mir schließlich extra in einem Laden vergrößern lassen, weil ich dachte, den Garten der verdammten Lüste hat jeder, aber niemand hat diesen Harfenmann. Und dann hab ich das gleiche Bild ein halbes Jahr später bei einem banalen Straßenverkäufer gesehen. *Oh, well.*

Und dann hingen da noch der rote Oktopus vor schwarzem Hintergrund (von Unbekannt) und zu guter Letzt: der Spiegel aus dem Antikladen, mein persönliches Dimensionsloch.

Eine Weile saß ich da und starrte in die Luft, mein Blick ging von einem Bild zum nächsten. Vielleicht sollte ich sie anders aufhängen, den Oktopus übers Bett, den Spiegel neben den Tisch? Und: Es wollte mir nicht in den Kopf, warum ich einfach nicht traurig sein konnte.

Mein Dasein war wie ein barocker Tanz, bei dem ich die Menschen kurz berührte, sie anlächelte, mich mit ihnen zu sanfter Musik im Kreis drehte und sie dann ohne einen Gedanken wieder verließ. Wenn er mir einen Brief schrieb, in dem er mir vorwarf, wie sehr er mich liebte, dann würde ich es nie erfahren. Denn er verwahrte ja seine geheime Kitschkorrespondenz im Nachttisch, statt sie anständig zu verschicken.

Sollte ich den Spiegel vom Bett entfernen? Den hatte mir damals der Schwager aufgehängt, als ich eingezogen war, den konnte ich allein gar nicht bewegen. Vielleicht, wenn ich den Nachbarn fragen würde? Der Gedanke brachte mich zum Lachen. Einen Moment lang überlegte ich es mir wirklich.

Luzifer und Oktopus konnte ich selbst vertauschen. Ich kletterte auf Stühle, hievte die Leinwände herunter und wieder hinauf, betrachtete die Neuanordnung mit verschränkten Armen und hängte sie wieder zurück. Dann setzte ich mich vor meinen Milo-Tama-Silvie-Altar und hörte Musik, *The Doors,* glaube ich: früher mal rebellisch, heute harmlos. Traurig, eigentlich. Du denkst, du bist der ultimative Demagoge, und ein paar Jahre später wippen die Spießer genüsslich ihre Hüften zu deiner Musik. *Some outlaws lived by the side of a lake.*

Ich betrachtete die Fotos, die abgeschriebenen Briefe: Meine Geschichtenmenschen existierten immerhin noch, dachte ich. Milo, Su, ich. Dieser Skifahrer und Jim Morrison waren tot, und wir waren alle noch da. Jan, Su, der Schwager, Citronella95. Ich stellte mir vor, die Nachricht zu erhalten, Milo sei beim Skifahren verunglückt. Sah uns alle vor seinem Sarg stehen, die Frauen und Männer aus dieser Geschichte. Würde es wehtun?

Ich wollte, dass es wehtat, es musste wehtun, und es tat auch weh, ja, es tat weh, ich fühlte es, es tat weh, unbedingt. Was würde meine Schwester sagen, meine Schwester, die Kitschschriftstellerin, wenn sie wüsste, dass ich mich so anstrengen musste, damit mir etwas wehtat?

Und wie wäre es, wenn ich selbst sterben würde? Ich schloss die Augen und sah mich auf dem Dach stehen. Der Wind fegte mir um die Ohren und sang mir das Lied vom Fliegen. Ein schönes Lied. Sterben wäre nicht schlimm. *I am the lizard king, I can do anything.* Ich öffnete die Augen. Nein, Sterben wäre nicht schlimm. Aber das Nichtdasein, das wäre wahrscheinlich schlimm. Sehr schlimm. Und fremde Menschen, die in meiner Wohnung herumwühlten und meine Geheimnisse fanden, das wäre am allerschlimmsten. Nein: Da sein, das musste ich.

Dann klappte ich den Laptop wieder auf und verabredete Citronella95 für den nächsten Tag mit dem Schwager im *08/15.* Ja. Der Tanz ging weiter. Es musste, sollte, durfte, würde passieren. Wer wusste schon, was morgen war. *Carpe diem,* nicht wahr? Das konnte ich auch. Und es würde ein verdammtes Abenteuer sein, ein echtes. Was kümmerte ich mich überhaupt darum, wo genau meine Leinwände hingen – es bekam sie doch ohnehin nie ein Mensch zu Gesicht, weil ich verflucht noch mal nie jemanden hereinließ.

Wild durchsuchte ich meinen Kleiderschrank und meine Verkleidungskisten nach dem Kostüm des Jahrhunderts: Ich würde wirklich selbst gehen und dem Schwager als Unbekannte gegenübertreten. Wahrscheinlich waren wir füreinander bestimmt.

Es ging mir nicht aus dem Kopf. Ich ließ mich wieder ablenken. Ich wollte alle drei Sekunden etwas anderes machen. Meine Füße trugen mich vom Kleiderschrank zum Handy auf dem Nachttisch. Was kümmerte mich schon das bescheuerte Treffen mit dem Schwager? Ich schrieb Tama auf ihren Neujahrstext zurück:

`Was meinst du damit?`

Sie ließ mich warten, komm schon, komm schon, komm schon! Währenddessen wühlte ich weiter im Kleiderschrank. Ihre Antwort vibrierte erst zwei Stunden später auf dem Bildschirm:

`Gar nichts, sorry,`
`vergiss es.`

`Du kannst mir nicht`
`einfach solche Sachen`
`schreiben, Tama.`

Ich schrieb ihren Namen genüsslich. Es klang streng und doch verliebt.

```
Es tut mir leid. Ich
hatte einen sitzen. Du
weißt, dass du mir nicht
gleichgültig bist, Milo.
Aber die Beziehung hat
nicht mehr funktioniert.
```

```
                                Vielleicht funktioniert
                                sie jetzt.
```

```
Nein. Ich versuche
gerade, mich wieder
mit meinem Mann zu
versöhnen.
```

Was?! Fuck, das konnte ich nicht zulassen. Mit ihrem Mann? Mit diesem Arztphantom, dem ich doch gar keine Beachtung geschenkt, dem ich bisher gar nicht hinterher gewesen war? Ich wusste nicht mal, wie der Typ aussah. Und Milo? Sie gehörte mir, sie gehörte Milo. Mein Herz raste plötzlich. Ich dachte nicht mehr daran, dass ich Milo endgültig vergrault hatte, es ging nicht um mich. Was konnte ich tun?

Erst mal gar nichts. Denn die Sonne ging auf, raste flach über den Himmel und fiel in wildem Zeitraffer wieder unter den Horizont. Es ging alles zu schnell. Mein Date mit dem Schwager war da, und darauf hatte ich ja auch wochenlang hingearbeitet. Ich konnte ihn, uns, mich nicht versetzen. Um Tamas Mann würde ich mich später kümmern.

Einen kurzen, absolut klaren Moment lang kam mir der Gedanke, dass es Wahnsinn war, wie viel man als Psychopath so zu tun hatte. Ich weiß noch, dass ich das dachte. Eine Millisekunde lang. Es war, als käme der Gedanke von außen, als hätte ihn jemand anders für mich gedacht. Vielleicht das Spiegelbild. Ich selbst wusste nicht, was damit gemeint war. Aber ich lachte. Das Wort schmeckte nach Himbeeren, und ich sah es rot auf meinen Lippen leuchten.

Als ich es dachte, begann ich mich bei aller Vorbereitungsraserei zu entspannen, ich fühlte mich gut. Aufgeregt, abenteuerlich, grenzenlos allein und wunderbar, eine rasende Göttin. Und die Maske musste sitzen. Auch wenn der Schwager glücklicherweise nicht viel von mir wusste. Su wusste wenig und er überhaupt nichts. Wenn er mich doch mal nach etwas fragte, erzählte ich vorzugsweise Lügen, egal, um was es ging.

Ah, und in all meiner Glorie schrieb mir Milo online:

`Geht's dir besser, ferne`
`Kai?`

Ich antwortete nicht. Ich antwortete nicht. Milo, Milo, ich antwortete nicht. Warum willst du das wissen? Ich brauch dich nicht, ich will dich nicht, du blasser Beziehungserfinder. Warum nennst du mich fern und geilst dich daran auf? Denn das tust du. Du hältst mich fern und wirfst mir dann vor, ich sei fern.

Aber nur fünf Minuten später strich ich mit dem Daumen über seine Nachricht, die da virtuell vor mir auf dem Bildschirm flimmerte. Er hatte ja recht: Auch jetzt gerade war ich fern. So fern. Ich sah seine Worte vor mir und versuchte sie zu fühlen, aber ich fühlte nichts. Das war schön, aber recht hatte er trotzdem.

Ich wählte meine neuen schwarzen langen Haare mit Pony, denn dieser Schnitt bedeckte mein Gesicht am besten – und ich hatte dem Schwager ja schon geschrieben, ich sei dunkelhaarig. Dazu natürlich eine Sonnenbrille, auch im Winter. Rote Lippen, starkes Make-up, blasse Nase, ein Parfüm, das kein bisschen nach Kai roch (weil ich ohnehin niemals Parfüm benutzte) und riesenhohe Hacken, damit ich nicht so klein wirkte wie Kai. Ich stand vor dem Spiegel, zog mich an, zog mich wieder aus, schminkte mich, sang vor mich hin, schminkte mich wieder ab, zog mich wieder an, schminkte mich wieder, zog mich wieder aus, tanzte im Kreis, wusch mir die Schminke komplett ab, kickte die hässlichen hohen Stöckel von meinen Sohlen, holte nun doch meine Modelliermasse hervor und strich eine winzige Menge der hautfarbenen Mischung auf meine Nase. Nur so viel, dass ihre Form einen Hauch anders wirkte, ganz natürlich. Wenigstens dieses eine Mal nützte mir mein Job etwas. Ah, ich konnte das so gut, so gut. Sorgfältig verwischte ich die Ränder, schminkte die Fläche und puderte sie ab. Sehr gut. Ich betrachtete mein Gesicht im Spiegel und sah jemand ganz anderen. Vielleicht jemanden, den ich kannte, der plötzlich bei mir in der Wohnung stand.

Einen Augenblick lang machte mir das fast Angst; der Blick der Frau war beklemmend. Ich berührte meine nackten Arme, weil ich mir nicht sicher war, ob ich es war oder nicht. Das schneewittchenhafte Wesen löste sich aus mir heraus und wirbelte durchs Zimmer. Sekundenlang nur, dann verhedderte es sich wieder in mir.

Verwirrt beugte ich mich hinunter, schlüpfte in die blauen Stiefel, das Leder fühlte sich glatt und kühl an. Ich liebte meine Glücksbringer. Ich hatte sie nun schon so oft angehabt und immer noch konnte ich den Fußabdruck der früheren Besitzerin innen auf den Sohlen fühlen. Es war, als liefe sie mit. Es war schön, die Zehen zu strecken und die kleinen Mulden zu erfühlen, in denen Tamas eigene Zehen gesteckt hatten. Meine Füße passten sich an, sie übernahmen ihre Form. Das gefiel mir, es fühlte sich gut an.

Ich wollte ruhig werden, aber immer wieder blieb mein Blick an der Uhr hängen, und meine zitternden Finger rutschten mit dem Lippenstift ab. Tama würde nicht zittern, sie wäre ruhig, immer ruhig. Und ich war auch ruhig, ja, ich war auch ruhig, ganz und gar ruhig. Mein Atmen hauchte den Spiegel blind, ich strich mir die falschen Haare nach hinten, setzte mich hin und wartete einen Moment. Tama wollte zu ihrem Mann zurückkehren? Lächerlich! Ich öffnete meinen verklebten roten Mund ganz langsam und spürte den qualligen Plopp, mit dem sich die obere Lippe von der unteren löste.

Was war eigentlich los? Warum war das Treffen so wichtig?

Aber es war wirklich wichtig, es fühlte sich richtig an. Und: Wow, war ich froh, dass Milo weg war, dass es endlich vorbei war. Er konnte mir schreiben, fürsorglich tun, so viel er wollte. Dieses lächerliche Pärchengehabe stand mir bis zum Hals, nichts konnte man mehr allein machen, immer dieses ständige Reden und Knutschen und Anschauen und Konzentrieren.

Ich zog meine blauen Stiefel an und verließ das Haus. Kaufte mir am Kiosk eine Schachtel Zigaretten und qualmte mich im Gehen zu, so viel ich konnte. Es war ein silberner Wintersonnentag, und ich spürte, wie die Erde sich unter mir drehte. Meine Stiefel tanzten an meinen Füßen, ein eisblauer Flash. Jeder sollte sie sehen. Tama sollte sie sehen. Es war ein Jammer, dass sie sie nicht sehen konnte.

Eine ganze Weile lang fingerte ich an meinem Telefon herum, gleich war es so weit, ich würde meinem naiven Schwager als Fremde gegenübersitzen, und ich fühlte den kühlen Bildschirm in meiner Tasche. An einer Ecke hielt ich an und tippte eine weitere Nachricht an Tama:

`Viel Glück mit deinem Mann. Hast du deine blauen Stiefel wiedergefunden?`

Dann rauchte ich hektisch vor mich hin, tappte mit der Sohle auf, fotografierte die Stiefel aus meiner Perspektive, lief weiter zu Milos Haus, ohne nachzudenken, blieb davor stehen, betrachtete das Fenster. Dann kam ihre Antwort:

`Nein, warum?`

`Hab eben 'ne Tussi gesehen mit Stiefeln, die deinen ähnlich sahen.`

Diesmal erschien ihre Antwort sofort:

```
Wo, wen?
                        Keine Ahnung, sie hatte
                        so schwarze lange Haare
                        mit Pony.
Lauf ihr nach und
fotografier sie!
                           Was krieg ich dafür?
Einen Kuss.
```

Da steckte ich das Ding in meine Tasche und lachte. Von wegen mit dem Mann versöhnen. Ich kriegte immer, was ich wollte. Einfach immer. So geil! Ich trat meine Zigarette aus, es war Zeit für den idiotischen Schwager.

Im Café sah ich all diese Statisten sitzen, als hätte ich sie herbestellt, und gab ihnen stille Anweisungen. Bevor mein Date kam, bat ich eine junge Frau an einem Tisch schräg hinter uns, ein Foto von uns mit ihrem Handy zu machen. Unter Frauen muss man nicht viel erklären. Natürlich fand sie es seltsam, so eine Anfrage kriegte man nicht alle Tage. Sie sah mich an, als wäre ich die Versteckte Kamera. Aber dann erklärte ich ihr, ich wollte den Typ einer Freundin zeigen, ohne ihn um ein Foto zu bitten. Kurz hatte ich mir die Masche mit der Privatdetektivin überlegt, aber dann ließ ich es doch. Sie sollte dann das Foto an die E-Mail-Adresse von Citronella95 schicken. Sie fand es witzig. Ich hoffte, sie würde es nicht übertreiben.

Dann wartete ich auf ihn. Wippte mit dem Bein, tappte mit der Ferse, trommelte mit den Fingern. Spürte den Puls im Hals, sodass ich kaum schlucken konnte. Su, dachte ich, er gehört Su, meiner Schwester, die mir immer nur Gutes getan hat. Aber genau das faszinierte mich, machte mich rasend. Dieses stille, gemütliche Luftschlossleben. Das war alles eine süße Lüge. Wenn er jetzt wirklich kam, war es nichts als eine köstliche, süße Lüge.

Die Sonne schien durchs Fenster, mir mitten ins Gesicht. Gut. Die Sonnenbrille hatte ihre Berechtigung. Die durfte ich auf keinen Fall abnehmen, sonst würde er mich bestimmt doch erkennen.

Nervös drehte ich die bunten Glasperlen an meinem großen Armreif, der mir ums Handgelenk klirrte. Eigentlich durfte man auf solche Dates keinen Schmuck mitnehmen, sonst spielte man die ganze Zeit damit. Auch Ringe gingen gar nicht, die drehte ich mir immer wie einen Kreisel um den Finger. Aber jetzt fühlte es sich gut an, das glatte, schillernde Glas.

Vielleicht würde er doch nicht kommen? Das wäre peinlich vor der Undercover-Fotografin, die ich da engagiert hatte.

Aber er kam. Natürlich kam er. Nervös, aufgekratzt, ungeschickt, tölpelhaft. Scheiße, wie hatte ich mir das nur eingebrockt? Einen Moment lang fühlte ich, wie meine Stimme fast brach, als ich sie tiefer stellte. Ich versuchte, wie Tama zu klingen. Meine Beine kreuzte ich übereinander und wippte mit dem blauen Stiefel am linken Bein. Am liebsten wäre ich immer wieder mit der Handfläche über das weiche Leder gefahren.

Er redete, erzählte mir dummes Zeug, schmeichelte

mir, hatte keine Ahnung, wie er mit mir umgehen sollte, mit mir, die ich so viel besser und schöner war als er. Und ich trug eine Sonnenbrille, das verunsicherte ihn natürlich. Ich fühlte mich auch wie eine Idiotin damit, aber es ging nicht anders. Meine Augen hätte er erkannt. Aber meine Stimme war kratzig und verraucht, ich roch anders, ich hatte mehr Oberweite, ich war nicht Kai: Er kannte mich nicht. Es war Wahnsinn.

Wir saßen da, er gab an, schmachtete, konnte sein Glück kaum fassen, war außer sich vor Begeisterung, ich fragte ihn aus, mein Herz raste, alle seine Lügen wollte ich hören. Immer wieder wollte ich sie hören.

Natürlich nahm ich unser Gespräch heimlich auf. Ich belauschte mich selbst, das war noch nie vorgekommen, und ich konnte nicht fassen, dass ich meinen eigenen Schwager so täuschte. Nie in meinem ganzen Leben war mir etwas Besseres passiert. Zum allerersten Mal fühlte ich mich wirklich und wahrhaftig wie ein anderer Mensch. Wenn er mich nicht erkannte, musste ich ein anderer Mensch sein. Ich würde mit jemandem sprechen, der seit zehn Jahren zu meiner Familie gehörte, und er würde mich nicht erkennen. Das war wilder als die wildeste Ekstase, mein Puls jagte. Es fiel mir schwer, ihm überhaupt richtig zuzuhören, ihm die richtigen Fragen zu stellen, aber ich tat es, und vielleicht wirkte ich einfach cool und mysteriös.

Als er andeutete, mehr zu wollen, zitterte ich beim Gedanken daran, wie es wohl wäre, diesen armseligen Versager an mich ranzulassen. Der Gedanke war widerlich und faszinierend. Wie war es doch langweilig gewesen mit diesem verliebten Milo, wie war ich froh, mich nicht mehr um ihn kümmern zu müssen, nicht mehr Kitschroman spielen zu müssen.

Dem Schwager sagte ich, für heute müsse ich los. Denn wegen meiner Kunstnase konnte ich ihn nun mal wirklich nicht küssen. *Aber es war nett, bleiben wir in Kontakt.* Dann bezahlte ich meinen Kaffee, ließ mich nicht einladen, ich lasse mich nie einladen.

Beim Davonstolzieren warf ich meiner Spontanverbündeten am Nebentisch einen Blick über meine Sonnenbrille hinweg zu. Sie zwinkerte. Ein warmes Gefühl. So schön, wenn man Leute mag, die man hinterher nie wiedersehen muss.

Auf dem Nachhauseweg flog ich, hüpfte wie ein Kind, die Luft zischte, ich fühlte die Elektrizität um mich herum, ich war der absolute Mittelpunkt des Universums. Die anderen Menschen bewegten sich auf festgelegten Bahnen, Lichtjahrhunderte von mir entfernt, kannten mich nicht, hatten mich nie gesehen, höchstens als ein gleißendes Schwarz in der Ferne. Und das war gut so.

Es war so schön, dass ich noch einer anderen Person folgte. Einer Pennerin. Sie war vielleicht 50. Oder jünger und von der Straße alt gemacht. Ich wusste, ich konnte nichts mit ihr anstellen. Aber sie machte mich neugierig, und meine Stiefel wippten im Takt. Ich lief ihr bestimmt zwei Stunden lang hinterher. Sie bettelte, setzte sich, kaufte sich einen Hamburger bei McDonalds, streichelte Hunde, quatschte mit anderen Pennern und einmal mit einem ungeheuer freundlichen Polizisten, der sie offenbar kannte. Ich sah, wie er ihr auf die Schulter klopfte und mit ihr lachte, und fühlte eine ganz seltsame Eifersucht. Dann zeigte er hinter sich in eine Richtung. Sie zuckte mit den Schultern. Vielleicht wollte er, dass sie sich eine Herberge für die Nacht suchte. Sie war verrunzelt, ihre Haut wie Leder, das sah ich von Weitem. Woher stammte sie wohl? Warum lebte sie auf der Straße? Was war mit ihr passiert?

Ich bin niemand, der Leuten hilft. Keinen Bock, keine Zeit, nicht ich. Aber irgendwie schwebte mir vor, dass diese Frau mich mögen sollte. Dass sie kapieren sollte, welch gleißendes schwarzes Loch ich war, vielleicht. Keine Ahnung.

Ich lief und lief und überlegte, was ich ihr tun konnte, etwas Gutes wohl, aber mir fiel nichts ein. An einer Ecke versuchte ich, sie anzusprechen, aber sie sah mich nur an, als könnte sie den Teufelssplitter in mir erkennen, und ging weiter. Mit dem Bullen konnte sie reden, mit mir nicht. Keinen blassen Schimmer, wer sie überhaupt war, aber es ärgerte mich.

Danach quatschte ich noch zwei Typen an, aber keiner blieb länger als drei Sekunden lang bei mir stehen. Sie waren gelangweilt von mir. Scheiße, wahrscheinlich dachten die, ich sei eine Nutte oder sowas. Niemand mochte mich mehr, niemand interessierte sich für mich.

Außer der Schwager. Der fuhr auf Citronella95 ab. Nur sie nicht auf ihn. Oder doch? Es wäre eine perverse Freude. Aber es ging einfach nicht. Oder doch? Milo war weg. Milo war wirklich weg, er hatte sich seit Tagen nicht gemeldet. Das neue Jahr hatte kaum angefangen, und ich war am Ende. Hatte den einzigen Typen verloren, den ich je gemocht hatte. Aber es war nicht meine Schuld, es war seine.

In dieser Stimmung erreichte mich ein Text. Nicht von Tama. Vom Nachbarn. Und ich antwortete. *So what?* Ist doch meine Sache. Seine Nachricht machte mir ein bizarres Herzklopfen, weil ich mir vorstellte, es wäre … egal.

Aber, wunderbar: Am nächsten Tag hatte ich alles vergessen. Mein Spiegel zeigte mir, dass ich aussah wie immer. Alles in Ordnung.

Ich betrachtete mich lange. Sah mein Gesicht an, fuhr mit dem Zeigefinger über die Konturen. Ich dachte, meine Haut müsste eigentlich meterdick sein. Aber das war bestimmt bei allen Menschen so, nicht nur bei mir. Und wenn ich ein Tier wäre, müsste ich nie sterben. Man stirbt nur, wenn man weiß, dass man stirbt, sonst nicht. Was für eine Ironie. Die Kai im Spiegel lachte mir zu.

Dann dachte ich: Was ist schon ein Streit auf lange Sicht? Wenn ich 90 bin und am Ende, werde ich mich dann fragen, warum ich es mit Milo nicht noch mal versucht habe? Der Streit würde bedeutungslos erscheinen, wie ein Staubkorn auf einer blankpolierten Fensterscheibe. Ich sah mich im Altersheim sitzen und jemandem meine Geschichte erzählen. Niemand würde die Story für wichtig halten, so, wie ich sie jetzt erzählen konnte. Niemand würde verstehen, dass ich mich wie ein freier Vogel fühlte, der sich glücklich im Wind treiben ließ, aber den Luftstrom nicht verlassen könnte, wenn er wollte.

Im Fenster hing der Mond, ich starrte ihn an, irgendwie war es, als ob sein Licht auf mich heruntertropfen würde. Ich schlief schlecht, ich wollte Milo sehen, wollte meine Geschichte vollenden und etwas Besonderes aus ihr machen. Der Gedanke, die Leute könnten mein Leben am Ende langweilig und bedeutungslos finden, war viel schlimmer als die Bedeutungslosigkeit selbst. Shit, und ich dachte immer, es wäre mir egal, was die anderen über mich dachten. War es auch: solange sie etwas Interessantes und Mysteriöses dachten, zum Teufel noch mal, und mich nicht bemitleideten. Wahrscheinlich war ich doch nicht anders als diese bescheuerten Exhibitionisten in den TV-Shows, deren größte Angst es war, unbekannt zu sterben. Dabei wollte ich doch gar nicht, dass jemand mich sah. Am liebsten wäre es mir, wenn gar niemand wüsste, dass es mich gab, wenn ich einfach so allein und in Ruhe vor mich hin existieren könnte.

Und doch wollte ich anders sein, besser. Aber ganz egal, wie spektakulär ich meine Story auch enden lassen wollte – ich brachte es nicht fertig, Milo einfach so mit eingezogenem Schwanz von selbst zu kontaktieren. Ich versuchte es. Aber es ging nicht. Mein Stolz. Es war tausendmal einfacher, an Tama Märchentexte zu schicken. Und ebenso einfach war es, den störenden Ehemann endlich einmal zu recherchieren.

Das tat ich nun verspätet und fand den Kerl. Er war irgendein Chefarzt im Sowiesokrankenhaus, eine ganz ehrbare, steife Nummer. Aber gutaussehend, das musste man ihm lassen, und ihr. Ein chemisch gereinigter Modelltyp. Wow, hatte der Kerl keinen Stolz? Würde er Tama wirklich wiederhaben wollen? Nach dieser langen Affäre und ihrer kleinen IKEA-Altbauwohnung in der Innenstadt? Vielleicht wusste er von der Affäre ja immer noch nichts. Vielleicht musste ich es ihm mitteilen? Oder?

Irgendwie fühlte ich mich nämlich mit ihm verbunden, wir waren beide Loser, nur konnte er es unter seinem weißen Götterkittel wohl besser verbergen. Ich hingegen, ich träumte mit roten Augen vor mich hin, wie ich Milo in der Uni begegnen würde. Ich wollte ihn nicht wirklich sehen, also stellte ich mir vor, wie es wäre, ihm in der Uni »zufällig« über den Weg zu laufen. Ich würde einfach so im Flur stehen, vor dem Hörsaal, aus dem er gerade herauskam. Wie würde ich aussehen? Normal? Oder verkleidet? Ja, ich würde in der schwarzen Perücke kommen, stark geschminkt und natürlich mit den blauen Stiefeln. So, dass er mich vielleicht gerade so erkennen konnte. Oder auch nicht.

Wenn er aus seinem Seminarzimmer trat, zusammen mit einem Pulk Erstsemester, würde ich im Gang stehen und ihm den Rücken zudrehen, in mein Telefon vertieft. Ach nein, ich hatte ja kein Handy. Dann würde ich eben einen Aushang studieren. Er würde mich sehen, das wusste ich. Und er würde meinen Namen rufen: »Tama?« Ich würde mich nicht umwenden. Ich sah uns, ihn und mich, das Traumpaar, im Schnee vor mir, wie wir die ganze Nacht vor meinem Haus gestanden, an Weihnachten zusammen in fremde Fenster geschaut hatten. Und nun käme er ganz dicht an mich heran, seine Hand fände meine Schulter. »Hey, Bee!« Seine Stimme würde aufgewühlt, empört, erleichtert klingen, alles zusammen.

Im Traum drehte ich mich langsam zu ihm um und sah ihm in die Augen. Sofort erkannte er seinen Irrtum, aber es dauerte Sekunden, viel zu viele Sekunden, bis er noch mehr kapierte. Wir sahen uns an, und meine Erscheinung war leichter als der Wind. Seine Stirn legte sich in Falten.

»Kai?« Ich war die enttarnte böse Stiefschwester, die sich als Aschenputtel ausgeben wollte.

Aber da ließ ich mich schon von der Masse der Studenten mitziehen. Er kam mir nicht nach, würde mir nicht nachkommen. Wie damals in der Disco auch nicht.

Aber diesmal ließ ich mich davon nicht fertigmachen. Die Geschichte ging weiter. Hatte ich sie geträumt, oder war sie tatsächlich passiert? Nun wurde sie auf jeden Fall Wirklichkeit: Draußen vor dem Unigebäude bat ich eine Studentin, ein Foto von mir zu machen, mit den Stiefeln. Vor allem von den Stiefeln, eigentlich. Ich drehte den Kopf nach schräg unten, so dass man mich im fernen Profil sah. Der schwarze Pony verdeckte meine Stirn, es war ein gutes Foto, halb verschwommen, mysteriös, nur die blauen Stiefel glänzten und leuchteten auf dem grauweißen Schnee. Ohne zu zögern schickte ich es an Tama weiter.

`Bitte schön.`

Die Antwort kam etwa fünf Minuten später, die Aufregung war unbeschreiblich. Ich wünschte, jemand wüsste von meiner bizarren Geschichte, ich wünschte, ich wäre ein Film:

`Das sind sie!`

`Ich weiß.`

`Wo ist die Frau jetzt?`
`Kennst du sie?`

`Ist beim Bahnhof`
`ausgestiegen.`

Was machst du denn beim
Bahnhof?

Bin mit meiner Freundin
unterwegs.

Kann ich dich anrufen?
Jetzt?

Nein!

Warum nicht?

Sie ist eifersüchtig.

Das ist mir egal,
ehrlich, ich will meine
Stiefel.

Es klingelte. Es klingelte wirklich. Tama rief mich an. Tama, seine Tama, meine Tama rief auf diesem Handy an. Ich ließ es mit einem erschrockenen Schrei fallen, als hätte ich mir die Finger verbrannt.

Da lag es nun im Schneehaufen vor mir und klingelte und vibrierte und zeigte diese Nummer aus einer anderen Welt, an die ich seit Wochen getextet hatte.

Schließlich hob ich das Ding auf – und ging ran. Ich hörte ihre Stimme, hörte ihre Stimme, die dachte, sie spreche mit ihrem Ex-Lover. Auch wenn es nur um dämliche Schuhe ging.

»Milo? Hey, kannst du an der Frau dranbleiben oder schauen, in welchen Zug sie steigt? Ich ruf die Polizei …«

Da schrie das Adrenalin in mir ohne Beherrschung auf sie ein: »Lass endlich meinen Freund in Ruhe, deine dämlichen Nuttenstiefel interessieren uns nicht, er gehört jetzt mir, verstanden?!« Und dann drückte ich sie weg, steckte das Handy in die Tasche, lehnte mich gegen die Wand, versteckte mein Gesicht in den Händen und atmete, atmete. Die Kamera war auf mich gerichtet.

Ich steckte in ihren Stiefeln. Sie wollte die Polizei rufen. Aber ich war nicht beim Bahnhof. Sie würden mich nie finden. Was führte sie sich überhaupt so auf, nur wegen diesen dämlichen Stiefeln! Dann waren sie eben weg, sie würde es schon überleben, die blöde Kuh, war ja nicht so, als ob sie kein Geld für neue hätte.

Ich lief durch die Straßen und setzte mich schließlich in den Bus nach Hause, sah alles und nichts. Ich dachte daran, dass ich noch nicht nachgesehen hatte, ob das Foto von dieser Frau aus dem Café schon da war. Wenn ich Lust hatte, konnte ich es an Su schicken. Damit sie wusste, was für ein übler Typ ihr Mann war. Der Gedanke brachte mich zum Lächeln, ich wischte mit einem Finger über die beschlagene Scheibe. Was Milo sich nun wohl dachte, nachdem ich ihm so bescheuert in Horrorfilmmanier auf dem Uniflur erschienen war? Warum war ich nur immer so überdramatisch? Oder halt, das war doch gar nicht wirklich passiert? Aber das Foto, das Foto, das die Treibjagd zum Bahnhof ausgelöst hatte, das war Realität.

Tama tat mir fast leid. Sie konnte nichts dafür, dass er sie heimlich noch liebte. Zwei Stunden später schickte ich ihr eine Nachricht:

`Sorry, sie ist ziemlich eifersüchtig.`

```
Ach?! Dann passt ihr ja
gut zusammen.
                                          Hahaha.
```

Da fiel mir auf, dass Milo sich bei mir nicht wirklich eifersüchtig verhalten hatte. Ja, er hatte sich mit seiner seltsamen Paranoia wegen Jan vergnügt, aber auch da hatte er bisher nie wirklich etwas unternommen oder versucht, mehr herauszufinden. Es war nur Gerede. Fast so, als fühlte er sich verpflichtet. Oder als amüsierte ihn das Ganze. Ja, das traf es. Es amüsierte ihn. Nicht so wie bei Tama. Ich hatte ja Texte zwischen ihnen gelesen, bei denen sie sich ungelogen über eine Stunde lang heftig gestritten hatten, weil sie vielleicht allein zu einer Party ziehen oder auf eine Konferenz fahren wollte. Er war immer grundsätzlich davon ausgegangen, dass sie jemand anderen finden und ihn hintergehen würde. Weil sie so umwerfend schön war, so stark, so voller Charisma, so perfekt. Es war unmöglich, dass sich nicht sofort alle vor ihr auf die Knie warfen. Und er hatte mir ja selbst gesagt, dass er auf Tamas Unabhängigkeit abgefahren war, damals auf der Party. Und mir hatte er mehr als einmal zugestanden, ich sei ›fern‹.

Waren das Vorwürfe oder war es Bewunderung? Ich wusste es nicht. Vielleicht beides. Nur: Ich war vielleicht ›fern‹, aber ich war nicht Tama. Er wollte, dass ich Tama war, hatte es gewollt, hatte versucht, sie zu ersetzen, aber ich kam nicht an sie heran. Für mich brauchte er vier oder fünf Spitznamen, weil er mich nicht einordnen konnte. Milo hätte mich Charlotte nennen sollen. Das wäre schön gewesen, weil es niemand tat, weil es genau andersherum gewesen wäre. Aber das hatte er nicht geschnallt.

Mein Blick fiel auf das Handy, der Bildschirm leuchtete schon nicht mehr, ich tippte schnell weiter:

Hahaha, bei ihr kein
Problem.

Da hat sie aber Glück.

So schlimm war ich ja
wohl nicht.

Nein? Wir haben uns nur
deshalb getrennt.

Haben wir gar nicht.

Schreibst du mir, um das
zu besprechen?

Nein, ich wollte mich
entschuldigen. Leider
konnte ich die Frau
nicht mehr verfolgen.

War mir schon klar.

Hast du die Polizei
gerufen?

Nein, natürlich nicht,
konnte sie ja schlecht
so ganz allgemein zum
Bahnhof schicken.

Die wären auch bestimmt
gar nicht gekommen nur
wegen Stiefeln.

Doch, ich hab doch schon
Anzeige erstattet wegen
Einbruchs!

Ach so, echt? Wow!

Ja, hab's erst nach
einer Weile gemerkt,
aber es war Einbruch.

Hinweise?

Fingerabdrücke wohl.
Daher wollte ich die
Verdächtige schnappen.

Scheiße!

Und jetzt?

Ich schick denen das
Foto.

Gute Idee.

Fuck!

Sonst geht's dir gut?

Ich wollte dich zur
Premiere einladen.

Premiere?

Ins Theater. ›Rebecca‹,
du weißt schon.

Wann ist das?

In einer Woche, Samstag.

Okay, mal schauen.

Und Party danach,
Premierenparty.

Mal sehen.

Du schuldest mir einen Kuss.

Was?

Für das Bild mit der Stiefeldiebin.

Ach ja, na ja ;-)

Kommst du?

Sie antwortete nicht mehr. Aber ich wusste, sie würde kommen. Sie schien mir eine, die einer solchen Einladung Folge leistete: Sie mochte Literatur, war interessiert an Kunst, und sie würde neugierig auf Milo sein.

Später sah ich, dass er mir wieder geschrieben hatte, und spürte mich grinsen.

Kai, sag mir nur, dass du okay bist.

Wie interessant, warum machte er sich Sorgen? Dachte er wirklich, ich wäre ein Fall für die Klapse? Du magst doch Probleme, Milo. Du magst mich doch so nah und gleichzeitig so fern. Du brauchst doch jemanden, an den du nie wirklich rankommst. Oder? Ist es nicht so? Kai im Fenster? Verschwommen? Und ich auch? Scheiße, vielleicht passen wir deshalb so gut zusammen.

Und es war ein gutes Gefühl, wie er mir hinterherschrieb und ich ihm nicht antwortete. Eigentlich war es fast, als hätte ich einen seiner Jammerbriefe bekommen. Das wollte ich.

Aber diesmal konnte ich nicht anders, schrieb ihm zurück, ungefähr eine Stunde später. Vielleicht auch nur, damit er mich in Ruhe ließ.

`Ja, bin okay.`

Dann checkte ich seit Tagen zum ersten Mal den Account von Citronella95: drei Mails vom Schwager, herrlich. Er musste Panik kriegen, weil sich die Dame nicht meldete. Warum kapierten Typen nie, dass man eine Frau nicht mit Mails zumüllte? Wer hatte bei so vielen Bettelbriefen noch Bock? Und dann waren da zwei Fotos von meiner Bekannten aus dem Café. Wunderschön, ich konnte gar nicht aufhören, die Bilder zu studieren. Der Schwager war perfekt zu erkennen, er lachte, saß in vollendeter Flirtpose, fast, als hätte er sich bewusst für das Foto drapiert. Von mir hingegen sah man vor allem die Stiefel, einfach, weil sie so köstlich blau leuchteten, aber auch, weil ich die Beine in Richtung Kamerafrau seitlich übereinandergeschlagen hatte. Sonst war ich nur von hinten zu sehen – meine pechschwarzen Haare und mein rechter Arm auf dem Tisch. Mein Oberteil war einfarbig, ohne verräterische Muster, die Su identifizieren könnte: Kein Stück echte Kai war zu sehen.

Ich lud die Bilder herunter, speicherte sie ab – und druckte sie auf Fotopapier aus. Dann hielt ich die Beweisstücke in der Hand, befühlte sie, lief mit ihnen auf und ab, Gedanken tanzten mir durch den Kopf: Ich wollte Su nicht wehtun, aber ich musste. Ich musste es ihr doch sagen, wenn ihr Typ sich mit anderen Frauen traf. Wer konnte schon wissen, was er sonst noch verheimlichte? Sie hielt sich für glücklich, aber eigentlich war sie es bestimmt nicht, konnte es gar nicht sein mit so einem Betrüger.

Gedankenverloren steckte ich die Fotos in einen Umschlag und schrieb ihren Namen drauf. Mit einer verfälschten Druckschrift, die sie hoffentlich nicht erkennen würde. Schließlich war sie ja keine Grafologin.

Was, wenn sie die Bilder mir zeigte? Mich um Rat fragte? Sich bei mir ausheulte? Das hatte noch nie jemand getan. Der Gedanke sagte mir auf seltsame Weise zu.

Wie immer kam der Umschlag in meine Handtasche – für die passende Gelegenheit. Dann kamen mir die Nacktfotos in den Sinn, die ich bei Milo stibitzt hatte. Ah!

Ich nahm eines, ein ganz besonders hübsch Obszönes, ich konnte es kaum anfassen, und schrieb auf die Rückseite in bester Frauenhandschrift, die auch Tamas sein konnte: *bei Milo*. Dann steckte ich das Ding in einen Umschlag, schrieb in Blockbuchstaben die noble Villenviertel-Adresse des Ehemanns drauf, frankierte das Ding und lief zum Briefkasten um die Ecke. Aber meine Hand zögerte mit dem Wisch über dem Einwurfschlitz. Vielleicht sollte ich es ihm selbst bringen?

Vielleicht musste ich das. Vielleicht hatte er das Recht auf eine persönliche Übergabe. Ich stellte mir vor, wie er mich in seinen Salon einlud, überall teures Holz, dampfender Whiskey-Kaffee in dicken Gläsern auf einem Tablett, halb angetrunken, üppige Treibhausblumen in Kristallvasen, ein knisterndes Feuer. Er würde auf das Foto starren, und seine weißen, fein manikürten Chirurgenhände würden zittern, aber er würde sich natürlich nicht gehen lassen. Und ich säße da mit großen überraschten Augen, die Beine fein schräg nebeneinandergestellt wie aus einem Benimmbuch der 1950er-Jahre. Mein lieber Herr Doktor, würde ich sagen, und meine blauen Augen würden ihn trotz seines Schmerzes gefangen nehmen. In meinem Tagtraum war ich nicht verkleidet, trug keine Perücke, sondern war nur sehr elegant, viel eleganter, als ich es in Wirklichkeit je sein könnte, meine Haut schimmerte wie teures Porzellan. Vielleicht würde ich ungeheuer fragil und zart und fein aussehen und dann würde ich urplötzlich aus dem Sessel aufspringen, meine Schlangenzähne fletschen und das Porzellan schreiend an die Wand werfen, es regnet in tausend Scherben über uns, er schneidet sich, ich schneide mich, er brüllt mich an, ich schreie zurück, ich schreie und schreie, mein Gesicht krebsrot, meine Armreife klirren, sein Diener packt mich und trägt mich hinaus, ich strample und schreie und trete ihn, aber er ist stärker, hinter ihm im Gänsemarsch die anderen Hausbewohner mit perfekt gezeichneten offenen Mündern. Sie sehen zu, wie der Diener mich kopfüber in den Schnee wirft, und ich richte mich ein letztes Mal auf und zische ihnen mit spitzen Zähnen und roten Augen entgegen, bevor ich mich durch den Tiefschnee ins Reich der Dunkelheit wühle, wo ich hingehöre. Ja, so würde es auch gehen. Eleganz oder Wahnsinn. Aber natürlich konnte beides nicht sein.

Ich wählte meine Hippie-Aufmachung: die rote Lockenperücke, grünen Lidschatten, rostroten Lippenstift. Die blauen Stiefel? Nein, sie passten nicht zu dem Outfit, und wahrscheinlich würde der Chirurg sie erkennen, ich wagte es nicht. Obwohl es mich förmlich in den Zehen juckte.

Eine Weile lief ich im Zimmer hin und her, stellte mir die Szene vor, meine Füße wippten auf dem Boden, ich drehte mich vor dem Spiegel in meiner Aufmachung. Dann saß ich im Bus, und die weiße Landschaft zog an mir vorbei, Siedlungen, Supermärkte, dann Grundstücke und pastellige Villen mit üppiger Schlagsahne hinter zuckerverkrusteten Bäumen, im Umschlag das Foto. Warum brachte ich es ihm? Er würde es nicht vor mir öffnen. Er kannte mich nicht.

Dann stand ich vor der Gartenpforte, der Weg schlängelte sich sauber geschaufelt und gestreut durch ein weißes Feld bis zur Treppe. Tama Villmons Treppe. Sie war hier auf- und abgelaufen, ihr Handy hatte in der Handtasche gesurrt mit Milos Nachrichten, *hey Liebste, ich vermiss dich, ich liebe dich, komm wieder in mein Bett,* während sie ihren Mantel ausgezogen und ihren Mann angelächelt hatte, genau hier, genau hier war das passiert. Und dann war sie ausgezogen. Warum? Wie? Wann?

Der Garten schlief, die Schneedecke links und rechts des Pfades verbarg alle Geheimnisse, es gab keine Fußspuren, nicht einmal Tierspuren, kein Schlangenwesen mit roten Augen und zischenden Zähnen, aber oben hinter einem Fenster brannte Licht.

Und dann wollte ich es doch nicht. Es ging nicht. Ich wollte es nicht hier machen, nicht hier auf ihrem Territorium. Und die roten Haare passten nicht. Hier war alles weiß und schwarz, der Schnee, die Eleganz, die Geheimnisse. Ich schrieb eine Notiz. Das Museum.

Chirurg im Museum, das passte. Wahrscheinlich spielte er ein gepflegtes männliches Instrument. Zum Ausgleich nach der Arbeit. Wenn er nicht mehr denken wollte, all die Drehungen und Windungen und quallenartigen Massen in den Gehirnen vergessen, an denen er tagsüber herumschneiden musste, und in der Musik Ruhe finden. Das Museum war gut für ihn.

Ich legte das Foto bei, das wunderbare Nacktfoto, auf dem Tama so glücklich und frech und wild aussah, ganz anders als bei ihm in seinem Bett, da war ich sicher. Wenn er mehr wissen wollte, käme er ins Museum zu den Musikinstrumenten. Diesmal war es mein Date.

Und dann, oh, wildes, köstliches Liebesdrama: An diesem Abend wartete Milo vor meiner Tür, als ich vom Theater nach Hause kam. Wo war ich, in welcher Realität, warum, wer, was, wie, meine Knie zitterten. Ja, Milo. Den ich doch gerade mit meiner Zerstörernachricht an den Chirurgen gerettet hatte. Oder vielleicht war das Leben auch einfach so scheißlangweilig, dass ich nicht anders konnte, als Leuten wunderliche Nachrichten und Fotos und Dimensionsportale in die Taschen zu stecken. Oh, Milo. Hätte ich gewusst, dass du kommst. Dann hätte ich den Blödsinn mit dem Chirurgen vielleicht gelassen. Aber ich konnte es nicht wissen.

Und er war wirklich da. Er stand nicht etwa draußen bei der Haustür, sondern hockte vor meiner Wohnungstür auf der Matte. Sein blondes Haar verwuschelt, seine blauen Augen ganz dunkel. Ich hatte ihm auf seinen Text geantwortet, und jetzt war er hier. Wie viele Nachbarn hatten ihn hier wohl so sitzen sehen?

Ich stand da wie versteinert, es kam so plötzlich, ich mochte keine Überraschungen, und sein Blick löste einen

Sturm in meinem Kopf aus. Der Blick war so echt, so jetzt, so hier.

Du sitzt da. Und hast keine Ahnung, wie voll und cremig und süß und wunderbar meine Gefühle für dich sind, und dass mein löchriger Körper sie aber leider nicht halten kann. Magst du mich nicht? Warum bist du hier? Als er sich langsam erhob und mich verdammt noch mal anlächelte, da checkte ich auf einmal gar nicht mehr, was los war, was er wusste und was nicht. Irgendwie steckte ich in einer Zeitschleife. Es war zu viel passiert. Lass mich in Ruhe, du wahnwitziges Gefühl, man kann ja gar nicht mehr denken.

Er hatte doch die blauen Stiefel zum Bahnhof verfolgt und mit Tama getextet, oder? Wie konnte er jetzt hier sitzen und mich, die Täterin, anlächeln? Vielleicht hatte ihn die Polizei geschickt.

Aber er fasste mich an, ich durfte ihn nie verlieren.

»Kai«, sagte er.

»Was ist?«, fragte ich und scharrte mit den Füßen.

»Ich weiß nicht genau.«

»Nein?«

»Sag du mir, was ist.«

Kai starrte auf den Boden, immer noch verwirrt, das Gefühl in ihr wie eine aufplatzende Blase. Sie fühlte, was sie sagen sollte, aber sie konnte es nicht sagen. Sie konnte keine Gefühle ausspucken.

Aber dann macht sie einen Schritt auf den Mann zu und springt ihm an den Hals. Ja, buchstäblich an den Hals, schlingt ihre Arme um ihn, wickelt ihre Beine um seine Hüfte und reißt sie beide fast um damit. Oh, das Gefühl in ihr brennt so heftig, dass sie nicht mehr nachdenkt.

Es ist Zusammenbruch, Ausbruch, Aufbruch, alles, alles, alles: Die Liebe existiert, sie funktioniert, sie ist da, Kai schafft das, ich schaffe das.

Wir umschlangen uns, knutschten wie Teenager direkt vor der Wohnungstür, und um uns glühte ein radioaktives Leuchten.

Irgendeine Oma aus dem Stock über mir watschelte vorbei und grüßte uns mit einem lautstarken »'n Abend«, ohne von der Fummelei Notiz zu nehmen. Und auch nicht von den todbringenden Strahlen.

Milo brach in prustendes Gelächter aus, und ich kicherte in seinen Armen. Er strich mir eine Strähne hinters Ohr, oh, welch ein Happy End. Jetzt ist alles gut, die Story ist zu Ende.

»Kai, Major Tom, liebste Auftragskillerin, ich hab dich vermisst.«

»Ich dich auch, du durchgeknallter Evolutionsfreak.«

»Immer, jeden Tag.«

»Und jetzt bist du wieder da.«

»Und wir stehen in einem Treppenhaus.«

»Lehnen.«

»Was?«

»Wir lehnen.«

Er brach in Lachen aus. »Du bist so lustig, Kai, ich liebe dich.«

Vielleicht war dies einfach das Ende aller Zeiten, aller Universen, aller Dinge. Aber ich ließ mir nichts anmerken. »Weil ich lustig bin?«

»Ich glaub, du weißt schon, was ich meine. Du bist interessant, erfindest Storys …«

»Storys?«

»Ja.«

»Welche denn?«

»Keine Ahnung. Alles, vielleicht?« War sein Blick lauernd?

Nein. Nein, er scherzte nur. Er hielt mich in den Armen, alles war gut.

»He, du riechst nach Zimt.«

»Und du nach Schnee.«

»Wow, hab ich jetzt Lust auf eine Portion Zimtschnee.«

»Zimtschnee ist der beste.«

»Ich brauche das infernalische Zeug immer und dauernd und ständig.«

»Ich auch.«

»Alles.«

»Immer.«

»Ich auch.«

Wir redeten Blödsinn, Blödsinn, lachten uns an, steckten die Nasen an unsere Hälse, wuselten mit den Händen aneinander herum. Ach, ich liebte ihn so, liebte ihn so, er war so wunderbar, er war der erste und einzige Mensch, wir verstanden uns, er war zurückgekommen, er wollte mich zurück, nimm mich einfach mit, jetzt gleich, irgendwohin, mir ganz egal, wohin, einfach nur mit dir.

Nur nicht zu mir. Nicht zu mir. Scheiße, wir knutschten hier vor meiner Wohnung. Natürlich wollte er zu mir.

In stiller Panik zählte ich die Dinge im Kopf, die er da drin nicht sehen durfte. Nichts durfte er sehen. Aber vor allem nicht die Fotos von ihm, von Tama, von Silvie, den Packen Briefe aus seiner Schublade, mein Handy, den Inhalt meines Kleiderschranks, meine Perücken – überall könnte etwas herumliegen. Und außerdem war es mein Zuhause, nicht seins.

Aber ich wollte auch nicht aufhören, wollte mich nicht streiten, wollte lachen und happy sein mit ihm. Geh weg, nimm mich mit auf die Straße, lass meine kleine Bleibe in Ruhe, es geht dich nichts an, was in meinen Zimmern vorgeht. Zwing mich nicht, sofort alles wieder zu zerstören.

»Was hast du?«, fragte er.

»Nichts«, sagte ich schnell, aber als er dann wirklich rein wollte, zierte ich mich. »Es geht nicht. Meine Schwester pennt gerade bei mir auf der Couch, weil sie sich mit ihrem Typen gezofft hat.«

»Die liegt jetzt gerade bei dir auf dem Sofa?«, fragte Milo. Und dann: »Streiten wir uns jetzt schon wieder? Gleich am Anfang?«

»Am Anfang?« Als käme nun eine lange, lange Geschichte. Lachhaft.

Aber wir waren frisch verliebt, verschossen, verbogen, also hielt er den Mund, sagte nicht, was er dachte, und küsste mich stattdessen. Wir gingen woanders hin. Erst durch die Straßen, dann waren wir bei ihm. Lieben, essen, lachen, reden, lachen, lieben, essen, aus dem Fenster schauen, Musik hören, reden, reden, reden, kitschig sein, alles pink und wild.

Irgendwie hatte ich das seltsame Gefühl, dass Tama nun wirklich in der Vergangenheit lag. Obwohl ich gerade einen Brief eingeworfen hatte, der sie uns zurückgeben sollte. Woher das Gefühl kam, konnte ich nicht sagen. Vielleicht, weil er mich nach dem Lesezeichen fragte. Oder eigentlich nicht direkt danach, aber er wollte beiläufig wissen, ob ich während seiner Abwesenheit zufällig bei ihm in der Wohnung gewesen sei.

»Ist natürlich kein Problem, das darfst du«, schickte er schnell hinterher. Aber das war nur ein Trick, eine Falle.

Daher sagte ich: »Wie sollte ich, hab doch gar keinen Schlüssel.«

»Ich dachte nur, vielleicht habe ich ihn dir gegeben, bevor ich weg bin, ich kann mich nicht mehr erinnern.« Oh, er war raffiniert.

»Nein, warum? Fehlt was?«

Ich stellte mir vor, wie es wäre, wenn er jetzt die Wahrheit sagen würde:

Das Lesezeichen fehlt. Das Lesezeichen, das meine Ex-Freundin mir zu Weihnachten selbst gemacht hat. Das schönste aller Geschenke, weil ohne materiellen Wert. Sie hat es in stundenlanger Arbeit für mich gemacht. Und so wollte ich es natürlich bald nach meiner Rückkehr herausnehmen und anschauen, berühren, liebkosen, verinnerlichen. Aber es war nicht mehr da. Ich hatte es in meiner Schublade versteckt, und nun ist es nicht mehr da.

Aber natürlich kamen ihm diese Worte nicht über die Lippen. Nicht einmal aus den Augen. Vielleicht war er sogar froh, dass das Ding verschwunden war. Wo im Kopf sitzt eigentlich das Böse? Müsste man es nicht pochen hören, wenn man jemandem etwas tat? Aber egal, egal, egal. Ich sah ihm an, dass er sich verzweifelt auf mich konzentrieren wollte.

Und das tat er dann auch. Ich glaubte ihm. Wir passten zusammen. Besser als er und die Andere.

Und als er schlief, vergnügte ich mich mit den letzten Textnachrichten ihrer Beziehung und triumphierte geradezu:

Milo, ich komme morgen
eine Stunde später, es
tut mir echt leid.

WAS??? Warum?

Hab einen Termin mit
meinem Steuerberater,
der kann nur morgen um
diese Zeit.

Das ist nicht dein
Ernst! Wir haben uns
zwei Wochen nicht
gesehen und du versetzt
mich wegen eines
Steuerberaters?

ER KANN NUR MORGEN UND
ES IST WICHTIG!!!

Wir sind nicht wichtig?

Ich komm doch hinterher.
Eine Stunde später! Ist
das so schlimm?

Ja, weil wir uns ewig
nicht gesehen haben, und
weil ich keine Sekunde
mehr länger ohne dich
sein kann. Ich warte
seit zwei Wochen.

Ach, der Herr wartet
seit zwei Wochen, wie
kann ich es wagen!

Du weißt genau, was
ich meine, ich will
JEDE Sekunde mit dir
zusammen sein, das ist
ja wohl normal, wenn man
jemanden liebt, oder?

Absolut, ja, und ich
hab nie gesagt, dass
ich das nicht auch will.
Trotzdem muss ich morgen
zum Steuerberater, okay?
Höhere Gewalt.

Das ist nicht höhere
Gewalt, es gibt andere
Termine.

Also, langsam will ich
nichts lieber, als
morgen den ganzen Tag
mit dem Steuerberater zu
verbringen.

Ich ruf dich an.

Nein, ruf mich nicht
an, ich hab echt keine
Lust darauf, mir deine
besitzergreifenden
Eifersuchtstiraden
anzuhören.

Dann lassen wir es wohl besser gleich ganz, was?

Ganz meine Meinung. Ich ertrag das einfach nicht mehr. Diese blöde Eifersucht und dieser besitzergreifende Scheiß machen mich echt fertig.

Du machst jetzt nicht wirklich per Textnachricht mit mir Schluss, oder?

Ich kann's dir auch gern von Angesicht zu Angesicht sagen, wenn ich mit dem wunderbaren Steuerberater fertig bin.

Tama, du weißt ja gar nicht, was du da redest. Ich ruf dich an.

Spar dir die Mühe!

Geh bitte ans Telefon!!!

Wow! Boom! Peng! Genial! Damit war Funkstille. Sie hatte ihn wirklich und wahrhaftig auf diese brutale Weise abserviert. Sie hätte es ihm auch später sagen können, aber sie hatte die Nase voll gehabt. Oder vielleicht war sie schwanger.

Der Gedanke faszinierte mich immer wieder. Dass sie einen kleinen Milo zerstören könnte.

Aber was es auch war: Es tat mir so gut, das alles zu lesen. Warum war er auch so ausgeflippt? Er hatte es verdient. Aber es war schrecklich zu lesen, dass er aus lauter verdrehter Sehnsucht einen solch zerstörerischen Streit vom Zaun brach. Diese Seite kannte ich nicht an ihm, bei mir war seine Eifersucht auf den armen Jan eher selbstironischer Natur. In diesen Nachrichten schien er wirklich wie ein anderer Mensch. Es gab so viele Briefe, die er an sie geschrieben, nie abgeschickt, aber aufgehoben hatte – warum eigentlich? Wenn mir klar wurde, dass ich einen Brief niemals abschicken würde, zerknüllte ich ihn und schmiss ihn weg. Oder? *Du wusstest, dass ich es ernst meine, mit keiner anderen Frau hab ich es so ernst gemeint, ich könnte heulen, heulen.* Dramaqueen!

Aber ja: Wir waren nun wieder zusammen und glücklich. Glücklich, glücklich, glücklich! Machten im Stadtpark Schneeteufel zusammen und tanzten mit den Schneeflocken. So würde es für immer sein. Auch im Sommer. Auch wenn hier alles grün war, wenn sich niemand mehr hinter Schals versteckte. Ich spürte es, ich spürte schon fast einen kleinen Sommer. Und ich sagte zu ihm, ohne besonderen Tonfall: »In einer Woche ist Premiere.«

»Oh ja«, lachte er. »Mein großer Auftritt.«

»Bestimmt sitzt ein Hollywood-Produzent im Publikum, der dich entdeckt.« Oh ja, jemand würde da sitzen und ihn entdecken.

Ich hatte bei den Kostümdamen schon sichergestellt, dass Milo sich nicht zu sehr verkleiden würde, sich also kein Eisbären- oder Gespensterkostüm überstülpen musste für den Maskenball.

Ach ja, Jan redete gerade nicht mehr mit mir. Aber egal: Das Leben raste so schnell, ich konnte doch nicht einfach für ihn anhalten.

»Und danach die Premierenparty«, lachte ich. Meine Stimme zitterte nur ein ganz klein wenig.

»Ja«, grinste er. »Ich höre, da geht's immer wild zu.«

»Nicht so wild wie auf deinen Partys.«

»Na, dann brauch ich ja gar nicht hinzugehen.«

Ich griff nach ihm. »Natürlich musst du hingehen, auf jeden Fall. Da gibt's Karaoke.« Als könnte ihn das bewegen. »Du singst doch, oder?«

»Ich bin ein begnadeter Sänger.«

»Ich auch.« Er wusste ja nicht, dass ich keine Scherze machte.

»Aber nicht so gut wie die böse Rebecca, die alles kann«, fing er wieder an zu ulken.

Da sagte ich: »Ich glaube, Rebecca war gar nicht böse. Wir haben nur das Wort ihres Ehemanns. Sie selbst kann nichts mehr dazu sagen.« Ich dachte daran, dass wahrscheinlich Verbrecherkarteien nach meinen Fingerabdrücken abgesucht wurden. Immer wenn mir das einfiel, wurde mir einen Augenblick lang schlecht. Aber in Krimis blieben die Mörder ja auch immer ganz ruhig. Ich durfte einfach so wenig wie möglich wie die Frau auf dem Foto aussehen.

Apropos Foto: Ich fragte mich, wie das explosive Nacktbild wohl bei dem properen Herrn Chefarzt angekommen war. Würde er kommen? Hatte er Tama angerufen und gefragt, was das sollte? Hatten sie noch so viel Kontakt, dass er das konnte? Wegen der Haarlänge würde er wissen, dass die Aufnahme nicht von jetzt stammte. Aber vielleicht war ihm inzwischen egal, was damals passiert war, sie waren ja ohnehin getrennt.

Vielleicht sollte ich Tama per Chat fragen. Als Milo. Sie würde annehmen, dass er ihrem Ex-Mann den Zettel und das Foto in den Briefkasten geworfen hatte. Natürlich musste sie das annehmen. Er war der Fotograf der Aufnahme, er stalkte sie seit Monaten per Handy, er liebte sie noch immer.

Morgen das Museum. Er würde kommen. Männer waren so. Er würde kommen. An einem Sonntagnachmittag musste auch ein viel beschäftigter Chirurg nicht arbeiten. Er würde als Mensch kommen. Als Tama-Mensch. Mein Herz klopfte. Er würde mich ansehen mit diesen Augen, diesen verletzten Augen, die Gleichgültigkeit und Dominanz vortäuschten. Vielleicht würde er mich verführen wollen, aus Rache.

Auf jeden Fall kannte er das Foto jetzt. Jetzt in diesem Moment kannte er das Foto. Vielleicht war es ihm tatsächlich egal. Oder vielleicht rammte er gerade wütend sein Skalpell oder was auch immer er bei seinen Operationen benutzte in die Gehirnqualle eines Patienten. Die elektrischen Wellen der Herzschläge auf dem Monitor würden abrutschen, die Assistenten um den OP-Tisch herum würden ihn anstarren, jemand würde schreien, aber nicht der Patient.

Als ich den Kopf wandte und in den Spiegel sah, blickte mir ein königliches Orakel entgegen, groß, majestätisch, geheimnisvoll. Ah, meine Ideen machten mich schön, mein Gesicht war wie aus feinem Porzellan, ich könnte mich immer weiter so ansehen, niemand kannte mich, nur ich kannte das Geschöpf im Spiegel, sie war die Erste und Einzige ihrer Spezies, niemand hatte je so tief gefühlt wie sie, ihr Lächeln war ein feiner Splitter im Glas, kaum zu sehen.

Ich wollte mehr Geschichten. Bald würde der Chirurg mir gegenübersitzen, aber ich wollte mehr. Der Umschlag mit den Date-Fotos des Schwagers lag immer noch bei mir in der Handtasche. Die wollte ich jetzt in die Welt schicken. Es drängte mich, sie loszuwerden. Jedes Mal, wenn ich in die Tasche sah, schien das Ding weiter angeschwollen zu sein. Und ich hatte inzwischen vier Mails vom Schwager. Eigentlich sollte ich sie ausdrucken und ihr ebenfalls hinknallen, meiner perfekten Schriftstellerschwester, die alles hatte und alles konnte. Sie hatte mich in den letzten Tagen öfter angerufen, aber ich hatte immer abgesagt. Su sorgte sich um mich, wir waren durch Millionen magnetischer Gene ineinander verwirbelt und verstrickt. Wenn ich manchmal darüber nachdachte, wie sehr wir zusammengehörten, bekam ich eine Gänsehaut. Eine einsame, zweisame, prickelnde Gänsehaut. Aber trotzdem: Irgendwie wollte ich sie jetzt erst einmal nicht sehen, musste erst nachdenken über die Fotos für sie und über den Chirurgen.

Nicht mehr viel nachdenken, allerdings. Eigentlich hatte ich fertiggedacht.

Also fuhr ich bei meiner Schwester vorbei und warf den Umschlag mit ihrem Namen beschriftet in den Briefkasten. Eine Sekunde vor dem Fallenlassen zögerte ich, aber dann öffnete ich meine Finger – und der Brief fiel in seine

Falle. Wow, es fühlte sich gut an, so gut, eine Druckwelle, die meinen wintersatten leuchtenden Körper durch die Straßen spülte.

Und dann das Museum, das Museum, der Chirurg. Die Lichter wirbelten in galaktischen Nebeln am Busfenster vorbei, meine Füße in den Stiefeln wippten, blau wie die arktische See, die Worte rasten durch meinen Kopf: Das würde ich sagen und das und das, man konnte ja gar nicht mehr atmen, und dann, Warp Drive, stehe ich im Museum bei den Saiteninstrumenten, wie damals. Ich bin schön, geheimnisvoll, meine Absätze klappern, die blauschwarzen Haare fallen als seidig glatter Schaum bis an mein Kinn herab, mein Blut rauscht, meine Lippen sind kirschrot, die Augen rauchig, vielleicht auch rot. In der schwachen Reflexion der Glasvitrinen scheint mein Gesicht edel und weiß wie teures Porzellan, und dann spricht mich der Chirurg an, ich muss meine Hände festhalten, ich höre mich zischen oder lachen, vielleicht sollte ich doch anfangen, bunte Pillen zu nehmen, damit der Boden nicht immer so schnell unter mir hinwegrast, ha, diese Pillen, von denen Su manchmal spricht, die den Kopf langsamer machen oder so, ich weiß nicht, wie sie darauf kommt, sie ist nur neidisch, sie ist gefangen, und ich lasse mich doch so gern im Wind treiben. Die Fotos hat sie bestimmt schon gesehen, vielleicht sitzt sie jetzt gerade mit dem Umschlag in der Küche, und ihre Tränen sind Tintentropfen auf dem geschrubbten Holztisch, aber meine Schuld ist es nicht, ich bin ein gerade erst erscheinendes Polaroidfoto.

Der Chirurg war schön, ein schöner, ernster Mensch mit dunklen Haaren und warmen Augen. Ich wusste: Seine sanften langen Finger krabbelten wie Spinnen in den Hirnen der Menschen herum. Ein Millimeter daneben, und ein Geschöpf war zerstört. Was für ein ungeheuerliches Machtgefühl er wohl spürte, wenn er über Sinn und Wahnsinn entschied. Er musste ein felsenfest in der Erde verankerter Mensch sein, alle Brandung der Welt würde ihn nicht wegreißen, sondern seine Persönlichkeit nur umso feiner polieren.

Das sah ich auch in seinem Blick. Irgendwie hörte ich einen hohen rauschenden Ton, meine Hände klebten an den Schläfen, ich durfte mich nicht verraten. Wow, dieser Blick drang mir bis ins Mark. Er sah alle Programmiercodes, die durch mein Gehirn blitzten. Plötzlich verstand ich, dass wir programmiert waren. Wir waren programmiert. Wir waren ein Zopf, ein Netz an Codes, die sich verwoben. Warum hatte ich das vorher nicht verstanden?

Und er nahm seine Chirurgenschere und schnitt in den Code, unterbrach die Funkwellen. Er reparierte, aber er änderte uns dabei. Was war wo, im Kopf? Wo flimmerten die Codes? Das Böse, die Leidenschaft, das Glück, eins plus eins. Er wusste es.

Das faszinierte mich. Ich konnte nicht aufhören, auf seine Hände zu starren. Das Licht schimmerte grün, wir standen uns gegenüber, es war so still, ich sah meine Funkfrequenz zwischen uns flirren.

»So etwas ist mir noch nie passiert«, flüsterte ich. Warum sagte ich das? Verdammt!

»Was wollen Sie von mir?«

»Nichts.«

»Warum haben Sie mir das Bild in den Briefkasten geworfen?«

»Ich weiß nicht.«

»Möchten Sie mir wehtun, oder meiner Frau?«

»Ex-Frau.«

»Ja.«

»Sie sollten es einfach wissen.«

»Ich wusste es schon.« Er sah mich an und war sich ganz genau im Klaren darüber, unter welcher Stelle meiner Schädeldecke das Böse lauerte. Ganz genau. Er hätte auf meinen Kopf deuten können und sagen: Hier. Hier ist das Böse.

Aber ich war ja gar nicht böse. Ich spielte nur Schicksal, ich half ihm. Genau wie meiner Schwester. Die Leute mussten doch wissen, wenn ihre untreuen Partner mit ihnen spielten.

Er und ich, wir waren uns so nah, seltsam, in diesem stillen Raum. Einen flüchtigen Moment lang gehörten wir zusammen. Wer dominierte wen? Ich konnte es nicht sagen. Das Spiel gefiel mir. Ich spielte doch gern. Das Leben war ein Spiel.

»Lieben Sie sie?« Ruhig und lauernd. Ich sah ihn von unten an.

»Das geht Sie nichts an.« Ebenso ruhig. »Sie ist ein freier Mensch, sie kann sich fotografieren lassen, von wem sie möchte.«

»Dann ist es ja gut.«

»Warum graben Sie alte Geschichten wieder aus?« Er legte den Kopf auf die Seite, studierte mich.

»So alt ist die Geschichte nicht.«

»Meine Frau ist nicht mehr mit diesem Mann zusammen, wegen dem sie mich verlassen hat.« Er sprach ganz gelassen über Milo und die Affäre. Ich bewunderte ihn, sein Selbstbewusstsein.

»Sie klingen so ruhig.«

»Gefällt Ihnen das?« Fast hätte er meine Hand berührt. Sorgfältig reifte mein Plan. Ich sah uns von oben, und mein Plan reifte. Die Funkfrequenz, der Code.

»Ja.«

»Aber Sie wollten Ärger machen?«

»Trotzdem gefällt es mir. Sonst ist es nie ruhig.«

»Ich bekomme sie schon zurück, wenn ich das will, glauben Sie mir.«

»Aber Sie wollen nicht?«

»Wer sind Sie eigentlich?«

»Niemand.«

»Niemand?«

»Nein.«

»Wie fühlt sich das an?«

»Wunderbar.«

»Möchten Sie mir wehtun, oder meine Frau zerstören?«

»Sie ist nicht Ihre Frau, sie ist Ihre Ex-Frau. Sie hatte eine ernsthafte Beziehung mit Milo Schmittt.«

»Ich kenne seinen Namen, Sie brauchen nicht zu hoffen, mich damit zu erschrecken.«

»Aber wissen Sie auch, dass sie schwanger von ihm war?«

Er sagte nichts. Sein Körper blieb ruhig, aber ich fühlte, wie ein großer, hallender Ton zwischen uns immer lauter wurde, wie Tausende von Stimmen in einer Konzerthalle oder einem Sportstadion.

Ich hörte mich sagen: »Und sie hat das Baby abgetrieben.« Ich sagte absichtlich Baby, das Wort war krass, es fühlte sich gut an. Grausam. Flüchtig berührte ich ihn am Arm, als er seine Bestürzung so stoisch verbarg.

»Wann?« Er konnte es sich nicht verkneifen.

Ich lächelte. »Kurz bevor sie ihn verlassen hat. Deshalb hat sie ihn ja verlassen.«

»Wer sind Sie? Warum mischen Sie sich ein?«

»Macht es Ihnen nichts aus, dass sie schwanger von dem Anderen war?«

»Darüber spreche ich vielleicht mit ihr, aber nicht mit Ihnen. Haben Sie noch mehr Fotos?«

»Warum?«

»Ich will nicht, dass diese Fotos überall in der Gegend herumschwirren.«

Ich sagte nichts.

»Wollen Sie Geld? Erpressen Sie mich?«

»Ich dachte nur, Sie sollten von diesen Fotos wissen.«

»Damit ich Tama verabscheue? Ich verstehe Ihr Motiv nicht.«

»Verabscheuen Sie sie denn?«, fragte ich leise.

Er antwortete ebenso leise: »Nein, überhaupt nicht, ich liebe sie.« Irgendetwas in meiner Stimme muss ihn wohl berührt haben. Er sprach weiter: »Ich will nicht, dass ihr etwas geschieht. Es ist mir egal, was in der Zwischenzeit war.«

»Ah, noch einer.«

»Noch einer was?«

»Einer, der nicht ohne sie leben kann. Davon scheint es viele zu geben.«

»Gehören Sie auch dazu?«

Ich sah an ihm vorbei. Aber dann gefiel es mir, die Wahrheit zu sagen: »Wahrscheinlich.«

»Ich glaube, Sie spielen einfach gern.«

»Ich studiere Menschen.«

»Oh, ich auch.«

»Indem Sie ihnen im Kopf herumschneiden.«

»Nein, indem ich sie in düsteren Museumsräumen treffe.«

»Aber Sie kennen sich mit Gehirnen aus.«

»Ein wenig, ja.« Ich sah, dass er mich aufmerksam betrachtete. Er wartete.

»An welcher Stelle im Gehirn sitzt das Böse?«

»Das Böse?«

»Ja. Und sagen Sie jetzt nicht, das Böse sei nur im Herzen oder so einen Blödsinn.«

»Nein«, antwortete er lächelnd, »das sage ich nicht. Es sitzt im medialen Präfrontalkortex.«

»Im medialen Präfrontalkortex«, wiederholte ich. Ich wollte mich seinem Körper unterwerfen oder ihm etwas in seine gütigen Augen stechen. Wie?

»Ja, aber auch nicht wirklich. Eigentlich ist das Böse nämlich nur eine Negation. Im medialen Präfrontalkortex entstehen Schuldgefühle und Reue. Bei Psychopathen ist diese Hirnregion nicht aktiviert. Oder nur schwach. Sieht man im Scan.«

»Nennen Sie mich eine Psychopathin?«

Er lachte. »Nein, warum sollte ich? Sind Sie eine? Ich beantworte nur Ihre Frage.« Dann: »Haben Sie nun noch mehr Fotos?«

»Nein, das ist das einzige. Ich wollte nur, dass Sie es wissen.«

»Wie rührend. Das sagen Sie jetzt zum fünften Mal. Und nun?«

Wir sahen uns an. Ich wollte, dass er mich Psychopathin nannte. Scheiße, ich wusste nicht, warum. Ich wollte, dass er mich alles Mögliche nannte. Ich wollte seine Spinnenfinger an meinem Rücken spüren, oder sein scharfes kleines Messer. Oder er mein Messer. Hatte ich eines? Was, wenn es ihn morgen nicht mehr geben würde?

Wir gingen irgendwo hin, er ging mit mir, ich war eine Göttin, er konnte mir nicht widerstehen, mein Gehirn saß überall in meinem Körper, nimm dein Messer und schneid mich überall auf, und dann ich dich. Der sirrende elektronische Ton zwischen uns schwillt an, so laut in diesem stillen grünen Licht. Der Rest geht niemanden etwas an.

Und dann die Premiere. Wo war ich? Plötzlich blinzelte ich, und es war Premiere. Es passierte alles so schnell. Das Böse ist eine Negation. Das klang so schön, so leer und frei.

Premieren mag ich nicht. Adrenalin liegt wie Nuttenparfüm in der Luft, alles raschelt und flüstert mit fiebrigen Wangen, als hätte man sonst kein Leben. Auf allen Fluren hinter der Bühne tänzeln Figuren auf Zehenspitzen. Und alle, die mich sonst nicht sehen, bemerken mich plötzlich, hauen der Maskentussi auf die Schulter, als wären wir beste Freunde.

Aber an diesem besonderen Abend, da ließ ich mich anstecken. Denn ich hatte meine eigene Premiere, ich wusste, wer im Publikum sitzen würde: Extra hatte ich ihr noch eine Freikarte in einem Umschlag in ihren Briefkasten gesteckt, damit sie wirklich keinen Grund hatte, nicht zu kommen. Und auch ich selbst war bereits in meiner Maske, selbst wenn ich meine Aufmachung noch unter einer weiten Strickmütze verbarg: Mit gefühlten tausend Wellenreiterklammern hatte ich mein kurzes Haar zu Hause in Wasserwellen gezwängt – für meine spätere Partyfrisur. Die Klammern würde ich nach der Vorstellung rausnehmen. Ja, heute wollte ich ohne Perücke kommen und ohne Perücke singen. Hier würden mich ohnehin alle erkennen, ob mit oder ohne falsche Haare. Warum dann nicht eine besondere Gelegenheit daraus machen? Falls ich mich traute, so auf die Karaokebühne zu gehen, denn das war noch lange nicht sicher.

Auf jeden Fall war ich also bereits halb verkleidet. Aber auch für alle anderen Schauspieler begann der Maskenvorlauf Stunden vor der Aufführung im Fließbandverfahren. Die meisten Statisten kamen zuerst dran , sie starteten mit dem Kostüm und kamen dann zu mir in die Maske. Pech für den jetzt schon schwitzenden Typen im Bärenfell. Milo schickte ich zur Kollegin, auf ihn konnte ich mich an diesem Abend wirklich nicht konzentrieren. Ich versuchte, etwas zu fühlen wegen des Chirurgen, aber ich fühlte nichts.

Dann im Viertelstundentakt die Schauspieler: Kostüm, Maske, Kostüm, Maske. Der Abend staubte geradezu vor Puder und Nervosität. Das künstliche Licht, die speckigen Wangen der Menschen, der Geruch nach Creme und ranziger Vaseline und zerbröckelnder Wimperntusche und künstlichem Haar machte mich ganz taub.

Su wusste von den Bildern, was tat sie, was dachte sie,

wo war sie? Ich sah meinen Fingern dabei zu, wie sie tupften und rieben und zogen und drehten und kämmten und zauberten. Und irgendein biochemisches Tier in mir flüsterte: Woher kannst du das alles, das bist doch nicht du, diese effizienten Hände, das bist doch nicht du, gerade eben warst du doch noch ein Kind, und jetzt machst du das hier, wie ist das passiert, wann ist es passiert, du träumst doch nur!

Es war ein schönes, träges Gefühl, auf dem ich dahinglitt, aber vielleicht war ich auch einfach high vom Haarspray.

Hinterher, als wirklich alle geschminkt waren und der Vorhang längst die Bühne freigegeben hatte, trieb ich mich ein wenig mit Milo hinter den Kulissen herum. Mit Jan redete ich, als ob nichts gewesen wär, seine einsilbigen Antworten perlten einfach an mir ab. Nur kein Drama.

Jans Drama langweilte mich. Er hatte gar kein Recht auf Drama. Wann erzählte er wohl Milo von der wilden Tanznacht? Jetzt? Später? Hatte er es schon getan? Jan, wann war das eigentlich? Wer war er eigentlich? Ein Niemand.

Und was dachte Tama, was wusste Tama, wie viel sprach sie mit ihrem schönen braven Chirurgen, der meine Funkfrequenz lesen konnte? Egal. An diesem Abend musste ich mich an mein eigenes Drehbuch halten und strikt einen Punkt nach dem anderen auf meiner Tagesordnung abhaken.

Zunächst: Milo musste Tama im Publikum entdecken, bevor er sich selbst ins Rampenlicht stellte. Ja, das wollte ich mehr als alles andere. Und so lockte ich ihn an das geheime Guckloch neben der Bühne – wo natürlich noch einige andere standen, denn das Premierenpublikum auszuspionieren war ein Thrill für die Meute. Das hatte ich nie verstanden, denn in unser altjüngferliches Stadttheater verirrte sich kaum einmal ein wirklich illustrer Gast. *(Oh, die Bürgermeisterin! – Wow, dieser abgehalfterte Filmschauspieler, der hier in irgendeiner Villa vor sich hin modert – Mein Zahnarzt!)* Aber gut, unser spießiges Glory Hole war beliebt. Und heute sollte es mir dienen. Mein Herz klopfte wie wild, als ich hindurchsah und Tama entdeckte, ganz unscheinbar, in der fünften Reihe. Ich hatte sie sofort gefunden, ihr ja selbst den Platz zugewiesen. Ihr wundervolles, schönes Gesicht mit den asiatischen Bette-Davis-Augen leuchtete neben unzähligen anderen Flecken in den Reihen. Als wäre sie Teil einer lebenden vielfarbigen Perlenkette. Sie wusste, dass Milo da war, aber er ahnte nichts von ihr. Noch nicht!

»Schau mal die Frau mit der roten Feder in den Haaren«, sagte ich lachend zu Milo. »Die Leute hinter ihr werden sich schön bedanken.« Die rote Feder saß zwei Plätze von Tama entfernt. Ich drängelte ihn ans Guckloch, knetete meine Finger, aber er grinste nur. »Was hat die denn um Himmels willen auf, etwas aus der Faschingskiste?« Er sah nur, was ich ihm aufgetragen hatte zu sehen.

Eine andere Kollegin fand das auch witzig und wollte hindurchsehen. Milo witzelte mit ihr, mit mir, mit den anderen, alle guckten, alle sahen wieder neue Details bei dieser Frau oder bei anderen Leuten. Ich biss mir auf die Lippen. Es musste klappen: Gleich war es Zeit für mich, die nächste Ladung Leute fertig für den Auftritt zu machen. Außerdem hatte die Hauptdarstellerin in fünf Minuten einen Kostümwechsel. Betont langsam blickte ich wieder durch das Loch. »Schau mal, der Mann zwei

Sitze rechts von ihr hat gerade etwas nach ihr geworfen …«

Milo beugte sich vor, und noch während ich lachend hinterherschickte: »Sorry, ich meinte, der Mann zwei links von ihr«, erstarb sein Lächeln, denn er hatte natürlich bereits rechts von ihr gesucht – und gefunden. Er starrte und starrte, sein Mund stand halb offen, als hätte er Zeit und Raum vergessen. Ich betrachtete ihn ruhig von der Seite. Wippte auf den Zehen. Ewig schien es zu dauern, bis er sich losreißen konnte. Er blickte mich an, als sähe er mich zum ersten Mal, und ich glaube, seine Gedanken rasten zurück zur Auftragskillerzeit. Ich sah uns beide im Schneesturm vor der Disco stehen, er mir den Zettel hinhaltend. Das war vor Jahrhunderten. Aber er sagte nichts.

Da erklärte ich lauernd: »Muss jetzt wieder los. Ich komme runter, wenn du dran bist.«

»Ja«, sagte er nur und küsste mich, mit seinen Gedanken meilenweit entfernt.

Und dann ging es los. Oh, es war herrlich, ihn bei der großen Ballszene von der Seite aus zu beobachten. Jetzt, wo er wusste, wer unter den Zuschauern lauerte. Die Musik spielte, die Statisten und Schauspieler standen auf ihren Plätzen, jeder folgte seinem Plan, jeder ließ sich an den Strängen des Regisseurs über die Bühne ziehen, lachend, tanzend, Gläser klirrend. Auch Jan hatte seine glorreichen Sekunden als Kellner, der mit seinem Tablett einmal quer über die Bühne fegte und von einer »betrunkenen« Dame im Walkürenkostüm wild im Kreis gedreht wurde, sodass das Tablett in die Ecke flog. Jawohl, es stand nun so im Skript. Aber das meiste an der Szene war wild und schön und übervoll: Der Walzer voll Melancholie, die Bühne eine eigene Welt – eine Schneekugel. Milo wirbelte seine Tanzpartnerin herum, redete und lachte mit ihr und präsentierte sich dieser einen Frau im Publikum, die nur seinetwegen gekommen war und von der er gar nicht ahnte, dass er sie eingeladen hatte. Aber so war es. Er hatte sie eingeladen.

Und sie verfolgte jeden seiner Schritte. Er wusste, dass sie jetzt – genau jetzt in dieser Sekunde – ihn betrachtete und an ihn dachte und über ihn sinnierte, genau *jetzt*. Er wusste es, er spürte es, er liebte es, er schwelgte in dem Gefühl, schämte sich ein wenig, dass er so schwelgte, aber ja, er schwelgte, er genoss es, er fühlte sich wichtig, er war wichtig. Alle Augen ruhten auf ihm, er allein zählte auf der Bühne, ganz allein, es gab nur ihn. Mitten im Scheinwerferlicht bewegte er sich, es war eine Vorstellung nur zwischen ihm und Tama; sie waren die ersten und einzigen Menschen, niemand hatte je so gefühlt wie sie, und sie tanzten in absoluter, vollkommener Harmonie – er auf der Bühne, sie mit ihren Blicken.

Ich blinzelte, fühlte mich schier erdrückt von der Schönheit der Geschichte.

Und dann war alles vorbei, innerhalb von Minuten. Hinter der Bühne ging alles schnell, Szenen kamen und gingen, die Lichter wachten auf und erloschen wieder. Bei mir oben im Zimmer, in der Maske, hörte ich am Ende den Beifall rauschen wie einen Gewittersturm – und nun würde Tama auf die Party kommen. Ja. So würde es sein. Jetzt würde es endlich passieren. Ich war mit ihrem Freund spazieren gegangen, die Schneeflocken waren uns wie Lichtstaub über das Gesicht gerieselt, niemand hatte uns gesehen, niemand wusste, dass es uns gab. Sie hatte es nicht gewusst. Und nun würde ich singen. Ich würde verdammt noch mal singen. Ohne Verkleidung. Sehr viel eleganter als sonst, aber nicht verkleidet. Das musste ich. Es gehörte zur Story.

Langsam nahm ich meine Mütze ab, entfernte die Wellenreiter, sprühte Haarspray auf die Locken und schminkte mich. Am Ende kam Milo zu mir rein, fast wortlos, setzte sich aufs Sofa hinter mir, sah mir bei meinen reflexartigen Handlungen zu. Er machte mir Komplimente, lachte zerstreut über meine Mühe mit den Haaren und meinem Outfit.

»Erinnert mich daran, wie es war, als ich dich mit Perücke kennenlernte«, sagte er.

Ich dachte: Du magst meine kurzen Haare nicht, und überhaupt denkst du jetzt an etwas ganz anderes.

Ich schielte zu ihm hinüber, während ich an meinen Wellen herummachte: Er wirkte unruhig, voll nervöser Euphorie. Dieser Abend musste doch geradezu rauschen für ihn vor lauter Lichtern und Geschichten und Vergangenheit, das freute mich für ihn. Auf ganz seltsame Weise machte mich das glücklich für ihn.

»Wie war's?«, fragte ich, ohne ihn anzusehen. »Da auf der Bühne?«

»Gut«, antwortete er. »Ich glaube, das weißt du.«

»Oh, ich weiß gar nichts, ich bin nur die Maskenbildnerin.«

»Ja«, sagte er mit seltsamer Stimme, »das bist du.«

Ich war nachsichtig. Er wusste von nichts. Aus den Augenwinkeln betrachtete ich ihn seitlich hinter mir im

Spiegel und dachte unwillkürlich: Schau ihn dir noch ein letztes Mal an.

Die Party fand im Hotel um die Ecke vom Theater statt. Der Partysaal mit Bar lag im siebten Stock, ich kannte ihn schon, wir gingen immer dort hin. Die Höhe schien mir schwindelerregend. Vielleicht, weil die Räumlichkeiten komplett von Glaswänden umgeben waren – mit einer im Winter natürlich abgesperrten Dachterrasse, die daran anschloss. Aber man sah auch von den Fensterscheiben aus, wie weit es nach unten ging. Tief unten schäumten die Straßen wie ein Ozean in der Nacht.

Ich blieb am Fenster, betrachtete meine Reflexion und sah zu, wie der Saal sich mit Menschen zuwirbelte. Meine schwer geschminkten Augenlider fühlte ich bei jedem Wimpernschlag, mein Lippenstift schmeckte nach Tollkirsche.

Jan redete mit jemandem, Tama war nicht zu sehen, Milo stand bei ein paar anderen Leuten. Was ging wohl in ihm vor? Er hätte einfach sagen können: *Hey, ich glaube, ich habe meine Ex im Zuschauerraum gesehen.* Aber das tat er nicht. Er behielt sein Geheimnis für sich. Sicher ahnte er, dass ich etwas damit zu tun hatte. Nein, wie sollte er? Wenn sich unsere Augen trafen, lächelte er zwar, aber ich spürte das Fragezeichen in seinem Blick. Einmal stolperte ich zu ihm, während er dort bei seinen Statistenfreunden stand, legte ihm den Arm um die Schultern, küsste ihn vor aller Augen, ja, das tat ich, mit meinen Vampirzähnen, meinen Wolfszähnen, ich schlug sie ihm in den Hals und leckte sein Blut, denn er war mein, mein, mein. Jetzt mehr denn je. Er war mein.

Aber es war so schwer, auf Tama zu warten. Wann kam sie denn endlich?

Die Nervosität zischte wie Starkstrom um mich. Überrascht sah ich, dass meine Hände ein Cocktailglas umklammerten, von dem ich gar nicht mehr wusste, wo ich es herhatte. Aber dann, gerade, als die ersten Angetrunkenen sich auf die Karaokebühne wagten und die Stimmung richtig peinlich gut wurde, da sah ich sie, sie, sie in einer kleinen Traube Gäste neben der Eingangstür stehen. Sie schien sich mit Leuten am Eingang zu unterhalten, als ob sie schon immer dazugehört hätte. Ihren Namen hatte ich an der Pforte hinterlegt, aber nun fühlte ich mich wie eine Idiotin: Tama Villmon kam überall rein. Sie sprach mit jedem, der ihr gefiel, sie dachte nicht darüber nach, was man von ihr halten könnte, sie lachte, strahlte – auch jetzt. Und sie trug grüne Stiefel.

Fast verschluckte ich mich an meinem Cocktail, der im Übrigen wunderbar zu den klebrigen Songs passte, die da auf der Bühne gejammert wurden. Natürlich konnten die Stiefel nicht braun oder schwarz oder meinetwegen noch rot sein. Nein, natürlich nicht, sowas würde man ja ganz normal im Laden kaufen. Aber Eiswasserblau und Schlaraffenlandwiesengrün gibt es nur bei den Schuhmacherelfen.

Tamas offenes Haar glitzerte wie schwarze Seide. Und ich – ich hatte mir die Haare abgesäbelt wie eine Idiotin. So musste Milo sie zum ersten Mal gesehen haben, genau so, wie sie jetzt war. In einem Raum voller Menschen. Er hatte sie entdeckt und weiche Knie bekommen. Es ging mir genauso. Ich fühlte, was er fühlte.

Ich schob mich näher, konnte meine Augen nicht von

ihr nehmen. Sie war perfekt. Nicht im Geringsten aufgetakelt, überhaupt nichts Falsches haftete ihr an. Ihre Haut hatte nichts Wächsernes oder Pudriges (meine an diesem Abend hingegen sehr wohl), sie trug weder Lippenstift noch Augen-Make-up, so schien es, wahrscheinlich nicht einmal Wimperntusche. Die Schönheit saß ihr in den Knochen, sie würde niemals alt werden. Die grünen Stiefel waren das absolut einzige Accessoire an ihr, das Exzentrik andeutete, sonst glänzte sie durch Schlichtheit.

Welch ein Irrsinn, dass ich mir mit dieser Frau wochenlang banale Flirttexte hin- und hergeschickt hatte! Ihre Finger hatten die Nachrichten an mich getippt, Nachrichten wie: *Wahrscheinlich waren wir füreinander bestimmt.* Und ihr Nacktfoto lag nun bei ihrem Ex- oder Wiedermann. Bestimmt hatten sie sich schrecklich gestritten deshalb. Oder nicht? Als ich den Chirurgen im Museum getroffen hatte, schien er so ruhig und unbeeindruckt von ihrer Untreue. Ich schloss die Augen und sah ihn vor mir, seine Augen und seine Spinnenfinger, die in meinem Gehirn nach dem Bösen suchten. Oder vielleicht hatte er das gar nicht. Es interessierte ihn nicht. Ich selbst hatte gewollt, dass er es fand. Wenn es existierte.

Aber was hatte er Tama erzählt? Wie hatte sie reagiert, als er ihr die Fotos gezeigt hatte? Sie musste denken, dass Milo irgendwie in die Sache verwickelt war. Das hatte ich anfangs gar nicht bedacht. Es war sein Foto, er hatte es von ihr gemacht, niemand sonst konnte es haben. Sie musste wütend auf ihn sein, oder nicht? Denn jetzt stand sie hier und hatte es offenbar nicht im Geringsten eilig, ihren Ex-Lover in der Masse zu finden, nachdem sie ihn auf der Bühne bewundert und sich mit ihm Nachrichten geschrieben hatte. Aber vielleicht war das auch einfach ihre Sicherheit. Vielleicht stand sie dem Leben so lässig gegenüber, dass ihr die Fotogeschichte nichts ausmachte. Und nun sagte ihr Selbstbewusstsein, dass sie einfach da sein und warten konnte. Milo würde schon kommen. Er würde kommen. Und sie finden. Und ein süßes Sehnen im Magen fühlen.

Bei dieser Gewissheit war sie noch nicht einmal arrogant oder eitel, sondern verließ sich einfach auf eine schlichte Tatsache. Ich wünschte so sehr, sie könnte mir unsympathisch sein, aber ich war verrückt nach ihr: Wahrscheinlich waren wir füreinander bestimmt.

Ich dachte auch an die Polizei und daran, dass sie ein Foto von mir hatten, auf dem mich niemand erkennen konnte. Tama würde mich auch nicht erkennen. Aber shit, wie kompliziert das alles war. Ich sah sie an, und meine Gedanken stolperten. Ich konnte nicht mehr genau sagen, wer was wusste, wer welche Fotos hatte, mochte oder hasste, wer welche Gespräche mitgemacht hatte. Aber egal, egal, egal.

Und dann, dann sprach ich sie einfach an. Ja, ich trieb auf sie zu, meine schweren Winterflügel schlugen und trieben mich zu ihr, ich wollte ihre Geschichte, und ich sprach sie an. Zum ersten Mal sprach ich sie als ich selbst an. Hatte ihr das Stück gefallen? Mit wem war sie hier? Was hielt sie von der Party? Ich sei die ... Regieassistentin. Ein Drink?

Das Blut toste mir in den Ohren, mein Kopf war am anderen Ende des Raums, wo ich Milo wusste. Ich stand hier und stand dort, seine Augen fingen uns ein inmitten der Menge und sein Blick fokussierte auf uns. Er hatte uns gesehen, sie und mich, seine beiden Frauen, die eine aktuell, die andere vielleicht nie verflossen, wer wusste es schon. Er versuchte, sein Gespräch weiterzuführen, hörte aber nur noch weißes Rauschen. Ich lächelte.

Und irgendwann stand er dann bei uns. Natürlich. Wir standen inmitten der Menschenwogen wie in einem rituellen Dreieck. Sie war verblüfft, sah von mir zu ihm, begann zu verstehen, lachte verlegen, aber freundlich, ohne jede Arroganz. Sie war so wunderbar: selbstsicher, happy, ungekünstelt. Milo hingegen stand da mit hängenden Armen, die viel zu lang schienen. Sie hatten gut einen Meter zwischen sich, sein Ausdruck war erschüttert, weich, hilflos, wütend. Er hatte den Entzug geschafft, jetzt stand die Droge plötzlich wieder vor ihm.

Und auch in mir war ein Rausch, ein absoluter Rausch. Ich stand still, blieb ruhig, ließ mir nichts anmerken, aber das hier war der Gipfel meiner Existenz, das Spiel aller Spiele: Ich hatte sie noch nie so richtig zusammen gesehen, Auge in Auge. Seit drei Monaten spielte ein Film in meinem Kopf, und jetzt standen sie sich da wirklich gegenüber. Sie kannten sich, es war nicht nur eine Geschichte. Ihre Lippen hatten sich berührt, sie hatte in Ekstase die Augen geschlossen, er hatte auf ihre Haut geschrieben, er hatte die Landkarte ihres Körpers auswendig gekannt, sie waren lachend nebeneinander im Auto sitzend in den Süden gefahren, sie kannte den Geruch seiner Sonnencreme.

Und obwohl Milo mir langsam den Arm um die Schulter legte und mich an sich zog, während er Tama musterte, schienen sie beide Lichtjahrhunderte entfernt von mir. Alles war Lichtjahrhunderte entfernt von mir. Im Hintergrund gab jemand einen altbekannten Countrysong zum Besten, aber er vergriff sich dabei um ein paar Tonstufen, und so klang das Feel-good-Lied teuflisch verzerrt. Trotzdem johlten und klatschten alle, und es passte zu meiner Stimmung.

Als ich mich umwandte, um den Sänger zu betrachten, brach der Zauber, der unser Dreieck stillgehalten hatte.

Milo sagte: »Tama, was für eine Überraschung.«

Sie sah ihn an, als wäre er ein kurioses Tier. »Eine Überraschung?«, fragte sie lächelnd. Immerhin hatte er sie eingeladen.

Er antwortete nicht, sondern sagte zu mir: »Ich sehe, ihr kennt euch.« Sein Tonfall sagte: *Und das wusste ich.*

Ich antwortete: »Nicht wirklich, wir haben uns eben erst kennengelernt.«

»Ah, klar!« Dann drehte er sich einfach um und ging.

Ich eilte ihm hinterher. Drängte mich dicht an ihn. »Was hast du?«

»Warum hast du sie eingeladen?«, presste er hervor, ohne anzuhalten oder mich anzusehen. Oh, er war schön, so wütend und verwirrt.

»Ich? Hab ich gar nicht.« Ich tanzte neben ihm.

»Sie ist also ganz zufällig hier aufgetaucht.«

»Wahrscheinlich hast du ihr erzählt, dass du Statist in diesem Stück bist.«

»Ich habe seit Monaten kein Wort mehr mit ihr gewechselt.«

»Ach komm, das glaub ich nicht«, flüsterte ich süß und liebevoll.

»Glaub, was du willst.«

»Freust du dich, dass sie da ist?« Meine Stimme klang lauernd. Mein Körper kribbelte.

Er lachte freudlos. »Wie könnte ich?«

»Aber du denkst noch an sie.«

»Lass mich einfach in Ruhe mit dem Scheiß.«

Ich ließ ihn allein, blieb stehen, und der Menschenstrudel nahm ihn mit. Das warme Gefühl im Magen verebbte. Oh, die Enttäuschung lag mir schwer im Magen. So, als hätte ich ein Riesenfeuerwerk in allen Farben der Erde geplant, das am Ende nicht richtig gezündet und nur ein paar müde Puffe abgegeben hatte.

Aber egal, ich hatte noch Munition: Ich machte mich für meinen Auftritt zurecht, schminkte mich nach. Durch meinen Taschenspiegel betrachtete ich die Welt hinter mir wie durch eine versteckte Kamera. Ich hatte zu Hause geübt. Natürlich. Auch wenn ich das Lied nun in- und auswendig kannte: Hier für Tama war es wieder etwas ganz anderes als in einer anonymen Bar, aus der man hinterher als argentinische Schauspielerin in der Nacht verschwindet. Beim Karaoke konnte man getrost lächerlich sein, aber mir durfte das heute Abend nicht passieren. Ich wollte nicht amüsant sein, ich wollte Wahnsinn sein. Ich wollte, dass Milo und Tama die Kleider vom Leib schmolzen.

Auf dem Zettel, den ich vom DJ bekommen hatte, stand eine große 17. Gerade sang Nummer 13. Von der Fensterscheibe aus sah mich die Schatten-Kai ruhig an: dunkle Augen, blauweiße Haut, geschmeidige Wellen, *du schaffst das*. Ich hingegen konnte kaum mehr mein Glas halten. Mir war schlecht. Überall.

Und dann stand ich auf der Bühne. Ja, ich stand auf der Bühne. Allen Blicken ausgesetzt. Man erkannte mich, aber unter dem schweren dunkelblauen Lidschatten und dem blutroten Lippenstift fühlte sich mein Gesicht an wie eine Maske. Der DJ ließ eine flapsige Bemerkung los wie bei allen anderen auch. Meine Beine waren festzementiert. Während der ersten Töne, bei denen ich noch nicht singen musste, streifte mein Blick über die graue Meute vor mir. Alle sahen mich an. Auch Tama und Milo. Sie standen nicht zusammen, aber auch nicht weit voneinander entfernt. Sie sollten ihre Show bekommen. Denn in diesem Augenblick schüttelte sich die Frau auf der Bühne, wippte mit dem Fuß, ihre Stimme knackste, aber nur ein bisschen. Sie hielt, die Stimme hielt, sie musste nicht schön klingen, sie musste nur Aufmerksamkeit erregen.

Oder doch, sie musste sehr wohl schön klingen, sie musste sogar unglaublich schön klingen, sie musste Milo und Tama zum Weinen bringen:

She'll let you take her home;
it whets her appetite;
she'll lay you on her throne
– she's got Bette Davis eyes.

Die Leute merkten, dass diese Nummer ein anderes Kaliber war. Das Lachen verstummte, einige jubelten. Die beiden wichtigsten Menschen aber jubelten nicht. Sie starrten nur. Es war ihr Lied, sie mussten doch etwas fühlen, sie müssten doch schreien und toben. Aber sie schauten nur. Egal, egal, egal, die Sängerin brauchte ihren Film. So viele Leute bemerkten sie eben zum ersten Mal. Leute aus dem Theater, die vorher nicht einen Gedanken an sie verschwendet hatten, bewunderten sie plötzlich für ihre Stimme, ihren Auftritt. Fanden Sie vielleicht schön, klug, außergewöhnlich. Ja, so musste es sein.

Und so war es doch immer im Film, oder? Die Hauptfigur trat strahlend und mutig aus dem Schatten der Rivalin.

Aber warum fühlte es sich dann so an, als hätte die Sängerin absolut die Kontrolle verloren? Sie surfte nur noch auf der Welle, in die sie sich geworfen hatte, und konnte ihr nicht mehr entkommen. Wahrscheinlich will sie gar nicht entkommen. Nein, will sie nicht. Die Welle schäumt, wirbelt, rauscht. Die Sängerin lacht, sie kann nicht anders, und sie singt nur für sich und die beiden Menschen da unten. Sie schließt die Augen, die Melodie ist in ihren Beinen und in ihrem falschgewellten Haar. Sie steht über allem, sie will niemanden und braucht niemanden. Sie will nur, dass andere wollen. Alle anderen sollen ganz fürchterlich wollen, und sie selbst soll gar nichts wollen, gar nichts, gar nichts. Und das tut sie auch nicht.

Wenn sie die Augen schloss, sah sie vor sich, wie Milo und Tama gemeinsam den Saal verließen. Aber wenn sie ihre Augen dann wieder öffnete, standen sie beide noch da. Allerdings waren sie sich nähergekommen, standen nebeneinander. Hatten in der Menge gegenseitig ihren Blick gesucht und gefunden, waren unauffällig aneinandergerückt, wahrscheinlich war es Milo, der ihren intensiven fragenden Blick nicht mehr ertragen hatte, und er hatte sich durch die Leute zu ihr gedrängt.

Aber immer noch starrten sie nur die Sängerin an, nicht sich gegenseitig. Wie verwirrend.

Irgendwie konnten sie wohl nichts zueinander sagen. Das war auch nicht nötig, da vorn auf der Bühne sang ja jemand für sie ihre Geschichte.

Hinterher klatschten die Leute, und die Sängerin stolperte blind von der Bühne. Sie konnte nicht mehr bleiben auf dieser Party, verschwand wie Aschenputtel nach dem Tanz mit dem Prinzen aus dem Ballsaal. Ohne Spur löste sie sich auf. Wenn jemand ihr nachrannte, würde er sie nicht mehr finden. Niemand sollte mich finden, niemand, es hatte mich nie gegeben, am liebsten wäre ich in meinen Spiegel gekrochen.

In der Dusche liefen mir die blauen Augen in Strömen über das Gesicht, und in mir hämmerte die Musik, die Party, die Menschenmassen, das rasende Langsam.

Ich hörte etwas durch den dröhnenden Strahl des Wassers. Hörte ich etwas? Mein Kopf war noch nicht zu Hause angekommen. Aber nun war alles zu Ende, und ich wusste nicht mehr, was ich tun sollte. Wollte ich es so? Was wollte ich? Hatte ich das getan, was ich musste, sollte, wollte? Es fühlte sich so leer an, so missglückt. Irgendetwas war missglückt. Das Lied? Der Auftritt?

Das Wasser rauschte um mich herum herab, legte sich wie ein dampfender Mantel um mich, und draußen vor der Badezimmertür liefen Füße über das Holz. Meine nassen Wimpern machten mir die Augen träge und schwer, ich war verwirrt: Ich saß doch hier drin, meine Füße konnten doch nicht nebenan über das Parkett laufen? So lange hatte ich mir in Ekstase ausgemalt, wie es wohl sein würde, für Tama und Milo ihr besonderes Lied zu singen. Ich wollte die Ekstase, aber dann war nichts passiert, nur ein schillernder Antiklimax. Und jetzt saß ich hier in der Dusche und fror. Ich drehte das Wasser heißer und heißer, aber es wurde immer kälter.

Wenn sie mich hier finden würden, nackt und nass, was würden sie tun? Wie waren sie hier hereingekommen, diese Füße? War es die dunkle Kai, die dem Spiegel entstiegen war? Vielleicht durfte ich nun in den Spiegel kriechen, statt ihr. Sie würde das Glas hinter mir absperren und ich brauchte nur noch beobachten.

Jemand lachte. Oder war es die Polizei? Hatte Tama die Polizei geholt? Lachten die Polizisten über meine bizarre kleine Wohnung? Würden sie mich gleich mitnehmen? Würde Milo mir helfen? Su?

Mein Kopf wurde klarer, etwas fiel nebenan herunter, und ich setzte mich auf, mein Rücken drückte sich durch. War ich in einem lächerlichen Roman, bei dem man auf das Ende hinfieberte, und dann blieb der große Knall aus? Oder war es einfach Tamas und Milos Liebesgeschichte, und meine Rolle war die einer Nebenperson? Was passierte wohl jetzt gerade zwischen ihnen?

Langsam kroch ich aus der Dusche, meine Knie schmerzten, als ich über die feuchten Kacheln rutschte. Ich konnte kaum etwas sehen, der kleine Raum war in einen Nebel des Vergessens eingehüllt, und aus dem Spiegel über dem Waschbecken leuchtete ein diffuses Licht wie aus einem qualmenden Space-Portal.

Einen Moment betrachtete ich das Ding wie hypnotisiert. Die Geräusche waren hinter dem Spiegel. Ja, sie waren hinter dem Spiegel.

Ich hustete, meine nassen Haare klatschten mir gegen die Wangen. Ich weiß nicht mehr, plötzlich lichtete sich der Dampf und mein glitschiger Körper schob sich über die Schwelle. Hinter den Spiegel oder in mein Wohnzimmer, ich weiß nicht, aber der Dampf folgte mir, hüllte mich ein, mir war nicht kalt. Vor meinen Augen drehte sich alles, mir war übel, und sie lagen da in meinem Bett, sie, sie, sie. So wunderschön.

Ich war nicht überrascht. Sie wälzten sich auf meinen Laken, direkt daneben das Nachtkästchen und der Fotoschrein, aber das machte ihnen nichts aus. Und ich konnte sehen, was Liebe war, endlich konnte ich sehen, was Liebe war, wie man dabei aussah, wie Tama dabei aussah. Ich hörte Flüstern, sah einen großen Schatten und einen kleinen, ich spürte ihre Küsse, ihre langsamen, rasend langsamen Küsse auf meiner bloßen Haut und auf meinen trockenen Lippen, das bisschen Blut störte sie nicht, mein Mund schmeckte metallisch, aber das störte sie nicht, und leise küssen ist viel schlimmer als laut und wild küssen. Ich wollte doch, dass Tama herumschrie, dass sie sich wie im Film gebärdete, dass sie ihre Leidenschaft übertrieb. Das wollte ich sehen. Die laute, stürmische Liebe, die vollkommene Hingabe.

Aber nein, sie war leise, sie waren beide leise, und draußen herrschte die Nacht, die Nacht aller Nächte. Der Mond warf kalte Streifen über das wellige Parkett und das Bett, und, verdammt noch mal, die Kreaturen zwischen den Laken machten ja alles voller weißer Flecken mit ihrer gleißenden Haut. Die schwarzen Haare der Frau ergossen sich bis auf den Boden, die Körper bewegten sich flüssig wie das Mondlicht. Sie wirkten wie ein Traum, wie sie sich da in meinem Bett liebten und liebten und anfauchten wie kleine wilde Katzen, und mich auch. Aber sie waren echt. Ich berührte sie, und sie waren echt, sie waren wirklich echt in ihrer unterdrückten Wildheit, und meine Haut klebte an der ihren wie nasser Sand. Oh, sie waren so schön, sie waren so zusammen, so sehr, so sehr, so sehr, so atemlos und erhitzt und ich auch; überall auf mir spürte ich ihre Fingernägel, die mir die bedeutendsten Nachrichten der Welt auf Arme, Beine, Bauch schrieben, und, ja, morgen werde ich die seltsamen Zeichen auf meiner Haut verstehen, ganz sicher.

Warum waren sie hier? Wie waren sie reingekommen, was wollten sie von mir? Ich verschmolz mit ihren schönen Körpern, zwei sind besser als einer allein, ich musste mich niemandem erklären, ich bin er und sie ist ich, und er ist sie, und sie ist er, und drei Körper sind einer.

Dann hörte ich ein Flüstern: »Was ist jetzt eigentlich mit deiner Freundin?« Tama.

Da spürte ich mich wieder. Ich spürte, wie eiskalt mein Körper sich anfühlte, jegliche Hitze erloschen. Wir waren nicht mehr einer. Ich stand neben ihnen. Sie lagen verflochten ineinander. Ja, was ist mit ihr, Milo? Sag der Frau im Bett doch, was mit deiner Freundin ist. Sag es ihr, sag es ihr! Sag, dass du mich liebst, dass du mich brauchst. Ich liebe dich jedenfalls, ja, ich will dich behalten, aber irgendwie darf ich nicht, kann ich nicht. *Kai, Baby, verlass mich nicht, ich kenn dich schon seit 20 Jahren, wir haben uns nicht umsonst getroffen.*

Es gab nur ihn, sonst niemanden, niemanden, ihn und mich, uns zwei Schneeteufel, Nachtfalter, Alleskönner, und nun schmierte er hier weißes Mondlicht mit einer anderen auf meine Bettlaken.

Etwas kippte plötzlich in mir um, ich presste die Hände auf meinen Mund und hielt mein Gesicht auf meine Knie gepresst. Ich weiß nicht, wie lange ich da lag, in mich selbst verkeilt, mit verklebten Augen. Vielleicht schlief ich ein.

Oder vielleicht ging ich im Dunkeln langsam zu meinem Schreibtisch und griff mir eine Schere. Dann ging ich zurück zum Bett und rammte sie Tama in den zarten weißen Hals. Es ging ganz einfach, sie lächelte mich an, als hätte sie es erwartet. Sie war so schön im Mondschein. Als ich den Kopf hob, sah ich eine blonde Kai im Spiegel.

Als ich am nächsten Morgen aufwachte, lag ich auf dem Boden und war verwirrt und steif wie der Tod. Als ich die Augen öffnete, sah ich einen Moment lang nur meinen seltsam verdrehten weißen Arm neben mir. Weiß, aber mit Rot verschmiert. Blut? Aber es tat gar nicht weh. Die Dusche prasselte im Hintergrund, sumpfige Wasserflecken krochen langsam von der Badezimmertür auf mich zu, wie Tentakel zogen sie sich über das Parkett zu mir. Ich hatte nichts an. Warum hatte ich nichts an? Eine Schere lag auf dem Boden, ihre Spitze glitzerte, das Kopfkissen war fleckig rot, aber es gab keine Verletzten. Und das auf meinem Arm war auch kein Blut, auf keinen Fall, es tat ja nicht weh, er war eher taub.

Langsam kroch ich zwischen den glitschigen Fangarmen hindurch in die Dusche, zitternd vor Kälte, und stellte das Wasser ab. Dann zog ich mir in Zeitlupe meinen Bademantel über. Dabei wurde mir klar, dass es Kugelschreiber war. Sie hatten meine Arme mit rotem Kugelschreiber vollgekritzelt, überall, von oben bis unten. Shit. Und ich? Was hatte ich gemacht? Wie kam das Rot auf das Kopfkissen? Egal, dann komme ich halt in den Knast. Das wäre mir nur recht, da gäbe es viele neue Geschichten, oh ja. Und Su würde zu mir halten, würde mir Süßes und ihre Romane und meine Musik bringen. Meine Schwester, die aus dem gleichen wunderbaren glitzernden Space-Dust gemacht war wie ich. Wie im Film. Vielleicht würde sie mit einer versteckten Feile im Kuchen kommen.

Und dann – dann blieb mir fast das Herz stehen, als mir einfiel, dass meine Schwester ja nun offiziell eine betrogene Ehefrau war. Ich hatte seit einer Woche nichts von ihr gehört.

Sofort krabbelte ich zum Telefon, meine Beine trugen mich irgendwie noch immer nicht und mein Kopf erst recht nicht. Das Ding verschmierte mit klebrigem Wasser in meinen Fingern. Aber sie nahm nicht ab. Meine Schwester. Die ich mochte und brauchte. Und als ich es später und noch später und am nächsten Tag und immer wieder versuchte, auch da nahm sie nicht ab. Niemand nahm ab.

Ab und zu saß ich still auf dem Sofa und fragte mich, ob ich mir meine Schwester nur eingebildet hatte. Aber nein, da hing doch ein Foto von ihr neben dem Bücherregal, ein ganz kleines, sie lachte darauf, ich liebte dieses Foto. Sie hieß Su, und Su war schön und glücklich.

Während der nächsten Tage hörte und sah ich auch von Milo nichts. Natürlich. Ich sah jetzt klar. Erinnerte mich wieder. Natürlich mied er mich, nach all dem, was er mir angetan hatte. Mein Körper schmerzte, alles schmerzte, meine Augen waren ständig verquollen, als ob ich geweint hätte. Aber das hatte ich nicht, ich weine niemals, das war nur der vergilbte Mistspiegel neben meinem Bett, der mich so zeigte, den würde ich jetzt sowieso rausschmeißen.

Auch in der Maske zeigte sich Milo nicht, obwohl er sich doch schminken lassen musste. Wahrscheinlich rannte er zur Kollegin, immer wenn ich gerade im Kostüm drüben war, oder er spielte krank. Ich fragte nicht, und ich dachte nicht nach, ich wandelte in meiner eigenen Kulisse.

Manche Leute hinter der Bühne sprachen mich auf meine ach so geile Show an, die ich auf der Party abgezogen hatte. Manche blickten mich an, als sähen sie mich zum ersten Mal richtig. Einer der Schauspieler fragte mich, ob wir nicht einmal etwas trinken gehen wollten, während er bei mir unterm Messer saß. Wow, wie ich diese Leute hasste. Ich lächelte sein Spiegelbild an, sein Nacken schimmerte weich, ich hielt ein glitzerndes Instrument in den Fingern, und sein Blick suchte in meinen Haaren nach Überresten der Diva. Es hämmerte in meinen Schläfen.

»Ja, klar«, log ich. Mir fielen auch tatsächlich eine Menge wundervolle Geschichten für ihn ein – aber nicht für diesen Tag.

In den letzten Nächten hatte ich auf meinem Sofa gewacht, hatte nicht schlafen können, alle Lichter hatte ich brennen lassen und auf die Tür gestarrt, damit sie nicht wiederkamen. Ich wusste nicht, wie sie in meine Wohnung hereingekommen waren und ob ich Tama verletzt hatte, aber ich wollte nicht, dass sie wiederkamen. Nicht auf diese Weise. Es war kein Traum gewesen, woher sonst der Blutfleck auf dem Kissen und das rote Gekritzel auf meinen Armen, das sich verdammt noch mal kaum abwaschen ließ?

Und auf die Polizei wartete ich auch irgendwie. Jeden Moment rechnete ich damit, dass ein schwer bewaffnetes Sondereinsatzkommando meine Bude stürmte. Und dann würden sie alles finden, ich hatte nichts weggeworfen, das ging nicht, die Stiefel mussten bleiben.

Doch ich war wohl nicht wichtig genug.

Aber dann kam er doch. Milo. Er traute sich. Ungefähr eine Woche nach der folgenschweren Party tauchte er am Nachmittag bei mir in der Maske auf. Ich hatte Tagesschicht und arbeitete in der muffigen kleinen Werkstatt neben dem Maskenzimmer. Er kam herein, schlenderte einen Moment, ich hörte seine Schritte, und schließlich lehnte er sich gegen die Wand. Eine Weile sah er mich nur an, und wir sagten nichts. Es war, als hätte er sich mit schier unmenschlicher Kraft überwunden, überhaupt zu mir zu kommen, und nun wüsste er nicht mehr weiter. Ich hätte die Hand nach ihm ausstrecken können. In seinen Augen stand das schlechte Gewissen. Oder?

Ich merkte, dass er auf meine dick in lange Ärmel verpackten Arme sah, weil er wusste, was er da getan hatte. Dass er mich vollgekritzelt hatte. Warum? Du musstest mich wohl zu einer grotesken Karikatur deiner Traumfrau machen?

Aber er sagte nichts. Er schien so nah und so fern wie das Wetterleuchten am Rande eines Ozeans, am Ende der Welt, *hic sunt dracones.* Ich dachte daran, wie wir auf dem Dach des Unigebäudes zusammen im Wind gestanden hatten, ich in seinen Armen, er voller Angst, ich könnte springen.

Ich sagte nichts, fädelte einfach weiter, meine Finger tanzten präzise mit der Nadel in der Hand. Das weckte ihn auf. Meine Gleichgültigkeit. Ich konnte nicht einmal sagen, ob sie echt oder gespielt war.

»Kannst du's mir erklären?«, fragte er. Zornig. Ah, ich hatte ihn noch nie zornig gehört. Gelesen, ja.

Aber ich wusste nicht, was er eigentlich meinte. Ich hatte viel mehr Grund, wütend zu sein. Daher zuckte ich nur mit den Schultern, sah ihn nicht an. »Was denn?«

»Alles! Wo soll ich anfangen?!« Aber er fing doch an. Mit dem neuesten meiner vielen angeblichen Affronts: »Wie bist du auf genau diesen Song gekommen?«

Welchen Song? Ich sah auf, ohne es zu wollen. Einen Moment lang wusste ich gar nicht, wovon er sprach. Dann fiel mir das Karaoke wieder ein. Dieser Jahrhundert-Fail, der mein großer Triumph hatte werden sollen.

Gleichgültig erwiderte ich: »Er stand eben auf der Liste des DJs.«

»Ach, er stand auf der Liste.«

»Genau. War doch schön.«

»Ich glaube, du weißt ganz gut, was mit diesem Lied ist.«

Mein Blick ging über seine Schulter ins Leere. »Keine

Ahnung«, sagte ich kühl. »Ich dachte nur, es sollte zur Abwechslung mal jemand auf die Bühne, der wirklich singen kann, zwischen all den Partygrölern.«

»Die Mühe hättest du dir sparen können.«

Ich wusste nicht, was er meinte. »Nimm dich nicht so wichtig, du bist nicht der Mittelpunkt des Universums.«

Er flippte aus: »Was hast du eigentlich für eine kranke Fantasie? Willst du, dass ich mich wieder in sie verknalle?«

»Das bist du doch ohnehin. Verknallt in sie.«

»Nein, schon lange nicht mehr, aber ich kann's gern wieder versuchen, da du anscheinend so tierisch darauf abfährst.«

»Schon lange nicht mehr, aha, das habe ich letztens ja gemerkt.«

»Letztens? Du meinst auf der Party?«

Ich rollte mit den Augen: »Jaaa, auf der Party.«

»Wir haben geredet.«

»So nennt sich das also.«

Er beachtete meinen Einwurf nicht, als verstünde er gar nicht, was ich meinte. Faszinierend, wie er sich verstellen konnte. Aber da wechselte er schon das Thema:

»Anscheinend habe ich in den letzten Wochen etliche Textnachrichten mit ihr ausgetauscht.«

»Ach?«

»Ja, und sie hat mir ein Lesezeichen geschenkt, von dem sie selbst gar nichts wusste.«

»Tolles Geschenk.«

»Später war es dann plötzlich aus meiner Schublade verschwunden.«

»Tragisch.«

»Hast du etwas damit zu tun?«

»Wie käme ich dazu? Und wie kann man sich überhaupt über ein Lesezeichen aufregen?«

»Bullshit!«, schrie er. »Du warst in meiner Wohnung, als ich über die Feiertage weggefahren bin!«

»Warum sollte ich?!«

»Und die Scheiße ist – wenn du mich gefragt hättest, hätte ich dir den Zweitschlüssel einfach so gegeben, einfach so.« Mir fiel ein, dass er mich direkt nach seiner Abwesenheit konkret gefragt hatte, ob ich in seiner Wohnung gewesen war. Ganz unschuldig hatte er getan, als würde ihm das gar nichts ausmachen. Aber ich hatte ihn schon damals durchschaut.

»Ich war nicht in deiner Wohnung.«

»Mein Nachbar hat dich aber gesehen.«

»Der alte Typ? Der ist doch dement.«

»Ich spiele alle drei Wochen Schach mit ihm, und er gewinnt meistens.«

»Milo, der Seniorenbespaßer.« Ich lachte. »Und du hast gut reden: Wer bricht denn einfach in fremde Wohnungen ein und zieht da die große Show ab?«

»Was meinst du?«, fragte er irritiert. »Was für eine Show? Ich war sicherlich nicht in deiner Wohnung, falls du das andeuten willst. Wie sollte ich auch?! Du bist besser gesichert als Fort Knox.«

»Ach nein, du warst nicht in meiner Wohnung?«, fragte ich kalt. »Warum gerate ich eigentlich immer an Psychopathen?« Milo raufte sich buchstäblich die Haare. Ich weiß nicht, warum er so ausflippte. »*Du* gerätst immer an Psychopathen? *Du?!*«

»Ja«, antwortete ich. Das Böse ist eine Negation. »Und ich bin keines deiner Experimente.«

Er lachte bitter und sah mich an, als verstünde er kein einziges Wort. »Du bist die Königin der Experimente. Du warst in meiner Wohnung, und da hast du gleich noch ein paar private Fotos von Tama ausgedruckt.«

»Wie kommst du auf diesen Blödsinn?«

»Und es dann ihrem Ex-Mann gegeben. Gib's doch zu, wer soll es denn sonst gewesen sein?«

»Woher sollte ich ihren Ex-Mann kennen?« Er hatte es Tama erzählt, der Chirurg hatte es Tama erzählt. Alles? Ich dachte, ich hätte ihr eine Schere in den Hals gerammt? Und ihm auch.

»Was weiß ich? Tama hat natürlich vermutet, ich hätte etwas damit zu tun.«

»Na, ich hoffe, du konntest sie von deiner heiligen Unschuld überzeugen.«

»Jedenfalls hat sie jetzt wieder eine Krise mit ihrem Mann.«

»Wirklich? Warum?«

»Was weiß ich? Eine Frau mit schwarzer Pagenkopffrisur hat ihm die Bilder gegeben.«

»Und sonst?« Und sonst? Sag! Sag! Sag! Was hat die Frau mit der schwarzen Pagenkopffrisur sonst noch mit ihm gemacht?

»Nichts sonst, keine Ahnung, ist das nicht genug?«

»Ich habe blonde Haare.«

»Und tausend gruselige Perücken.«

»Für die Arbeit.«

»Oh, an mir hast du sie aber auch schon ausprobiert.«

»Das ist dir doch nur recht, wenn Tama und ihr Mann wieder zerstritten sind.«

»Nein. Ist es mir nicht. Ich will, dass es ihr gutgeht.

Und ich fühl mich einfach so schuldig, keine Ahnung, warum. Das mit deinen albernen Romanen hast du auch nur erfunden.«

Ich blieb ruhig. »Nein, hab ich nicht.«

»Ich weiß es aber. Ich hab schon vor Wochen eine von diesen bescheuerten Schwarten in der Hand gehabt, und es war ein Foto der Autorin hinten drauf. Nicht du!«

»Wie schlau von dir.« Herablassend, träge kam es aus meinem Mund. Es waren doch nur Bücher. Was regte er sich so über Bücher auf? »Du kannst gar kein Bild gesehen haben, weil Penelope West ein Pseudonym ist.«

»Wie auch immer. Auf dieser Ausgabe war die Autorin so freundlich, ihre Anonymität zumindest visuell kurz zu lüften.«

»Wer erfindet hier nun Sachen?«

Da verlor er komplett die Fassung. »Entweder du bist das größte Arschloch, das herumläuft, oder du gehörst in die Klapse! Ich hab jetzt lange drüber nachgedacht, aber das sind die einzigen Erklärungen, die mir einfallen.«

»Ah, nur weil der Herr an Verfolgungswahn leidet, gehöre ich in die Klapse. Wow.«

»Alles, was aus deinem Mund kommt, ist erfunden.«

»Du bist derjenige, der lügt – du warst die ganze Zeit über mit Tama in Kontakt.«

»Ich hatte seit einem halben Jahr kein Wort mit ihr geredet!«

»Du hast sie im September gevögelt, Lügner!«

»Okay, und wenn schon, im September kannte ich dich noch nicht.«

»Ich hab im September niemanden gevögelt und davor auch nicht.«

»Ach, und was ist mit diesem Nachbarn? Und Jan? Ich glaube, du legst alles flach, was nicht bei drei auf den Bäumen ist. Du tust immer so kalt und abgehoben, aber das ist nur eine große Show.«

»Wer hat sich denn die gute Silvie noch wochenlang warmgehalten?«

»Ich hab mit Silvie sofort Schluss gemacht. Gleich nach unserer ersten Nacht, und das, obwohl ich sogar nie wirklich was mit ihr gehabt hatte. Ich war so verrückt nach dir, dass ich es allen sagen musste, sogar ihr. Verstehst du nicht?! Und an Tama habe ich gar nicht mehr gedacht.«

»Aber über sie geredet hast du dauernd.«

Er sah aus, als wäre er kurz davor, sich eine Gabel ins Hirn zu rammen angesichts meiner Reaktion. Warum konnte er es nicht wenigstens zugeben? Aber nein, das konnte er nicht. Er gab nichts zu, er doch nicht.

»Ich?!«, schrie er mich an. »*Ich* hab dauernd über sie geredet?!«

Oh, meine Finger tanzten über die Perücke vor mir auf dem Tisch. Bald würde der Tag vorbei sein, ja, bald. Nur das hier noch aushalten, *Kai, Baby, verlass mich nicht,* nur das hier noch aushalten, dann weg.

Etwas dröhnte in meinen Ohren wie lange metallische Besenstriche auf rauem Untergrund. Kühl, immer noch kühl, kühl, kühl hörte ich mich sagen: »Also, was ist denn passiert, nach der Party?«

»Was soll passiert sein? Nichts.«

»Du hast sie nicht mitgenommen? Tama?«

»Mitgenommen?« Er lachte laut auf. »Ja, die Stimmung war ja auch echt elektrisch, geradezu magisch, nachdem wir uns beide als Idioten outen mussten, mit Lesezeichen und Textnachrichten.«

»Ich hab euch gesehen«, insistierte ich.

»Dann täuschst du dich. Niemand ist mit mir nach Hause oder sonstwohin gegangen.«

In diesem Moment ging die Tür auf, und meine Kollegin steckte den Kopf herein. Milo und ich rührten uns nicht, sondern standen da, erstarrt, ertappt, halb aufgelöst. Ich sah die Kollegin nur aus den Augenwinkeln, und es gefiel mir plötzlich, dass sie in mein Leben blickte wie nie zuvor, dass sie mitbekam, wie jemand meinen Namen kannte, aber nicht den ihren. Wir rochen zehn Meilen gegen den Wind nach Streit und Intimitäten, und so stelzte sie steif an uns vorbei, nahm schnell ein paar Dinge von ihrem Tisch und verschwand wieder, ohne dass einer von uns dreien etwas geäußert hätte.

Als sie weg war, stand ich auf und ging ans Fenster. Es wurde langsam dunkel, die Welt leuchtete in weißem Blau, der Schnee wartete, ich wollte hier raus.

Milo sagte eine Weile lang nichts. Immer wieder sah ich flüchtig zu ihm hin, immer wieder kreuzten sich unsere Blicke. Er zog wieder diese schmerzvollen Augenbrauen. Das konnte ich kaum ertragen.

Schließlich sagte er: »Verstehst du nicht, Kai? Verstehst du nicht?« Er hatte diese wütende Verzweiflung in der Stimme, und mir standen die Nackenhaare geradezu in Stacheln zu Berge bei diesem Klang. Wir haben uns nicht umsonst getroffen, wir werden uns nie wiedersehen, verlass mich nicht. Da wandte ich mich zu ihm um, sah ihn von unten an, so, wie Kai aus dem Spiegel mich immer ansah, und sagte: »Tama ist nicht die

Heilige, für die du sie hältst. Sie hat dich belogen und betrogen.«

»Warum sagst du das?« Seine Stimme klang tief und ruhig, er wusste es schon. Vielleicht hatte ihre Haut ganz bitter geschmeckt auf seinen Lippen. Vielleicht hatte er es schon verstanden? Bitter und süß? Seine Finger gruben sich in die Hosentaschen. Er fragte, warum ich das sagte. Keine Ahnung. Weil es gut klang. Weil es stimmte. Weil ich es wollte. Weil ich allein über den Schnee laufen wollte und hören, wie das Seidenpapier unter meinen Stiefeln knisterte. Und spiel mir nichts vor. Stell deinen leeren Blick ab. Wenn du Dramatik willst, kann ich sie dir geben, oh ja.

Ich dachte an all die Dinge, von denen er nichts ahnte: Jan, der Nachbar, Su, der Chirurg, weitere von Tamas Nacktfotos in meinem Besitz. Brauchst du etwas, das deine glasigen Augen wild macht?

Etwas in mir wollte es ihm beichten. Alles. Sofort. Hier und jetzt. Ja, ich wollte es ihm sagen, wollte es ihm entgegenspucken, wollte ihm beschreiben, dass Jan meine Haut geleckt hatte wie ein Hund, widerlich, und dass ich ihn vergnügt gelassen hatte, dass ich während unseres Streits mit dem Nachbarn in den Heizungskeller gegangen war, und der Chirurg, der Chirurg, der Chirurg. Mit denen war es gut, ja, gut, so gut, Jan und der Nachbar und der Chirurg, du hast keine Ahnung, wie gut und saftig und triefend es war. Nicht so wie mit dir, du besitzergreifender Allesversteher. Alles muss bei dir eine tiefere Bedeutung haben, ein Lied, eine Erinnerung, ein Kosename. Verdammt, diese ewigen Kosenamen regen mich so auf! Und all diese Lieder, diese kitschigen

Lieder, die du mit jeder Situation und jedem halbwegs interessanten Menschen in Verbindung bringst, es nervt, es nervt, ich kann sie nicht mehr hören, deine Scheißvergleiche. Und du bist so romantisch und verständnisvoll, wir haben uns nicht umsonst getroffen, sagst du, und du machst alles, was ich will, du fasst mich mit Samthandschuhen an, du verstehst mich, du kennst mich. Schon seit 20 Jahren vielleicht. Und der Preis für deine Leidenschaft und deine Fürsorglichkeit ist, dass ich dir mit jeder Faser gehören muss, dass ich dich in meine Wohnung lasse, dass ich nett zu deinen Freunden bin, dass ich mich mit dir zeige, dass ich ständig für dich Zeit habe, dass ich dir dauernd erzähle, wie toll du bist und was für dämliche Seelenverwandte wir sind. Und dann willst du aber auch wieder, dass ich fern und kalt und gleichgültig bin, ja, das willst du, du liebst das Drama. Auf deiner Party damals hast du mir erzählt, dass du Frauen magst, die dich nicht brauchen und die dennoch ganz dir gehören sollen. Silvie hat dich gelangweilt, aber ich, ich war vielleicht ein halbwegs guter Ersatz für die unersetzbare Tama, die dich nicht halb so sehr brauchte wie du sie. Du nennst mich fern, weil du willst, dass ich fern bin. Vielleicht wäre ich von selbst gar nicht fern gewesen, dieses eine Mal hätte ich vielleicht nah sein wollen, aber du brauchst mich fern. Nicht wahr? Nicht wahr, du arroganter Mistkerl? Du berührst mich und siehst mich dabei nicht an und tust auch noch so, als tätest du es für mich, weil ich ja keine Nähe ertragen kann. Bin ich dir nun kalt und fern und gleichgültig genug? Ich brauche dich nicht, aber ich soll dir gehören, dabei gehöre ich niemandem, niemandem, niemals. Die anderen, denen muss ich nicht gehören. Ich tanze mit Jan, tanze ihm unter den Händen weg, tanze wieder hinein, er braucht mich, oh, wie er mich braucht, aber dennoch ist alles federleicht, ich gehöre ihm nicht, ich gehöre niemandem, ich küsse ihn und lache mit ihm, und in Wirklichkeit lache ich über ihn, aber es ist ihm egal, er nimmt, was er kriegen kann, und jemandem zu gehören macht Kopfschmerzen, und wie soll ich den verdammten Schnee unter meinen Stiefeln knistern hören, den seidigen Schnee, wenn jemand ständig redet und mich ständig anbetet und wenn schwere Schritte alles zertrampeln und jeden Laut unter sich begraben?

Lächelnd wandte ich mich Milo zu, als wäre kein Gedanke in meinem Kopf verstrichen, seit wir gesprochen hatten. Meine Gedanken reisen schnell. Zu schnell für ihn.

Ich sagte: »Tama war schwanger und hat abgetrieben. Sie wollte kein Kind von dir.« Ganz langsam und präzise sagte ich es. Die Buchstaben rollten mir von der Zunge, ich schmeckte jeden einzelnen, zuckersüß, kühl und perlig überall im Mund wie schäumenden Champagner. Und dann: »Du hättest mich in Ruhe lassen sollen.« Gleich würde der Schnee unter meinen Füßen knistern, wenn ich das Gebäude allein verließ. Es wurde immer dunkler, meine Werkstatt spiegelte sich nach draußen. Willst du noch etwas sagen? Nein.

Vielleicht starrte er mich an. Das machten entsetzte Leute doch, oder? Ich hatte etwas wunderbar Böses gesagt. Etwas Wahres und Böses. Oder? Das Böseste alles Bösen, und Milo stürmte ohne ein weiteres Wort aus dem Zimmer. Türknallend. Eine Sekunde später steckte er doch noch einmal den Kopf herein und sagte gehässig: »Sie wird der Polizei deine Nummer geben. Wenn du ihre bescheuerten blauen Stiefel hast, dann wirf sie lieber weg und alles, was du sonst noch aus ihrer Wohnung geklaut hast, Freak!«

Aber ich sah ihn gar nicht mehr. Kai betrachtete mich aus dem Fenster. Fast schien es mir, als durchbräche ihr ausgestreckter Arm die Scheibe und holte mich zu sich hinaus in die wunderbare Kälte.

Es ist kurios, wie herrlich nichts man fühlen kann. Das Wetterleuchten war ganz hinter dem Horizont verschwunden – hinunter zu den Drachen vielleicht – und ich trieb in Windstille.

Die Polizei meldete sich nicht. Und auch wenn ich vorher Angst gehabt hatte, machte mich das jetzt unendlich wütend, denn ich wusste genau, warum niemand kam. Konnte direkt vor mir sehen, wie die beiden Lover miteinander sprachen, mit gedämpften Stimmen: »Sie kann nichts dafür, weißt du, irgendwas stimmt nicht mit ihr.« Scheiße, das kotzte mich an. Alles stimmte mit mir, ich war tausendmal besser als ihr.

Aber nach ein paar Tagen fühlte ich auch das nicht mehr. Ich saß zu Hause und fühlte nichts. Es war mir alles gleich, ich war nicht traurig, es war okay, die Windstille war schön, nichts bewegte sich links oder rechts von mir. Die Welt war weit weg, ich trieb auf dem offenen Meer, die Wasseroberfläche war glatt, aufgequollen wie Gelatine.

Ich ging auch nicht ins Theater, mein angeblicher Job dort hatte nie existiert. Der Gedanke, ich könnte mich waschen, anziehen, hinfahren und dann lebendige Menschen mit Bärten und Schminke bestücken, schien mir absurd, albern. Einige Male klingelte das Telefon, irgendwann ging ich ran, flunkerte etwas in den Hörer. Auch, als dann wieder ein paar Tage später ein Brief von Su im Briefkasten lag, fühlte ich nichts. Sie hatte meine wiederholten Anrufe ignoriert. Mit kühlen Fingern holte ich ein Foto aus dem Umschlag, auf dem meine Schwester glücklich mit ihrem Mann in Selfiepose in die Kamera lachte. Einen Augenblick lang fragte ich mich wirklich, wie der Brief über die sieben Meere zu mir gelangt war. Es schien nicht möglich, dass irgendjemand auch nur den passivsten Kontakt zu mir herstellen konnte. Auf der Rückseite des Fotos stand:

Du hättest dein Armband abnehmen sollen für das Foto, kleine Schwester. Kommt auch so vor in ›Intrigen der Nacht‹, weißt du nicht mehr? Wir sind okay, du wirst es auch sein.

Sonst war da nichts.

Ich lachte ohne die geringste Hysterie, die Nachricht hatte nichts mit mir zu tun. Dann legte ich mich wieder hin und versank zurück ins süße Nichts. Es war so schön: Ich musste nichts denken oder fühlen, war einfach schwer, ganz schwer. Draußen vor dem Fenster fielen die letzten Schneeflocken.

HINTERHER

Und jetzt ist Juni, ja, Sommer. So schön. Der Winter ist heute nur noch eine Legende. Alle lieben doch den Sommer. Die Luft flirrt wie eine falsch eingestellte Radiostation, das Leben ist leicht, überall bewegen sich schöne Menschen, die nichts als nackte Beine bei sich tragen. So wunderschöne Menschen! So viel Haut, so viel wehendes Haar, kriegerische Pheromone in der Luft.

Verdammt noch mal, niemand will all diese Haut, all diese Haare, all dieses Licht. Niemand, niemand!

In meiner Tasche liegt ein Brief. Und ein schlecht gedrucktes Farbfoto. Ein Paar überholt mich lachend, sie sehen mich nicht. Beide laufen mit einer Eistüte in der Hand, sie ist bei ihm untergehakt. Auf ihrem Arm sehe ich jede kleine Schweißperle, ebenso wie die Mückenstiche auf seinen Beinen. Ich kann diese beiden wunderbaren Kreaturen riechen, sogar aus dieser Entfernung. Widerlich. Wohin sie wohl gehen?

Etwa hundert Meter lang folge ich ihnen, dann setze ich mich auf eine Bank, weil ich mich nicht auf eine Verfolgungsjagd konzentrieren kann. Der Brief liegt nun halb zerknüllt in meiner Hand. Ich drehe ihn zwischen den Fingern, habe ihn schon lange, schon seit Wochen, gar seit Monaten. Aber das Nichts hat so lange gedauert, dass ich ihn bisher nicht habe öffnen können. Und jetzt muss ich nirgendwo mehr hin, kann tun und lassen, was ich will.

Auf dem Brief steht kein Absender, das Ding ist nicht mit der Post gekommen. Er hat ihn selbst eingeworfen. Er hat unten an meinem Briefkasten gestanden.

Ja, die ganze lange Zeit habe ich den Brief ignoriert, habe ihn nicht einmal angefasst, er hat wochenlang auf meinem Regal gelegen. Aber jetzt, wo es heiß ist, da wird es irgendwie gehen, ganz sicher. Weil das Andere schon so lange zurückliegt und mich nichts mehr daran erinnert.

Ohne wirklich hinzusehen, reiße ich den Umschlag auf und hole den zerknitterten Zettel heraus. Mit einem flüchtigen Blick schätze ich die Länge ab und weiß nicht, ob ich das Ding wirklich lesen will. Was, wenn es ganz banal ist? Was, wenn er kitschig ist? Was, wenn er mir schreibt, ich solle zum Arzt gehen? Wenn es um tragische Liebe geht oder um eine Jacke, die ich bei ihm vergessen hab?

Ach, Kai …

Das sind die ersten Worte, und ich kann nicht weiterlesen. Ich weiß jetzt, dass es nicht geht. Ich lege mir die Hand über die Augen und breche fast in Tränen aus vor Erleichterung. Ich kann fühlen, wie ich jeden Muskel im Gesicht anspanne und meine Zähne zusammenbeiße, um nicht die Beherrschung zu verlieren. Es hat ihn wirklich einmal gegeben. Irgendwann im Winter, vor langer Zeit, sind wir spätabends zusammen durch ein Schneewunderland nach Hause gelaufen, und alles war möglich. An diese Nacht erinnerte ich mich mehr als an alles andere. Mehr als an alles, was danach war. *Kai, Baby, verlass mich nicht. Wir werden uns nie wiedersehen.*

Und jetzt sitze ich da, allein, in der Frühsommersonne, mit diesem Relikt in der Hand. Ich kann gar nicht mehr richtig denken, aber gleichzeitig blubbert und gluckst etwas in mir.

Lange sitze ich so da und beherrsche mich fast, gar nicht, vollkommen. Irgendwann hebe ich den Kopf, als ich Schritte höre. Ein Sommermensch geht vorüber, und ich grinse. Ja, ich grinse den Sommermenschen an und zerknülle den Winterzettel ein letztes Mal. Es ist alles so schön. Ich habe keine Ahnung, was Milo geschrieben hat, aber der Anfang genügt mir. Und: Ich sitze hier, und in meinem Kopf träumen sich wunderbare, ja, spektakuläre Geschichten zusammen, die bestimmt auch im Sommer spielen können. Warum nicht? Es ist doch so schön jetzt: Die Bäume wiegen sich wie Zuckerwatte im Wind, und in der Ferne türmen sich Wolken wie pinkfarbenes Sahneeis. Warum nicht? Außerdem: Nur im Schnee hinterlässt man Fußspuren, auf dem heißen Junibeton verschwindet man unerkannt.

Die Hand um den Papierball geklammert, fange ich an zu laufen, mit federleichtem Schritt. Fast fühlt es sich an, als würden meine Zehenspitzen den Boden verlassen. Die Sonne ist eine flimmernde weiße Blase am Himmel, die man mit einer Nadel zum Platzen bringen könnte, und dann würden Milliarden heiße Funken auf mich herabregnen. Ich habe meinen Brief. Den Brief, den sie nie bekommen hat. Meinen Brief hat er nicht vergraben.

Ich erzähle doch nur Geschichten, ich brauche niemanden, ich mag niemanden, ich vermisse niemanden, auch der Schmerz ist nichts weiter als ein Requisit. Und dann ist da ja noch das Bild in meiner Tasche, das all die Statisten um mich herum bestimmt gern sehen würden. Genauso gern, wie der Ex-Mann es gesehen hatte. Zum Beispiel an der Uni am schwarzen Brett. Ich habe lange nicht mehr daran gedacht, aber, ja, so könnte diese Kuriosität weitergehen: Eine Menschentraube würde sich um das Foto bilden, und dann wäre es aus mit ihr – mit ihr, die sonst immer bekommt, was sie will. Soll es aus mit ihr sein? Oder lieber mit mir? Oder mit beiden oder mit gar keiner? Geht niemanden etwas an.

Die Sommerhitze prickelt in meinen Gedanken, und ich sehe das Foto vor mir, wie es sich in der feuchten Schwüle des Tages unter der Reißzwecke langsam zusammenrollen würde. Wenn es da so am schwarzen Brett hing. Und alle, die vorbeiliefen, fassten sie mit klebrigen Fingern an, wenn sie das Papier wieder auseinanderrollten, um zu sehen.

Die Vorstellung macht mich diffus glücklich. Aber hey, warum kümmert mich diese Kreatur eigentlich noch? Es war nur eine Geschichte. Ich bin der erste und einzige Mensch; niemand kennt mich, niemand berührt mich, alles ist weit weg und schön und federleicht. *My spaceship knows which way to go.* Und Major Tom haut jetzt wirklich ab. Ist ja nicht auszuhalten hier, man kann gar nicht mehr atmen. Kommt mir bloß nicht nach.

Der Kirschbuch Verlag

Der Kirschbuch Verlag ist ein frischer und unkonventioneller Verlag, der bereits für einiges Aufsehen gesorgt hat. Warum? Weil wir mittels unserer smarten Software LiSA jedes Manuskript prüfen, jedem Autor und jeder Autorin innerhalb von 48 Stunden ein Feedback geben und jedem Buch somit die Chance eröffnen, entdeckt und geliebt zu werden.

Dir hat dieses Buch gefallen und du willst exklusive Insights zu diesem Buch erhalten? Dann besuche uns auf

www.kirschbuecher.de/kaelte

oder folge einfach diesem QR-Code:

Insights zu den smarten Analysen von LiSA gibt es hier:

www.qualifiction.de

Für alle, die selber schreiben und unsere Software LiSA am eigenen Text gerne einmal ausprobieren wollen:

lisa.qualifiction.de

Hast du Fragen, Wünsche oder möchtest du eine Rezension schreiben? Wir freuen uns über deine Nachricht und antworten auf jede Mail an:

kaelte@kirschbuch.de

Außerdem im Kirschbuch Verlag erschienen

Birgit Schlieper

Maike, Martha und die Männer

ISBN: 9783948736002

Maike freut sich auf den Urlaub mit ihrem neuen Freund Arne. Statt in die Sonne, soll es jedoch plötzlich in den Schwarzwald gehen, um dort auf Arnes Oma aufzupassen. Doch damit nicht genug: Schnell erfährt Maike, dass Arne sich jedes Jahr eine neue Freundin sucht, um diese als »Oma-Sitterin« bei der alten Dame zurückzulassen!

Aber da hat er sich in Maike getäuscht, denn Rache ist süß und auch Oma Martha ist rüstiger als gedacht...

Der Auftakt eines aberwitzigen Roadtrips quer über Frankreichs Autobahnen, in dem Verfolgungsjagden und emotionale Berg- und Talfahrten weder eine Frage des Alters noch des Geschlechts sind.

Jana Taysen
Wir Verlorenen
ISBN: 9783948736064

Dein Verstand weiß, dass du niemandem mehr trauen kannst – aber was tust du, wenn dein Herz etwas anderes verlangt?

Die Welt, wie wir sie kannten, existiert seit einer verheerenden Katastrophe nicht mehr. Die junge Smilla weiß, dass es keinen Platz für Liebe und Glück geben kann. Bis sie ihren einstigen Nachbarn Falk wiedertrifft ...

Doch dann überschlagen sich die Ereignisse und Smilla befindet sich mitten in einer Spirale aus Verrat und Lügen. Wem kann sie noch trauen? Und welche zwielichtige Rolle spielt Falk bei alledem?

»Spannungsgeladen, philosophisch, leidenschaftlich – und aktueller denn je. «